© Editora Mundaréu, 2024
© Quique Peinado, 2015
© Celso Dario Unzelte, 2017 (apresentação)
© Milly Lacombe, 2024 (posfácio)
© Fuera de Ruta Editorial, Valencia, 2021

TÍTULO ORIGINAL *Futbolistas de izquierdas*

COORDENAÇÃO EDITORIAL Michel Sapir Landa
PROJETO GRÁFICO DA COLEÇÃO Bloco Gráfico
ASSISTENTE DE DESIGN Lívia Takemura
REVISÃO Isabela Norberto e Fábio Fujita

IMAGEM DA CAPA Sócrates, jogador do Corinthians, comemora seu gol durante partida contra o Guarani, válida pela décima sétima rodada do primeiro turno do Campeonato Paulista 1983. Licença de Imagens GPRESS – Acervo.

Edição conforme o Acordo Ortográfico da Língua Portuguesa (1990)

A editora agradece ao Prof. Salomão Ximenes pela sugestão de publicação deste livro

---

Dados Internacionais de Catalogação na Publicação [CIP]
Angelica Ilacqua CRB-8/7057

Peinado, Quique
 Futebol à esquerda / Quique Peinado; tradução de Carlos Tranjan e Luis Reyes Gil; apresentação de Celso Unzelte; posfácio de Milly Lacombe.
 São Paulo: Mundaréu, Manjuba, 2024. 416 pp.

ISBN 978-65-87955-21-6
Título original: *Futebolistas de izquierdas*

1. Futebol – História I. Título II. Tranjan, Carlos III. Gil, Luis Reyes IV. Unzelte, Celso V. Lacombe, Milly

24-1025   CDD 796.334094

Índices para catálogo sistemático:
1. Futebol à esquerda – História 796.09

2024
Todos os direitos desta edição reservados à
EDITORA MUNDARÉU LTDA.
São Paulo – SP

Quique Peinado

Futebol à esquerda

Tradução de Carlos Tranjan e Luis Reyes Gil
Apresentação de Celso Unzelte
Posfácio de Milly Lacombe

9	Apresentação
	CELSO UNZELTE
13	Agradecimentos
15	E assim tudo começou
18	O jogador de futebol que perdeu para Santiago Carrillo
26	Em maio de 1968, sob os paralelepípedos também havia grama
34	O Gladiador
41	Chutes à esquerda da esquerda
53	Duas dignas braçadeiras
62	Quando o herói não sai na foto
78	Quando o futebol se calou
82	A Argentina em um mundo irreal
95	Holanda: Cruyff, Rijsbergen... e Carrascosa
104	Ronnie Hellström, o que nunca esteve ali
109	A França e o anjo solitário
116	E a Espanha, o que fez?
121	Aquele que, ao ser torturado, era chamado de Arqueiro
126	Rivada, jogador de futebol e mártir
133	O exílio do digno senhor
143	O homem que não estendeu a mão a Pinochet

157	O futebol (e o mundo) que sonhamos
170	E antes de Sócrates – Nando, Reinaldo e Afonsinho
170	Nando, o irmão de Zico
173	Reinaldo, o do punho erguido
175	Afonsinho, o da barba proibida
180	O operário abertzale que um dia fez "O Gol"
197	A última equipe proletária
205	Okupa, xamã e goleiro
213	Aquele que chamam de jogador do ETA
214	San Sebastián, outono de 2009
231	Alguns meses depois...
232	San Sebastián, outono de 2012
240	Amor, desamor e política à italiana
241	O menino que não se entendia bem com os outros
244	A maldição da camiseta
249	Cristiano, o Vermelho
254	"Tem jogador que compra Ferraris. Eu comprei a camisa do Livorno"
264	O regresso, o traumático regresso
277	O último marxista
284	Busca e fuga
291	O mesmo leito de rio, mas duas correntes
291	Eñaut Zubikarai Goñi
296	Koikili Lertxundi del Campo
300	A vida de Villa sem Villa

311	Outras vidas, outras histórias
311	Matthias Sindelar: O primeiro a lutar contra o fascismo
315	Pahiño: o jogador que riu do franquismo
319	José Cabrera Bazán: o jogador de futebol que encarou a prisão
323	Rachid Mekhloufi: a revolução antes do futebol
327	Egil Olsen: futebol com toques maoístas
332	Danny Jordaan: um jogador de futebol ao lado de Steve Biko
335	Serge Mesonès: futebolista, humanista, comunista
338	Ewald Lienen: o Lênin vegetariano
339	Juan Carlos Pérez López: capitão para Cruyff, inimigo para Tejero
341	Vicente del Bosque: a prudência de esquerda
347	Joan Cordero: o incômodo do Valencia
355	Hughton, Galvin, McGrath, McQueen, McClair: a guerrilha anti-Thatcher
359	Nacho Fernández: a renúncia que nunca houve
364	Juampi Sorín: o kirchnerista
366	Vikash Dhorasoo: o rebelde demasiado rebelde
369	Juan Pedro Ramos: o Pirata do 15-M
375	Damiano Tommasi: a esquerda cristã
378	Oleguer Presas: sempre na estrada
386	Lilian Thuram: quando a realidade o faz ser de esquerda
390	Aranburu, Labaka: os abertzales da Real e a bandeira de Gerardo

394 As irmãs Döller e Irene Müller:
pontapés contra a extrema direita
395 Riccardo Zampagna: Il Che

401 Posfácio
MILLY LACOMBE

APRESENTAÇÃO
POR UM FUTEBOL À ESQUERDA

Jogadores que enxergam o futebol à esquerda (*futbolistas de izquierdas*, assim chamados no título original deste livro) sempre foram raros. Na verdade, raríssimos, quando se pensa nos milhões que praticam esse esporte profissionalmente e sofrem calados as consequências de sua organização predadora. Poucos e bons, no geral ótimos. Tanto na lucidez demonstrada em relação ao mundo à parte que os cerca quanto na difícil prática de fazer com os pés coisas que a maioria de nós, mortais, não conseguiria executar nem mesmo utilizando ambas as mãos.

Definido por Sócrates, ícone brasileiro e capa tanto desta como da edição original espanhola, como "um meio extremamente paternalista, autoritário, conservador, reacionário, até", o futebol, na sequência dessas palavras proferidas pelo *Doutor*, "inibe as pessoas de se manifestarem". Quando disse isso, ele se referia a um contexto específico, que ia até a primeira metade da década de 1980. Tempos de redemocratização do Brasil, fora de campo, e da histórica experiência da Democracia Corintiana, liderada por ele próprio, dentro das quatro linhas que demarcam um gramado.

Passadas já mais de três décadas, tal situação somente se intensificou, e de forma globalizada. Pelos efeitos da mercantilização do que se convencionou chamar por aqui de "futebol moderno", é cada vez mais difícil ver jogadores manifestando-se contra o *status quo*. Principalmente aqueles de maior destaque, os que mais se beneficiam desse estado de coisas, sobretudo do ponto de vista material. No tempo das ditaduras políticas localizadas já não era fácil exercer "o futebol sendo do contra", título do futuro livro do italiano Riccardo Zampagna, o *Che*, utilizado para fechar o próprio livro que você tem agora em mãos. Na atual ditadura econômica sob a qual o mundo e o futebol de hoje (sobre)vivem, isso tem-se tornado uma escolha pessoal tão ou mais difícil. Não por acaso, apenas dezesseis entre os mais de cinquenta deliciosos casos de rebeldes e rebeldias da bola aqui contados podem ser considerados contemporâneos, por envolver personagens a partir dos anos 2000.

O Cristiano, aqui, não é o Ronaldo, mega-astro português do Real Madrid.[1] Mas, sim, o Lucarelli, italiano nascido na pequena Livorno, assim como o Partido Comunista de seu país. Ao longo de toda a carreira, que só se encerrou em 2012, o quixotesco Cristiano Lucarelli não mediu esforços para defender o time que leva o nome de sua cidade. Nem dinheiro. Em 2004, ainda no auge da forma física e técnica, praticamente obrigou o Torino, da primeira divisão italiana, a emprestá-lo ao seu Livorno, que disputava a segunda. Lá, realizou o sonho – dele e de seu pai – de levar a equipe de volta a um lugar entre os grandes da Itália, após 55 anos. Autodefinido como "de

---

1 Quando da reedição deste livro, Cristiano Ronaldo não atuava mais pelo Real Madrid, mas sim pelo pelo Al-Nassr, da Arábia Saudita. [N.E.]

esquerda", empresário que, entre outros empreendimentos, encabeçou uma cooperativa para salvar o porto e os empregos dos quais dependiam 350 famílias livornesas, Lucarelli justifica seus atos com aquela que é, talvez, a mais bela frase de todo este livro: "Tem jogador que compra Ferraris ou iates. Eu comprei a camisa do Livorno".

Do ponto de vista da contribuição literária, o grande mérito desta "ação armada", como o próprio autor a define em seus agradecimentos, é ir além do "mais do mesmo", muito comum quando o assunto é esporte ou, especificamente, futebol. Além de reunir grandes histórias de jogadores de mesma orientação política em todo o planeta – o que, por si, já teria sua validade como bibliografia –, o que se tem aqui é farto material inédito ou rejuvenescido pela ação direta do autor, a partir de suas entrevistas com alguns dos principais protagonistas. Mesmo tendo trabalhado o tema nos últimos trinta anos como jornalista e, mais recentemente, como pesquisador acadêmico, a imensa maioria dos relatos soou-me inédita. Até as histórias conhecidas, porém indispensáveis (ditadura argentina e Copa de 78, o chileno Carlos Caszely, o austríaco Mathias Sindelar), são apresentadas de forma mais que interessante, sempre beirando as emoções tão características de um jogo de futebol.

No caso específico do Brasil, infelizmente (e não por culpa do autor), os relatos continuam restritos aos de sempre: além de Sócrates, há Afonsinho, Nando (irmão de Zico), Reinaldo. E só. É como se, por aqui, o tempo tivesse parado na década de 1980. Na época da Democracia Corintiana, as palavras de ordem ("debate", "participação", "mudança", "liberdade", "revolução") eram todas de resistência. Já o Bom Senso Futebol Clube, criado em 2013 por 75 jogadores de clubes das Séries A e B do Campeonato Brasileiro, propunha um grande acordo. Quase uma rendição ao neoliberalismo, baseada no *slogan* "por um futebol melhor para quem torce, para quem joga, para quem transmite, para quem patrocina, para quem apita". Nem assim teve atendidas suas reivindicações básicas de um calendário mais justo, férias integrais dos atletas, período adequado de pré-temporada, *fair play* financeiro dos clubes empregadores para com seus empregados e participação nos conselhos técnicos das entidades que regem o futebol. Goleado pelos donos do poder, o Bom Senso viu-se obrigado a anunciar oficialmente sua própria extinção, em julho de 2016.

Qualquer semelhança entre o atual momento futebolístico e a situação política mundial, portanto, NÃO é mera coincidência. Assim, dou-me o direito de terminar esta apresentação de maneira apaixonada, quase panfletária, como o próprio futebol e este livro: "Por um futebol à esquerda, no Brasil e no mundo!".

CELSO DARIO UNZELTE
jornalista e pesquisador esportivo

AGRADECIMENTOS

Esta ação armada tem um cúmplice e colaborador necessário que é Javier Gómez (@javigomezsexta). Além dele, outros ajudaram desinteressadamente, com pouco ou com muito, com sucesso ou sem. Embora a maioria eu nem sequer conheça pessoalmente, foi um incentivo para mim o simples fato de terem se interessado, e quero agradecer-lhes por isso: Ainara Estarrona, Raúl Román, Borja de Matías, Jacobo Rivero, Romen Gil, María Cappa, Cagri Kinik e o Partido Comunista Turco, Roberto Filippi e a amabilíssima gente de Livorno, os Bukaneros, as pacientes mãe e irmã de Javi Poves, Tom Källene e, acima de todos eles, todos os jogadores de futebol que se dispuseram a falar para este livro e que demonstraram que o futebol profissional pode ser um meio cordial e razoável, no qual as pessoas de esquerda possam sentir orgulho de seus protagonistas.

E ASSIM TUDO COMEÇOU

Enric González não sabe, e a cidade de Nova York já viveu momentos mais memoráveis, mas este livro nasceu da conjunção dos dois, que assim descrita de fato tem bastante *glamour*. Não recordo o nome do hotel, mas ficava ao norte, na cento e poucos, e eu andava às voltas com *Historias del Calcio* (2007), livro que reúne alguns dos artigos sobre futebol italiano que González escreveu para o *El País*. Um deles falava de Cristiano Lucarelli e de sua história de amor com o Livorno. Os fatos eram tão luminosos que era preciso ser muito tosco para exagerar na história ao escrevê-la (espero não o ter feito no capítulo que dedico a ele neste livro), mas Enric González a embeleza sem precisar aparecer, que é o que fazem os bons e é o que eu almejo (embora não tenha resistido a deixar uma ou outra pequena intervenção, na maioria dos casos para contextualizar e sempre sem nenhum desejo de protagonismo). Nesse hotel ao norte de Manhattan passei o texto a Paloma, que não sem razão é o ser humano mais criterioso que conheço – apesar de ter se casado comigo sóbria –, e pedi a ela que o lesse. Se este livro tem uma cara, não é a de Sócrates que está na capa[2] e nem a minha: é a que ela definiu depois de terminar a leitura. "É lindo", me disse. Ao ver a expressão de seu rosto, percebi que ali havia um livro.

2 Sócrates está na capa da edição original espanhola. [N.E.]

Alguém mais ligado, e sempre tem de haver alguém com estudo, terá reparado que aqui não entram Diego Maradona, Jorge Valdano ou Eric Cantona. Não, não aparecem. Haverá também algum italiano a sentir a falta de Fabrizio Miccoli, os torcedores do Getafe reclamarão a presença de Fabio Celestini, os argentinos pedirão a história de Javier Zanetti com os zapatistas, a de *El Loco* Montaño, o atacante peronista, ou teriam gostado que eu entrevistasse o interessante Facundo Sava, esse jogador-psicólogo que passou pela Espanha. Talvez, também, que eu falasse um pouco mais de César Luis Menotti. E se isto cai nas mãos de um escocês que queira ler a respeito de Pat Nevin, Paddy Crerand ou David Speedie e sua solidariedade com os trabalhadores? Alguma leitora também pode notar a falta de mais mulheres no texto, como a *abertzale*[3] Eba Ferreira, ou vá saber se em Miranda de Ebro alguns não teriam desejado que Pablo Infante, que se declarou de esquerda em uma entrevista, passasse por estas páginas. A estes últimos digo que isso é culpa dele, que não quis sequer ser entrevistado. E a mesma razão ofereço aos torcedores do Real Betis, do Valencia e do Cádiz que teriam desejado ler sobre Joaquín Sierra Vallejo, o Quino.

Você também notará a falta de Paul Breitner, o jogador maoísta alemão que passou pelo Real Madrid, mas o fato de ter tirado a barba por dinheiro (uma campanha de loção pós-barba lhe pagou 150 mil marcos à época para

---

3 Patriota, em *euskera*, o idioma basco. [N.T.]

que o fizesse) e de, já mais velho, ter declarado que nunca foi de fato um esquerdista e que sua famosa foto com o pôster de Mao ou suas declarações comunistas foram uma afetação e pecados de juventude, me tiraram a vontade de fazer um artigo sobre ele. Não estamos nesse negócio para falar de sonhos absurdos.

Este livro é, creio, o primeiro que se escreve no mundo com essa temática tão precisa, e por certo é a tentativa mais exaustiva de falar de jogadores de futebol de esquerda. Como informação, é fantástico, porque é um pedacinho de história, e isso me orgulha. Mas não se trata disso: é somente um livro de relatos de jogadores de futebol profissionais que publicamente fizeram uma opção política. Eu gostaria que fosse agradável de ler, que se revelasse apaixonante e que, depois de terminado, valesse o preço pago. Descartei algumas histórias de propósito quando não me sentia confortável para escrevê-las ou quando não me davam prazer. Assim, sem mais. Por exemplo, não há histórias da Guerra Civil Espanhola. É uma omissão consciente.

Se você tem por perto um detector de frases bobas e açucaradas, agora é a hora de desligá-lo, porque se não vai disparar com as seguintes palavras... Já está desligado? [...] Então lá vão: este é, sem dúvida, o projeto mais importante da minha vida. O que mais me exigiu e o que mais me dá orgulho. Apesar disso, o objetivo é apenas entreter você. O que já é suficiente.

Ok, você já pode ligar novamente o detector. E passar à leitura, que foi para isso que você pagou.

O JOGADOR DE FUTEBOL QUE PERDEU PARA SANTIAGO CARRILLO

Se os comunistas acreditam que o futebol é o ópio do povo, o Partido Comunista da Espanha nos anos 1960 era um campo de papoulas. Santiago Carrillo[4], destacado torcedor do Sporting de Gijón que, incógnito durante o exílio, ia ver partidas de times espanhóis no estrangeiro, comandava as fileiras espanholas e clandestinas da foice e do martelo e, em uma das mais duras batalhas da história da organização, esteve diante de um jogador de futebol. Não, evidentemente, um jogador qualquer. O protagonista desta história havia nascido em Rentería[5], mas fora criado na URSS, onde simultaneamente formou-se engenheiro e deu seus chutes numa bola. Jogou com a gloriosa camisa vermelha da URSS e defendeu esse mesmo emblema na arena política até sua morte. Agustín Gómez teve muitos rivais, no campo de futebol e no terreno das ideias, mas nenhum tão duro quanto Carrillo.

Agustín Gómez Pagola foi um dos muitos "meninos da Rússia" que, em plena Guerra Civil, foram enviados

---

4 Figura-chave do comunismo espanhol e da oposição ao franquismo. Ex-combatente da Guerra Civil Espanhola e secretário-geral do Partido Comunista da Espanha entre 1960 e 1982. [N.T.]
5 Cidade da província basca de Guipúzcoa, próxima de San Sebastián, quase na fronteira com a França. [N.T.]

à União Soviética fugindo de um futuro em que se divisavam a fome e a morte. Com 15 anos, em 1937, deixou sua Rentería natal para viajar a Moscou. Já era jogador de futebol. De fato, uma das primeiras coisas que fez ao chegar lá foi pular para dentro do campo. "Celebrou-se no Estádio Dynamo, em campo reduzido, a primeira partida internacional infantil entre a equipe Stadio, de pioneiros de Moscou, e a equipe basca do sanatório Óbninsk. Os capitães Agustín Gómez e Kolya Kustov apresentaram suas equipes. A partida terminou com um 2 a 1 a favor do Stadio. Muitos milhares de crianças lotavam o campo", contava a edição do *ABC*[6]. Alguns anos depois, Agustín havia se transformado em um comunista clássico, um amante da União Soviética e, além disso, um jogador de futebol de prestígio.

A primeira seleção de futebol competitiva da União das Repúblicas Socialistas Soviéticas foi formada em 1923. A partir de então e até os Jogos Olímpicos de Helsinque, em 1952, disputou apenas partidas amistosas. Como todo o esporte soviético, a equipe tinha uma finalidade competitiva e outra política. Eram pioneiros que deviam deixar em evidência o nome da URSS e seu exemplar sistema esportivo. Na Olimpíada da Finlândia, entre os sobrenomes Nikolayev, Bashashkin, Petrov, Gogoberidze, destacava-se um: Agustín Gómez Pagola. Aos 30 anos, ele era capitão do Torpedo de Moscou, depois de ter pas-

---

[6] Tradicional jornal diário espanhol de linha tradicional católica e pró-monarquia. [N.T.]

sado pelo Krasnaya Roza e pelo Krylia Sovetov Samara. Em sua carreira, já havia enfrentado os melhores: chegou a marcar Kubala em sua estreia internacional contra a Hungria. Mas ir aos Jogos Olímpicos era outra coisa. Embora a equipe tenha caído cedo (ganhou da Bulgária por 2 a 1, mas foi eliminada pela Iugoslávia em um jogo de desempate depois de um 5 a 5 no primeiro encontro), o sobrenome Gómez ficará para sempre na história do futebol soviético. Assim como na do Torpedo, o clube da indústria automobilística, que ousou encarar o domínio do Dínamo de Moscou, do CSKA e do Spartak (no qual jogava outro "menino da Rússia", Ruperto Sagasti, de Bilbao), ganhando a Copa da URSS em 1949 e 1952.

Depois do mau resultado em Helsinque, Gómez, que havia sido reserva no torneio, disse que a tensão de ter sobre si os olhares das mais altas instâncias da nação havia pesado sobre a equipe. Claro, nem todo mundo podia suportar essa pressão como ele. Claro, os outros jogadores não eram também militantes do PCE nem eram enviados com certa frequência pela Europa em missões de organização dos comunistas espanhóis, sempre sob a proteção do PCUS (Partido Comunista da União Soviética). Claro, não havia muitos jogadores de futebol com a história política de Agustín Gómez.

Em 1953 morre Stálin e em 1956 são fechados os primeiros acordos para que alguns desses meninos, já adultos, voltem à Espanha. Nesse contingente, vem Agustín Gómes, em uma manobra que o regime de Francisco Franco vende como a "salvação" de centenas de espanhóis do perigo soviético. Gómez, claro, não estava interessado em que o salvassem de nada. Na época, chegou a fazer parte do Atlético de Madrid, embora ali ele praticamente não tenha jogado. Com 34 anos, o futebol de altíssimo nível tinha acabado para ele e, além disso, sua missão era outra. Agora, a fim de ajudar os comunistas na clandestinidade, vinha ao país que teve de abandonar quando adolescente. Ao entrar na Espanha, como todos os que retornavam, foi interrogado pelas autoridades franquistas. Em 12 de dezembro, a Divisão de Investigação Social, além de catalogá-lo como "dos que trabalham", escrevia em um informe: "Durante sua estada na Rússia foi jogador de futebol, pertencente à equipe denominada Torpedo de Moscou. Ao que parece, depende de autorização da Fifa para sua contratação pelo Atlético de Madrid, em cuja equipe treina e com a qual participou no dia 9 de jogo contra o clube de futebol alemão Fortuna de Düsseldorf".

Gómez, agente da KGB e principal responsável pelo Partido Comunista de Euskadi [País Basco], já aposentado do futebol profissional (que então, para ele, era pouco mais que um disfarce), dedicou-se a treinar equipes de *cantera* [categorias de base] em Tolosa, na província basca de Guipúzcoa, embora sua principal tarefa fosse a de ativista a serviço de Moscou. Por fim, teve de fugir da Espanha e viveu em vários países latino-americanos, entre eles a Venezuela, com diversas identidades. Nunca deixou de ser dirigente do PCE.

Seu grande enfrentamento com Santiago Carrillo ocorre em 1968. A URSS decide esmagar a Primavera de

Praga – a tímida tentativa do presidente tcheco Alexander Dubček de livrar-se da ortodoxia soviética e propor uma abertura com o que chamava de "socialismo de face humana" – e invade a Tchecoslováquia. Entre 200 mil e 600 mil soldados do Pacto de Varsóvia (União Soviética, Bulgária, República Democrática da Alemanha, Hungria e Polônia) e 2,5 mil tanques marcham sobre o país para pôr fim ao sonho reformista. O PCE, com uma corrente liderada por Carrillo, decide que vai condenar a invasão. O setor mais ortodoxo e próximo de Moscou se nega. Nele está Agustín Gómez, o mais fiel aos russos.

"Agustín tinha vindo trabalhar conosco nas questões de Euskadi, e lembro que reprovou então que os soviéticos mantivessem às vezes posições de 'grande potência'. Sua aprovação [à condenação da invasão] não foi obstáculo para que mais tarde, depois da invasão, participasse de um projeto de dissidência pró-soviético junto com Eduardo García López [Secretário de Organização do PCE naquele momento]", declarou Santiago Carrillo. Não parece claro que Gómez tenha aprovado a condenação da invasão, de modo algum. Muito pelo contrário. Simplesmente, como mostram as atas, disse que "não vou fazer nada que prejudique a unidade do partido". O que nunca se pôde pôr em dúvida foi sua fidelidade às ordens que chegavam de Moscou acerca do desafio colocado por Carrillo, que já começava a se inclinar àquilo que ganharia o nome de eurocomunismo, distanciado do comunismo ortodoxo soviético.

A essa altura as tensões já eram insustentáveis e Agustín Gómez e Eduardo García López, outro militante de sua mesma tendência, foram expulsos do partido, embora Carrillo desse a entender, na frase do parágrafo anterior, que eles haviam saído para fundar seu partido. Um ano depois também seria suspenso da militância Enrique Líster, herói da Guerra Civil. Gómez nunca aceitou a expulsão dele, e fez duras críticas a Carrillo pelo que, a seu juízo, era o isolamento do PCE do resto dos partidos comunistas do mundo, assim como pela postura tolerante com a Igreja. Muitos militantes abandonaram o PCE juntamente com o herói jogador, e fundaram um partido com um nome que espantaria o marketing político atual – PCE (VIII e IX Congresso) –, que reclamava ser o verdadeiro Partido Comunista da Espanha sob a guarida do soviético. De fato, a primeira decisão do partido foi expulsar Santiago Carrillo por "alta traição à causa comunista".

Um número significativo de militantes seguiu Gómez, identificado com a natureza oficialista do comunismo. "Camarada Agustín Gómez, tua causa triunfará!", lia-se em cartazes do novo partido. Financiado por Moscou, o PCE (VIII e IX Congresso) começou também uma edição paralela do jornal *Mundo Obrero*, com o cabeçalho vermelho em vez de preto. Em 1980, desaparece formalmente após fundir-se com o Partido Comunista dos Trabalhadores, que no ano anterior obtivera quase 48 mil votos nas eleições gerais. Dessa fusão surgiria uma agremiação que hoje segue viva: o Partido Comunista dos Povos da Espanha, defensor da essência da ortodoxia comunista sempre propugnada por Agustín Gómez, e que nas eleições gerais de 2011 obteve 26.436 votos.

A saúde de Gómez, valoroso jogador do Torpedo de Moscou, agente da KGB, homem forte do PCUS na Espanha, foi se deteriorando pouco a pouco. Ele regressou a Moscou, a terra que mais amou, e ali morreu em 1975, três dias antes de completar 53 anos, e quatro dias antes da morte de Francisco Franco. Um ano depois, Santiago Carrillo decidia, sem permissão de Moscou, regressar à Espanha após fazer um acordo com Adolfo Suárez[7]. Quando voltou, tinha uma casa preparada em Madri. A encarregada de que tudo estivesse em perfeita ordem foi Carmen Sánchez-Biezma, filha de um republicano assassinado em 1947... E esposa de Agustín Gómez[8].

---

[7] Presidente do governo espanhol na redemocratização, entre 1976 e 1981. [N.T.]

[8] O final desta história, tal e como escrevo, é o mesmo em todas as fontes consultadas, que, suponho, baseiam-se no trabalho do jornalista Julián García Candau. E esse desenlace está correto... Mas não está. Explico-me: Carmen Sánchez-Biezma foi de fato mulher do comunista Agústin Gómez – mas não de Agustín Gómez Pagola, e sim de Agustín Gómez Puerta, residente em Vallecas e felizmente vivo para corrigir o autor deste livro.

Agustín Gómez Puerta me escreveu uma carta avisando do equívoco. E acrescenta mais informações: sua esposa, que efetivamente preparou a casa de Carrillo, é filha de um comunista assassinado a pontapés pela polícia nos terríveis anos 1940. A mãe dela foi condenada a dezesseis anos de prisão, e a própria Carmen passou dois anos na cadeia pelo comum delito de opor-se ao regime. Agustín Gómez Puerta não foi jogador de futebol nem esteve a serviço de Moscou,

No cemitério de Donskoi, em Moscou, entre tumbas com inscrições em cirílico, destaca-se uma com letras no alfabeto latino. É negra e mostra a foto de um homem não muito velho: é Agustín Gómez Pagola, e sob sua efígie, ao lado das costumeiras flores vermelhas, lê-se em uma inscrição em espanhol, já quase apagada pela passagem do tempo: "*Dirigente comunista*". Ele o foi até o último dia; o futebol foi só um meio para fazer a revolução.

mas sim, como relata em sua carta, "a serviço dos povos da Espanha e da democracia".

Por sorte, este livro chegou tão longe que ele pôde lê-lo para corrigir a tremenda falha do autor. Ficam nestas páginas meu agradecimento eterno e minha admiração por uma família que lutou e pagou com a vida e a liberdade para que as gerações posteriores pudessem viver em um país onde é possível editar livros como este. [N.A.]

EM MAIO DE 1968, SOB OS PARALELEPÍPEDOS TAMBÉM HAVIA GRAMA

Em 1961, Thadee Cirkowski, atacante estrela do Racing de Paris, uma celebridade do futebol francês, ganhava pouco mais de 400 francos por mês, cerca de 20% mais que o salário mínimo do país. Raoul Scholhammer, do Metz, outro jogador bastante conhecido na França, recebia 170 francos – ou a metade do mínimo permitido para qualquer outro trabalhador. Lucien Laurent, ex-jogador (autor do primeiro gol da seleção francesa em um Mundial, em 1930) e presidente do Sedan Ardennes, fazia seus jogadores acordarem às seis da manhã para demonstrar a eles que eram iguais aos trabalhadores de qualquer fábrica (ele era diretor da Peugeot, para a qual havia trabalhado a vida inteira, e sempre oferecia o seu exemplo, de ter aceitado ir à Copa no Uruguai somente se a empresa lhe reduzisse o salário para o mínimo da época). Os jogadores firmavam vínculos com os clubes que duravam até que completassem 35 anos e não tinham nenhum direito de decidir sobre o seu futuro. Se nos anos 1960 a situação trabalhista dos jogadores de futebol na Europa era precária, na França era quase um caso de rebelião.

Essa era a visão de Eugène N'Jo Léa, um rapaz instruído que nos anos 1950 havia chegado de Camarões para estudar na França. Um sujeito que, diz a lenda, marcou onze gols na primeira partida que disputou em solo francês, e que teve a coragem de abandonar um dos grandes da França, o Saint-Étienne, para ir a Lyon, primeiro, e a Paris, depois, a fim de jogar no Olympique e no Racing, em busca das melhores universidades onde pudesse progredir na carreira de direito. Paradoxalmente, quem mais o apoiou foi o jogador que menos necessitava se rebelar – Just Fontaine, o homem dos treze gols no Mundial de 1958 (recorde que se mantém há mais tempo na história das Copas), nascido no Marrocos e de mãe espanhola. Este, sim, era um privilegiado, tendo um grande salário e a vida resolvida no Stade de Reims, a grande equipe gaulesa que tentou fazer sombra ao Real Madrid. Mas Fontaine não podia tolerar a situação de seus companheiros, e, em novembro de 1961, juntamente com outros futebolistas de alto nível, fundou a Union Nationale des Footballeurs Professionnels (UNFP), um dos mais antigos sindicatos de jogadores profissionais.

    Nos meios de comunicação, o maior apoio às reivindicações veio de uma revista única na história do futebol, a *Miroir du Football*. Fundada em 1960 e publicada pela Éditions J, a editora do Partido Comunista Francês, foi o suporte em papel de um futebol ideologizado e tratado com o mais alto nível jornalístico. Alguns dos redatores da publicação haviam sido jogadores federados, e serviram de porta-vozes para as demandas dos jogadores de futebol. Em outubro de 1962, apoiaram a tentativa de greve (por fim abortada) da seleção francesa em um jogo da fase preliminar da Eurocopa de 1964 contra a Inglaterra (naquela época a competição tinha outra forma de disputa, estendendo-se por dois anos em jogos eliminatórios de ida e volta; apenas as fases semifinal e final eram realizadas no país-sede, no caso de 1964, a Espanha) e também a ameaça de interromper o campeonato nacional por uma rodada, que acabou resultando em ligeiras melhorias salariais para os atletas.

Sempre com o apoio da *Miroir du Football*, os jogadores franceses se viam fortalecidos para seguir avançando. O passo definitivo foi dado pelo jogador que até então era o mais popular da história do futebol gaulês: Raymond Kopaszewski, o lendário Kopa, filho de um mineiro polonês. O meia-atacante, que atuou no grande Real Madrid de 1956 a 1959 e ganhou a Bola de Ouro em 1958, havia regressado ao Reims depois de sua grande aventura espanhola (dois campeonatos nacionais em três temporadas). Em 4 de julho de 1963, publicou no semanário *France Dimanche* o artigo que dinamitaria para sempre a estrutura do futebol francês. O título não deixava dúvidas, "Os jogadores de futebol são escravos", e no texto ele dizia que "hoje, em pleno século XX, o jogador de futebol profissional é o único ser humano que pode ser vendido e comprado sem que se peça sua opinião".

Como seria de esperar, Kopa encontrou a oposição dos clubes, mas também dos torcedores e, sobretudo, da imprensa. O diário esportivo *L'Équipe* escreveu: "Os jogadores ganham bastante dinheiro graças à generosidade dos presidentes de clubes. São privilegiados, e erram ao queixar-se dos pequenos inconvenientes de sua profissão". Sempre na oposição a seus congêneres, e a favor dos atletas, a *Miroir du Football* marcava presença, em texto assinado por seu diretor, François Thébaud: "Suas palavras são justas, porque definem de forma exata a condição social do jogador de futebol hoje". Kopa foi condenado a seis meses de suspensão, algo inédito. Terminada a punição, o treinador da seleção, Georges Verriest, decidiu não o convocar para uma partida, embora a França houvesse ganhado apenas uma das doze anteriores, e disse, abertamente, que não o chamava por causa de sua rebeldia. Quando não restou mais remédio a Verriest a não ser voltar a convocar o atacante de origem polonesa, pois a seleção continuava a afundar, este exigiu que o técnico se retratasse publicamente de suas palavras. Como Verriest se negou, Kopa, que em 2003 viria a ser considerado o melhor jogador de futebol francês da segunda metade do século XX, recusou-se a voltar – e novamente foi punido. Seu caráter contestador tornava a ficar patente: a dignidade era maior que tudo.

    Essa aula de rebeldia explicaria o vínculo do movimento estudantil de maio de 1968 com o futebol? Embora existissem muitas razões de descontentamento entre os jovens, a gota-d'água foi vertida por um jogo de futebol. Em meados de março, haviam sido detidos seis estudantes da Universidade de Nanterre (em Paris), membros do Comitê Nacional do Vietnã, que se opunha à guerra. Sua prisão provocou uma onda de mal-estar entre os universitários na qual se mesclaram reivindicações menos idealistas. Uma delas era o protesto pelo fato de a divisão por sexos dos alojamentos do campus impedir que os rapazes tivessem acesso à única televisão, que estava na ala das moças. Era 22 de março, e a partir daí os acontecimentos ganharam uma velocidade vertiginosa. Os estudantes e os trabalhadores uniram-se em seus pleitos – muito menos lúdicos e mais duros do que faz pensar o *slogan* clichê "Abaixo o tédio!", que ficou vinculado àqueles dias – e, além de ocuparem fábricas e universidades, apoiaram-se nos ásperos enfrentamentos de rua. Os manifestantes, que convocaram uma bem-sucedida greve geral, arrancavam os paralelepípedos para lançá-los sobre as forças da ordem. Os líderes do movimento diziam, de modo muito poético, que sob os paralelepípedos estava a areia da praia, embora as pedras servissem para atacar a polícia. E um grupo de jogadores acreditou que sob o asfalto também se encontrava a grama de um futebol melhor.

Em 22 de maio de 1968, liderados pelos redatores da *Miroir du Football* (que possuíam ficha federativa, pois haviam sido atletas semiprofissionais), alguns jogadores tomaram a sede da Federação Francesa de Futebol, no número 60B da Avenue d'Iéna, em Paris, numa área repleta de edifícios oficiais. Eram atletas de clubes amadores da capital, mas entre eles também havia profissionais da Ligue 1, como André Merelle e Michel Oriot, do Red Star, clube da comuna administrativa de Saint-Ouen (ao norte de Paris). Retiveram os funcionários da federação e se organizaram sob a denominação de Comitê de Ação de Jogadores de Futebol. Logo redigiram um manifesto de seis pontos com exigências trabalhistas concretas e penduraram duas faixas na fachada: "O futebol para os jogadores" e "A Federação é propriedade dos 600 mil jogadores".

Entre as reivindicações do grupo, a mais clara era a supressão da chamada Licença B, que difamava os jogadores que mudavam seu local de trabalho sem o consentimento dos chefes. A norma estabelecia que os atletas não podiam jogar na equipe principal do clube para o qual haviam decidido se transferir, tendo permissão apenas para atuar nas equipes secundárias, daí o nome Licença B. Representava nada menos que um passaporte para a escravidão. As demais reivindicações eram mais ou menos genéricas ou críticas aos dirigentes do futebol francês – por exemplo, exigir seguro médico para cobrir os casos de lesão em campo que acabavam com a carreira de alguns jogadores (algo relativamente comum na época, foi o que ocorreu com Just Fontaine, que se aposentou por causa de uma lesão recorrente) e lamentar o pouco investimento no futebol de base ou o autoritarismo dos presidentes de clubes. "Os hierarcas da Federação expropriaram o futebol para servirem-se dele por simples interesse egoísta", dizia o manifesto, afirmando também que os mandachuvas trabalhavam "contra o futebol", ao ceder seu controle aos políticos e "ao atacar sua essência popular".

À parte essa batalha puramente sindical, havia entre os ocupantes da sede da federação também um pleito estilístico. A *Miroir du Football* havia se destacado como defensora do jogo sul-americano, mais criativo, contra a física e disciplinada escola europeia, com a qual se alinhava o *L'Équipe*. Essa era outra exigência dos rebelados: que a França mudasse seu estilo de jogo. Para isso, atacavam o treinador da seleção, Louis Dugauguez, um sujeito rígido e conservador dentro e fora do campo. Dugauguez era o técnico do Sedan Ardennes e havia aprovado com entusiasmo a decisão do presidente do clube, Lucien Laurent, de fazer os jogadores acordarem às seis da manhã. A criação do Comitê de Ação de Jogadores de Futebol poderia ter sido apenas algo episódico se não tivesse recebido o apoio de jogadores em atividade, como Kopa, Yvon Douis, atacante do Cannes, e Rachid Mekhloufi, o lendário argelino do Saint-Étienne (cuja história pessoal vai aparecer mais adiante neste livro), e do já aposentado Just Fontaine. A UNFP, o sindicato dos jogadores profissionais presidido por Michel Hidalgo, também se colocou ao lado daqueles que a imprensa passou a chamar de "Enragés du Football" (Irados do futebol), fazendo um paralelo com os jovens escritores revoltados que na década anterior tinham revolucionado a literatura britânica (os chamados "Angry Young Men").

A tomada da federação durou cinco dias. Os Acordos de Grenelle, pelos quais o governo de Georges Pompidou, os sindicatos e os patrões estabeleceram melhorias salariais para os trabalhadores de todo o país e um aumento de 35% no salário mínimo, não puseram fim ao protesto na rua, mas ao futebolístico, sim. Em 27 de maio se encerrava a ocupação, que, embora não tivesse alcançado objetivos concretos, renderia diversas melhorias trabalhistas à UNFP, que no meio da rebelião havia retirado seu apoio aos ocupantes da federação porque os jogadores não queriam ser partícipes "da anarquia e da desordem", como declarou Hidalgo (personagem aziago do futebol espanhol, pois era o treinador da França de Michel Platini que venceu a Espanha na final da Eurocopa de 1984).

    A *Miroir du Football* seguiu ativa até 1979, numa das aventuras mais apaixonantes da história do jornalismo esportivo (houve diversas tentativas de ressuscitar o título e seu espírito, mas todas fracassaram). Hoje, as lembranças da revista podem ser vasculhadas na internet, especialmente no site *miroirdufootball.com*, no qual se encontram o legado da publicação e o de seu diretor, François Thébaud, que acreditava que um outro futebol era possível. Como muitos que, naquele maio de 1968, acreditaram que um outro mundo era possível.

O GLADIADOR

É óbvio que, ao escrever seus textos, John Fitzgerald Kennedy nunca pensou em criar comunistas. E, se olharmos pelo outro lado, é complicado pensar que alguém possa iniciar um caminho rumo ao comunismo lendo Kennedy. Mas foi isso o que ocorreu nesta história. Por volta dos 20 anos de idade, o turco Metin Kurt já era um profissional do futebol e tomava gosto pela leitura quando JFK abriu seus olhos.

Kurt não havia concluído a escola secundária porque o futebol se convertera em ideia fixa e modo de vida obrigatório: a morte de seu pai e o casamento de seu irmão mais velho, também jogador de futebol, o haviam transformado em arrimo da família, e a única maneira que encontrou de proteger os seus foi agarrar-se à bola e chutar os livros. Desse modo, dividindo o tempo entre os treinos e o trabalho em uma quitanda em troca de frutas e legumes que alimentavam seus familiares, não lhe sobrava tempo para ler. O investimento valeu a pena, Kurt tornou-se profissional. No PTT de Ancara, teve a sorte de encontrar um roupeiro que, fã da leitura, foi logo lhe apresentando *Os miseráveis*, de Victor Hugo. Gostou tanto que, depois de um treino, saiu em busca de livros – não importava quais – na Çikrikçilar Yukuşu, a rua dos Tecelões, na área dos bazares da capital turca. Ali adquiriu *Perfis de coragem*, de John Fitzgerald Kennedy.

JFK escrevera o livro na época em que era senador por Massachusetts, quatro anos antes de ser eleito presidente. Convalescia de uma operação nas costas e decidiu publicar as biografias de oito políticos norte-americanos que haviam precisado contrariar a opinião dos eleitores e do próprio partido a fim de alcançar o que acreditavam ser justo. Ganhou o Prêmio Pulitzer. Metin Kurt ficou tocado com a coragem daqueles homens cuja existência até então desconhecia. Segundo recorda em sua biografia, uma frase em especial o marcou: "Não hesite em dizer o que crê ser correto. Cedo ou tarde você triunfará". A ideia contida na frase pode até ter ajudado Kennedy a chegar à presidência dos Estados Unidos, mas não seria de tanta valia para que um jogador transitasse pelo autoritário futebol europeu dos anos 1960 e 1970.

Dentro de campo, Metin Kurt era um ponta-direita promissor no futebol sub-18 e no sub-21. Driblador, fazia que ia, voltava, iludia. Fora dele, era o exato oposto: reto, direto, contundente, sem idas e vindas, sem engodos. Em certa ocasião, os jogadores do PTT foram reunidos no vestiário para que ouvissem uma explicação sobre as acusações de fraude que pesavam sobre um dos diretores do clube. Para admiração de todos, Kurt tomou a palavra, e não para contemporizar: disse que, de fato, as acusações eram procedentes, e que todos ali o sabiam. A reação de seu treinador foi informar-lhe que ficaria no banco de reservas a partir do próximo jogo. "Você tinha razão no que dizia, mas se equivocou. Quando for lutar por algo, leve em conta três coisas: a sua posição, a dos seus oponentes e o momento em que parte para a ação. Você falou a verdade, mas não considerou nenhuma das três coisas", disse-lhe o técnico. Kurt aprendeu a lição, mas nunca deixou de falar claro, custasse o que custasse.

Seu senso de justiça, ainda bruto, ia sendo lapidado com novas leituras. Passou a frequentar as páginas de Karl Marx e Georg Hegel. Começou a se transformar em um animal político. O PTT de Ancara o emprestou para o Galatasaray.

Em sua biografia, intitulada *Gladiador* (2009), Metin Kurt situa em um momento muito específico o definitivo despertar de sua consciência social. "Eu tinha acabado de jogar uma partida com a seleção turca contra a Holanda. Na saída do campo, um menino descalço, quase sem roupa, me pediu os cadarços das chuteiras. Só queria isso. Desatei a chorar. A realidade me golpeou em cheio. Nunca consegui nem quis me esquecer daquilo. Desde aquele dia, esse menininho iluminou meu caminho."

Kurt começou então a se sentir e a se manifestar publicamente como um comunista. Tanto que, em 1972, depois de uma partida da Copa da Europa contra o Bayern de Munique, Paul Breitner, então o grande ícone da esquerda no futebol europeu por seu declarado maoísmo, aproximou-se dele ao final do jogo para que falassem de política. Breitner o conhecia, Kurt já era famoso por suas ideias. Na época, já se verificava um pequeno fenômeno nas arquibancadas do Galatasaray: multidões de trabalhadores e de estudantes de esquerda iam ao estádio para ver o ponta-direita jogar, e este dizia que gostava de atuar bem perto da linha lateral para que os torcedores dos setores populares pudessem acompanhá-lo de perto.

Os problemas começaram no inverno de 1973. O Galatasaray lhe devia dinheiro da transferência do PTT, e Kurt reclamou com veemência, chegando a deixar a barba crescer como protesto. Um dia, de volta ao vestiário, encontrou uma carta que anunciava a suspensão de seu trabalho e de seu salário. O fraco sindicato dos jogadores pediu ao clube que perdoasse Kurt. Este se negou publicamente a qualquer arranjo e desafiou a associação que, em teoria, defendia seus direitos. "Ser perdoado é perder", disse. Percebeu então que, se queria proteger os jogadores dos abusos dos clubes, devia fundar outro sindicato. Em 1975, formava a Associação de Esportistas Amadores, dando início à verdadeira rebelião. A primeira luta foi pela premiação que lhe era devida pela conquista de uma Copa da Turquia. Turgan Ece, o dono do clube, o chamou de "comunista" e lhe disse que estava levando "a anarquia ao futebol" e que era "o chefe dos anarquistas" por pedir que pagassem o que lhe deviam. Outros quatro atletas do Galatasaray uniram-se à luta, e juntamente com Kurt foram afastados da equipe. A batalha seguiu até maio de 1976, quando o jogador chamou a imprensa e, diante das arquibancadas, pediu a demissão de Ece e o retorno dos cinco jogadores. Por fim, como sempre, a pior parte coube a Kurt: seus quatro companheiros pediram desculpas e foram reincorporados; ele se negou e foi mandado para o ostracismo em uma equipe menor, o Kayserispor.

Esse foi o momento da definitiva politização de Metin Kurt. Com uma visão revolucionária, de grande antecipação, propôs no final dos anos 1970 aquilo que o futebol só iria assumir muitos anos depois com o Caso Bosman: que os jogadores tivessem direito de jogar livremente em qualquer equipe, algo que à sua época não ocorria na Europa. "Os jogadores são trabalhadores e têm o direito de vender sua força de trabalho. Se os clubes podem comprá-los e vendê-los a seu bel-prazer, são nada mais que escravos", declarou. Foram os anos em que começou a escrever para o diário *Politika*. Em 1978 se aposentou. Não quis uma partida de homenagem porque considerava isso uma "forma sofisticada de mendicância".

Dois anos depois, no exato dia em que ia tornar pública a fundação de um sindicato para atletas turcos de todas as modalidades esportivas, deu-se o golpe de Estado de 12 de setembro de 1980. Os militares tomavam o controle do país, sob o comando do general Kenan Evren, que suspendeu toda a atividade política e a Constituição, impôs a lei marcial, limitou a liberdade de imprensa e prendeu milhares de opositores por supostos crimes de terrorismo. Ali se acabaram temporariamente os sonhos sindicais de Metin Kurt, que, tomado pela depressão, enveredou pelo alcoolismo. Só restou sua participação na revista esportiva *Sportmence*, na qual, embora não escrevesse sobre política, tentava emprestar ao esporte um caráter mais cultural.

Após anos afastado da atividade pública, em 2009 Kurt fundou o Sport-Sem (Spor Emekçileri Sendikası, Sindicato dos Trabalhadores do Esporte). Um ano depois, por considerar que a organização havia se afastado do que ele originalmente concebera, convocou uma manifestação às portas do Palácio Dolmabahçe, onde o primeiro--ministro Recep Tayyip Erdoğan recebia representantes da organização. Assim, na mais pura tradição comunista, fundava uma dissidência, o Devrimci Spor Emekçileri Sendikası (Sindicato Revolucionário dos Trabalhadores do Esporte), que hoje segue ativa.

A ação política mais bem-sucedida dentre as promovidas por Kurt durante sua atividade sindical ocorreu depois de um dos grandes desmandos de Tayyip Erdoğan. Na inauguração do novo estádio do Galatasaray, a Türk Telekom Arena, o primeiro-ministro foi impiedosamente vaiado pela torcida da equipe, e naquela mesma noite dezenas de torcedores foram detidos sob a acusação de terrorismo. Kurt organizou uma marcha que acabou se transformando em uma das maiores manifestações, em qualquer âmbito, até então realizadas contra Erdoğan, no comando do país desde 2003.

Em 2011, Metin Kurt decidiu se candidatar às eleições gerais pelo TKP (Türkiye Komünist Partisi, Partido Comunista Turco). Até aquela data, apesar de seu notório comunismo, nunca tinha se filiado. A razão para a empreitada, segundo explicou, era limpar a imagem política do futebol, porque no mesmo pleito concorriam o lendário ex-atacante Hakan Şükür, pelo AKP (Adalet ve Kalkınma Partisi, Partido da Justiça e do Desenvolvimento, de tendência conservadora moderada e desde 2003 no governo) e outro ex-jogador com carreira internacional, Saffet Sancaklı, candidato pelo MHP (Milliyetçi Hareket Partisi, Partido do Movimento Nacionalista, o grande representante da ultradireita no país e já a terceira força política turca). "Não devemos deixar nada nas mãos de quem tudo corrompe. Tampouco o esporte. Não devemos nos render aos que desejam que os esportistas sejam macacos amestrados para os meios de comunicação, aos que desejam explorá-los, aos que querem secar a fonte do esporte. Não se submeta, não se cale, não tenha medo!", dizia Kurt em seu vídeo eleitoral, ilustrado com imagens dele jogando futebol e com os clássicos símbolos visuais comunistas.

Metin Kurt não foi eleito. Os comunistas conseguiram apenas 0,15% dos votos, 64 mil ao todo, ante 21 milhões do AKP de Şükür, que venceu as eleições, e 5,5 milhões dos ultranacionalistas do MHP de Sancaklı. Foi sua última batalha perdida. Faleceu aos 64 anos, em 24 de agosto de 2012, vítima de um infarto. Seu funeral converteu-se em uma pequena manifestação comunista, em cuja linha de frente se destacava uma foto do mito trajando a camisa da seleção nacional. Teve, enfim, o enterro que desejaria: uma celebração de seus ideais. Assim como foram sua vida e seu futebol.

CHUTES À ESQUERDA DA ESQUERDA

Houve um jogador de futebol que nunca deu um autógrafo. Ele se chamava Paolo Sollier, mas todo mundo o conhecia como *Ho Chi Minh*. "Nunca vou parar para dar um autógrafo, mas nunca me recusarei a parar para conversar. Desde que seja para falar de mim como pessoa, não como jogador de futebol, algo que me interessa muito pouco." Era 1973 e ele jogava na Cossatese, equipe da Série C do futebol italiano. "Não é melhor que a gente papeie um pouco, que tenha uma relação de pessoa para pessoa em vez de uma de imbecil para imbecil? [...] Sem falar dos pais que pedem a assinatura para seus filhos. Parece que são daqueles que dão um trem elétrico para as crianças a fim de eles mesmos poderem brincar depois."

Vá dizer isso às crianças. Certo dia, dois garotos pouco a par das tendências políticas de Sollier lhe pediram um autógrafo. Ele se recusou, e entre os *tifosi* (torcedores) isso gerou certa animosidade: um jogador que se negava a atender dois dos seus. Em resposta, Sollier escreveu uma carta aberta na qual explicava politicamente os motivos de sua recusa ao estrelismo futebolístico. "Depois daquela carta, voltaram a me pedir autógrafos e a me perguntar se o Savona era melhor do que o Alessandria ou não[9]. Fiquei muito desanimado."

---

[9] Savona e Alessandria são times regionais que disputam divisões menores na Itália. [N.T.]

Eram os anos 1970, os *anni di piombo* (anos de chumbo) na Itália. A instabilidade política e o descontentamento social desencadearam inicialmente uma grande insegurança entre os cidadãos e um aumento na violência urbana que culminaram no surgimento de diversas facções armadas – de todas as ideologias –, cujo objetivo era influir na política nacional. O número de grupos terroristas era tal que, dizia-se, sempre havia alguém mais à esquerda, pois o arsenal ideológico sempre podia conter uma bomba ainda mais vermelha. O futebol não estava alheio à situação, mas os torcedores não eram os sujeitos com quem você escolheria conversar a respeito do socialismo utópico. E nessas águas remava Sollier, dando seus chutes dentro de campo e fazendo seus discursos límpidos fora dele, a barba vistosa e o punho esquerdo cerrado e erguido para saudar a gente que, da arquibancada, nem sempre entendia o cumprimento.

Paolo Sollier nasceu canhoto. Filho de um operário de Turim, do bairro popular da Vanchiglietta. De sua adolescência, lembra ter sido "um bom católico com pendores terceiro-mundistas". Mas aos 20 anos viveu uma espécie de crise de identidade política. E tomou o caminho que muitos camaradas de sua época tomaram: italianos bem-criados, com complexo de culpa por não terem calos nas mãos como seus pais, que foram trabalhar nas fábricas. Ganhar a vida com a cabeça ou os pés era coisa de folgado. O novo mundo deveria ser construído com as mãos.

Então, em abril de 1969, quando a política na Itália lembrava novela da Telecinco (havia governos que não duravam mais que alguns dias no poder), Sollier entrou para a linha de montagem da Fiat, a meca do operariado. "Nos descansos, escrevia poesias sentado ao lado das máquinas. Acreditava que assim vencia o capital. Equivoquei-me. Filiei-me então à Avanguardia Operaia [Vanguarda Operária, associação de extrema esquerda]."

Jogava no Cinzano de Santa Vittoria d'Alba e estudava ciências políticas. Depois que foi contratado pelo Cossatese, deixou de lado parafusos e porcas. Ofereceram-lhe 50 mil liras por mês, ele pediu 60 mil. O presidente do clube esperava que ele exigisse o dobro, e teria pagado. Mas 60 mil bastavam para que Sollier pudesse largar a fábrica, viver e entregar parte do salário a seu coletivo leninista. Não precisava de nem uma lira a mais, e nem uma lira a mais pediu.

Como ser um comunista dentro de campo? Como refazer o mundo chutando uma bola? Era um dos melhores do Cossatese, em uma divisão na qual só existem (ou sobrevivem) os jovens com canelas fortes e os veteranos de guerra. O vice-presidente do clube contava, espantado, que "quando ele é derrubado, e isso ocorre com frequência, é o primeiro a dar a mão ao adversário, sem fazer nenhum tipo de cena". A fama de revolucionário chegou ao vestiário, onde ouvia comentários de todo tipo. Entrevistado pelo prestigioso jornalista esportivo Gianni Mura, Sollier mostrou a mesma veemência expressada nos círculos de esquerda:

— Acredita que você mudará algo no mundo do futebol?
— Eu gostaria, e faço o que posso e como posso. Sou Sollier, não Gianni Rivera ou Luigi Riva[10]*. Se eles tivessem sustentado um certo discurso, talvez fossem escutados [...]. Deve-se ter uma posição política. Não digo a minha, pode ser uma contrária, mas que seja uma posição. E quem a tem no esporte italiano? Quem se levantou e disse: eu penso assim? Ninguém.*

Ninguém além de Sollier, claro, que parecia ter posição por ele e por todos os seus companheiros. Sem abrir mão de suas convicções, assinou com o Perugia na Série B – o futebol profissional, com que todos sonhavam. Todos menos ele, claro, que até alimentava essa ambição, mas ao mesmo tempo tinha outras ideias na cabeça. Passou a jogar nos grandes estádios sem mudar de política capilar nem ideológica, de modo que, para a imprensa, passou de Ho Chi Minh a Mao. Muito mais fácil para pôr um título em jornal ou revista, onde quer que seja. Já não era nenhum garoto. Aos 27 anos, estreou no Perugia presenteando com um livro cada um de seus colegas de equipe. Gabriel García Márquez, poesia de Jacques Prévert... e, para os mais jovens, quadrinhos de Corto Maltese. Para o treinador, deu uma coleção de poemas de Cesare Pavese com uma dedicatória em que pôs efeito, como em seus cruzamentos: "Não se vive só de futebol".

---

10 Jogadores italianos famosos à época. O primeiro, meio-campista; o segundo, centroavante. [N.T.]

Aos torcedores que aplaudiam seus gols, ele respondia com o punho cerrado. A crônica da época diz que jogava atrás do centroavante ou como ponta. Mas com uma concepção bem sua: não parava de correr por todo o campo, lutando por cada bola, como se o esforço fosse a redenção. Um Gaizka Toquero[11] com mais cabelo e mais magro, e com um exemplar de *O capital* no agasalho ao sair do estádio. Pediu um prêmio especial para o administrador de seu time, Spartaco Ghini, que declarou: "Cada vez que ele marca um gol, eu compro mais duas assinaturas do *Diario de los trabajadores*, o veículo de comunicação coletivo".

Quando a tendência política de Sollier começou a ficar conhecida em uma Itália conflagrada, havia estádios, como o do Ascoli, que o recebiam com vivas a Mussolini. Na Reggio Emilia o ameaçaram de sequestro. Ele não se importava: seguia vivendo em um bairro operário, em um apartamento dividido com dois estudantes, e dando todas as entrevistas que podia: "Não nego que minha posição é mais cômoda. Mas tento vivê-la do modo menos contraditório possível. Uma parte do salário vai para o partido, e o que sobra para mim está à disposição de quem precisar".

Sollier nunca se negava a responder. Nem sequer a perguntas como esta, publicada no *Corriere d'Informazione* em 19 de janeiro de 1976:

---

11 Centroavante basco que atualmente joga no Alavés e que de 2009 a 2015 defendeu o Athletic de Bilbao. [N.T.]

– *Você é comunista também no sexo? Não é ciumento?*

– Todo mundo diz que, quando alguém está apaixonado, fica muito ciumento. É uma mentira colossal. Já amei muitas mulheres e nunca experimentei essa estranha sensação do ciúme. Se a moça com quem estou deseja outro também, qual é o problema? E mais: essa segunda relação dela enriqueceria a nossa.

– *E as feministas?*

– Me encantam. Desde que não sejam lésbicas. Para eu não me sentir excluído, não é?

Assim eram os anos 1970. Sollier seguia escrevendo. E não eram odes aos torneiros mecânicos da fábrica de Mirafiori, mas algo muito mais revolucionário: poesias sobre o futebol em diários esportivos. "Vem com cara de nota de cinco mil o povo desassistido. E nós o divertimos em uma janela do tempo: somos a droga." Esses versos foram publicados no diário *Tuttosport*, jornal esportivo de Turim, em 7 de fevereiro de 1976. Imagine Paco, seu vizinho, pegando um *Marca*[12] hoje e lendo-os. Ah, os anos 1970.

O Perugia subiu para a Série A. O salão mais luxuoso do futebol. Um amplificador incomparável para Sollier e suas ideias. Mas seu nível político era muito mais alto do que o futebolístico. Depois de um ano apagado, foi vendido no último dia do *calciomercato*, o período em que se permite contratar jogadores na Itália. O mesmo dirigente

---

12 Jornal de esportes de tendência conservadora, bastante lido pelos torcedores do Real Madrid. [N.T.]

do Perugia que às sete da noite tinha dito que não haveria transferência pediu, na manhã seguinte, que Sollier fizesse as malas rumo ao Rimini. Sem um aviso por telefone. Puro capitalismo. E tinha a sua lógica: a negociação parecia obrigatória depois de uma temporada em que Sollier não marcara gols. Mas ele se sentiu como uma mercadoria. E escreveu um livro sobre o ano no Perugia: *Calci, sputi e colpi di testa* (Chutes, cusparadas e cabeçadas, 1976).

Havia quem esperasse um manifesto político. Lido hoje, mais parece a biografia terna e algo ingênua de um jogador de futebol que tinha opinião. As páginas abrigam seu tanto de ideias, mas sobretudo seu lado futebolista. Página 4: "A boceta é um dos temas de conversa preferidos dos jogadores, junto com a boceta e a boceta. [...] Todas as brincadeiras são com Zumbo [colega de Perugia], que tem um pau abominavelmente grande, quem sabe quantos paraísos não alegra por aí; ou Sergio, com seu prepúcio versão guarda-chuva que garante sombra para todos nós. Naturalmente, fica comprometida a tese sexual de que a dimensão do pênis tem importância secundária. O amor é vendido de 100 em 100 gramas e as trepadas são medidas em metros".

Humano, demasiado humano. O resultado é um livro excepcional, graças à sinceridade de um sujeito que abre as portas de sua cabeça e dos bastidores do futebol e expõe tudo sem disfarces. Talvez tenha deixado seus companheiros zangados, mas fez um favor a todos nós.

Sollier acerta contas consigo mesmo como militante de esquerda e como jogador da Primeira Divisão: "Ainda saberei se valho alguma coisa no futebol e saberei também, meu grande medo, se vou baixar as calças para as circunstâncias. Além dos jogos, das viagens, dos treinos, o futebol profissional vai devorar minha consciência? Ou conseguirei manter a minha vida como gosto, sem caminhos obrigatórios?".

Ele tem tempo de renegar com lucidez a luta armada que parte da extrema esquerda, vizinha de convicções, começa a empreender na Itália: "As Brigadas Vermelhas não servem à luta de classes. São uma caricatura política". E de rir das piadas que circulam sobre sua militância: "Hoje Sollier certamente vai fazer um gol, o goleiro adversário se chama Borghese [burguês]" ou "Sabe por que Sollier nunca se cansa? Porque é da Lotta Continua [Luta Contínua, organização de extrema esquerda]". Sobretudo, tem tempo de explicar suas contradições sentimentais.

Em uma pré-temporada, o homem apaixonado pela foice e o martelo caiu de amores por Grazia, uma loura sem peitos, de extrema direita. Como aceitar que o amor supere as contradições ideológicas? "Não posso me apaixonar. Mas também não posso não me apaixonar. É uma esplêndida síntese de extremismos opostos. [Grazia] é fascista até o último pentelho. Sim, é dessas, mas que posso fazer? [...] Eu pensava que os fascistas eram todos feios, ignorantes e fedidos. Nada. Com Grazia é como com uma camarada: nos entendemos, com as palavras e até com os gestos."

Desnudar-se em público e mostrar seus medos implicam riscos. Ainda mais no futebol. Paolo Sollier foi massacrado. "O jogador mais famoso pelo que diz do que pelo que faz" foi o lapidar comentário da revista *Guerin Sportivo*, que a ele dedicava ao menos uma vinheta humorística a cada edição semanal, a maioria delas relacionada a suas confissões amoroso-ideológico-sexuais. Em seus textos, as publicações de esquerda consideravam que Sollier jogava quase sempre bem; as de direita, que era uma nulidade. E, para os próximos da democracia cristã, ele era como outro qualquer.

Houve um dia em que *Mao* se sentiu humano, malvado e até um pouco de direita. Perugia *versus* Avellino. Resta pouco para o fim, falta para o adversário e Sollier na barreira. Carlo Ripari, um rival, fica na frente dele e começa a lhe dar cotoveladas. "Respondi com um majestoso chute na bunda." O juiz não viu. O pão de cada dia, mas não para o atacante camarada. "Fiquei deprimido, me senti um bandido, um espertalhão. Tive vergonha. Era a primeira vez que um pé meu conquistava sua independência e me deixava em apuros."

Foi uma das suas grandes frustrações, mas não a única. Paolo Sollier, o jogador idealista, das causas impossíveis, também tem a sua causa impossível. Nunca marcou um gol na Primeira Divisão. Ou, melhor dizendo, marcou um, espetacular e sobre o Milan. Mas foi anulado, por uma falta cometida por outro. Oito de fevereiro de 1976. Estádio San Siro, 13 minutos do segundo tempo. O Perugia tinha mudado de sistema tático e passara a jogar com um centroavante e dois meias-atacantes. Sollier, com a camisa 11, era um deles. "Ainda hoje me dói", assegurava em uma entrevista recente. "Vi as imagens em preto e branco. Chega uma bola a meia altura, depois de um chutão, dois metros dentro da área, Aldo Bet [Milan] e Mario Scarpa [Perugia] se trombam e eu pego como veio, de sem-pulo. Um belo gol, Enrico Albertosi [goleiro do Milan] paralisado e eu furibundo. Na sequência, fotograma a fotograma como publicaram nos jornais, se vê que não houve falta alguma do meu colega sobre o jogador do Milan. Inexistente. Insistente, na verdade, foi meu insulto ao árbitro, em primeiro plano." A partida terminou 0 a 0. E com a Inter, também em Milão, o Perugia empatou por 2 a 2 naquele ano, saindo invicto do San Siro na temporada.

Mas nas melhores fotos como jogador de futebol, Sollier quase nunca estava dentro de campo. Em 1977, em Rimini, a esquerda radical organizou uma manifestação para defender algumas famílias que seriam despejadas de habitações vazias que haviam ocupado. Ali estava Sollier, no ataque pelas pontas, como no campo. E, em frente dele, Gianfranco Sarti, policial e capitão do Rimini, colega de equipe de Sollier. *Il Resto del Carlino*, jornal local, imortalizou o momento, perguntando-se se Sarti tinha mais autoridade como policial ou como capitão do time para mandar *Mao* embora. Ainda que assumissem o papel dos inimigos, Sollier tinha de reconhecer que nem todos os seus companheiros eram idiotas que "olhavam a televisão como se fosse Deus", como uma vez os definiu.

Não foi seu único enfrentamento interno. Criticou seu antigo clube, o Perugia, por optar por um modelo vertical, em lugar de se abrir à cogestão com os jogadores e à participação dos torcedores. Bateu-se contra seu treinador, Ilario Castagner, por esquecer as promessas de jogo coletivo, por "se achar" e por ter perdido a humildade. E já se sabe que no futebol, como na Sicília, romper a *omertà* não é bom negócio. Mas nunca procurou desculpas. Anos depois, no livro-entrevista *Spogliatoio* (Vestiário), publicado em 2008, perguntaram-lhe como se definiria como jogador de futebol e ele respondeu: "Um honesto jogador da Série B que tirou merecidas férias na Série A".

Porém, nem tudo na carreira de Sollier foram enfrentamentos com a direita. No Rimini, encontrou-se com o sargento de ferro Helenio Herrera, famoso por seus sucessos como treinador da grande Internazionale. Ele já não treinava havia alguns anos, depois de ter sofrido um ataque do coração, e ainda teria tempo de dirigir o Barcelona por três temporadas, em uma segunda passagem como treinador *blaugrana*. Muitos temiam que o técnico, sujeito de lei e ordem, de disciplina marcial, não se entendesse com o anarquista Sollier. Pelo contrário, a relação dos dois foi surpreendentemente simbiótica: "Herrera exigia 100% de cada um. Eu lhe dava 101%". No Natal de 1976, Sollier decidiu viajar a Paris com uma de suas conquistas amorosas. Precisava de quatro dias, mas os jogadores só tinham três de folga, e não sabia como pedir a Herrera, o *capo*. Seus colegas riam dele, achando que não voltaria a jogar naquela temporada. Pois Herrera acabou dando-lhe as chaves de seu apartamento em Paris, mas Sollier não as aceitou. A única condição para o dia extra era que treinasse pelo menos uma vez durante a estada na capital francesa (coisa que ele fez nos Jardins de Luxemburgo). Estava tão contente que marcou um gol contra o Avellino fora de casa e aí sim partiu de férias. Quando Herrera saiu do Rimini, deixou um pacote para Sollier. Era uma almofada, com uma inscrição em árabe, que convidava à revolução permanente. "Um *piccolo* presente do seu amigo, Helenio Herrera."

Sollier aguentou três anos no Rimini, marcando apenas quatro gols de canhota (mas um deles, no segundo ano, precisamente diante do Avellino, valeu a permanência do clube na Série B) e pouco a pouco descendo a mesma escada pela qual havia subido, em direção ao futebol modesto, de camaradas e campos de pouca importância, onde ninguém pode evitar que, à saída, os *tifosi* peçam autógrafos. Inclusive a Paolo *Mao* Sollier, o jogador que nunca os concedia.

DUAS DIGNAS BRAÇADEIRAS

Faltavam apenas dois meses para que Francisco Franco morresse. Em uma última manifestação de barbárie, o regime fez sua lição de casa e executou uma série de militantes do ETA (Euskadi Ta Askatasuna, em basco, ou País Basco e Liberdade) e do Frap (Frente Revolucionária Antifascista e Patriota) que estavam marcados. Foram eles Jon Paredes *Txiki* e Anjel Otaegi (membros do ETA) e José Luis Sánchez Bravo, Ramón García Sanz e Humberto Baena Alonso (Frap). Um mês antes, o Conselho de Ministros havia aprovado o Decreto-Lei Antiterrorista (Decreto-Lei 10/1975), norma criada *ad hoc* e aplicada com caráter retroativo para condenar à morte onze membros dos dois grupos. Seis se salvaram (entre eles duas mulheres grávidas), graças à pressão interna e internacional: desde manifestações populares ao redor do mundo até articulações em instâncias mais altas, como a do papa Paulo VI, a de vários primeiros-ministros, como os da Suécia e do México, e a petição expressa de indulto de Nicolás Franco, irmão do ditador, militar que participou da sublevação contra a República e que era procurador de justiça durante o franquismo. Mas nem todos conseguiram escapar.

Os fuzilamentos ocorreram na manhã de 27 de setembro de 1975, um sábado, e detonaram a indignação, em muitos pontos do mundo e em muitos círculos sociais.

Luis Eduardo Aute[13] dedicou ao acontecimento uma de suas canções mais célebres, *Al Alba*. Em Euskadi foram declarados três dias de greve, à qual, apesar do estado de exceção, os trabalhadores aderiram em peso. Lembremos o caso de Xabier Sánchez Erauskin. O hoje professor da Universidade do País Basco escreveu *El viento y las raíces* em homenagem a *Txiki* e Otaegi, e foi submetido à Audiencia Nacional[14] sob acusação de colaborar com grupos armados. Foi condenado a um ano de prisão, que não cumpriu, embora a sentença lhe "servisse" para uma prisão por reincidência em 1983, depois que satirizou a visita do rei ao País Basco. No exterior, embaixadas espanholas foram atacadas na Turquia e na Holanda, e os trabalhadores portuários italianos se negaram a subir aos barcos espanhóis que chegavam a seus portos. O franquismo agonizava com um golpe de "aqui mando eu" que foi o princípio do fim.

E o futebol? Calou-se. Ou quase. Na noite daquele sábado, dois jogadores do Racing de Santander, Sergio Manzanera e Aitor Aguirre, conversam no quarto do hotel cantábrico em que estão concentrados para a partida do dia seguinte contra o Elche. Acabam de ouvir a notícia do fuzilamento, graças a um sinal muito fraco, mas

13 Cantor e compositor espanhol, também conhecido por seu trabalho como pintor e diretor de cinema. [N.T.]
14 Órgão jurisdicional criado em 1977, simultaneamente à extinção do Tribunal de Orden Público, órgão de exceção do regime franquista responsável por casos de terrorismo. [N.E.]

suficientemente claro da Radio España Independiente, La Pirenaica (a rádio pirata através da qual o Partido Comunista transmitia as notícias censuradas pelo regime). O mundo lhes cai na cabeça. Decidem que precisam fazer algo, embora não saibam o quê. Optam por um gesto singelo: exibir uma braçadeira negra na partida marcada em El Sardinero[15]. Antes do jogo, no vestiário, pegam "cadarços pretos de chuteira", como recorda Manzanera, e improvisam uma braçadeira pequena, com a qual se dirigem ao túnel de entrada. Em um cerimonial sem cerimônia, Sergio e Aitor cingem o braço um do outro com um diminuto sinal de luto. Não haviam contado a ninguém. Um jogador, de cujo nome Sergio não quer se lembrar, diz a ele que tirem as braçadeiras, porque iriam arrumar encrenca. Mas eles não escutam. "Não estávamos com medo, porque se estivéssemos nem entraríamos em campo", diz hoje Aguirre.

Quase ninguém percebe, à exceção do representante do governo, que pergunta ao presidente do Racing, José Manuel López-Alonso, o que aqueles dois trazem na manga. Este, que desconhece a ação, não tem o que responder. Mas o representante sabe muito bem do que se trata, porque tem relatórios com informações sobre os dois jogadores. Quando chega o intervalo, 1 a 0 para o Racing (gol de Aitor Aguirre, para piorar as coisas), o vestiário se enche de *grises*[16]. "O pessoal achou que tinha

---

15 Estádio da cidade de Santander onde o Racing manda seus jogos. [N.T.]
16 "Cinzas" eram os membros da Policía Armada franquista, assim conhecidos por conta da cor do uniforme que usavam. [N.T.]

havido um aviso de bomba, mas nós já sabíamos o que era", lembra o goleador basco. A mensagem ao presidente do clube e ao treinador era clara: ou tiravam a braçadeira ou iam presos, como lhes informa a autoridade. Alcançado o objetivo de fazer barulho, os jogadores aceitam tirar. "Não fosse a reação deles, ninguém teria percebido o que fizemos. A verdade é que eles entraram no nosso jogo", assinala o basco.

Na arquibancada estava um garoto de 13 anos chamado Fernando Ortiz, que diz hoje, muitos anos depois, que na verdade o público percebeu alguma coisa, sim. "Houve um rumor, as pessoas perguntavam-se por que somente dois jogadores estavam com a braçadeira. Quando o jogo acabou, ficamos sabendo do motivo", conta Ortiz, atual presidente da Associação dos Clubes de Torcedores do Racing de Santander. "Antes dessa partida ninguém sabia se Aitor e Sergio eram de esquerda, nacionalistas ou o que fosse. Não se falava disso", afirma. Em 2009, sua Associação homenageou Aguirre, lembrado com muito carinho em Santander.

No dia seguinte à partida os dois jogadores e o presidente do Racing tiveram de comparecer à delegacia para prestar depoimento. Manzanera e Aguirre, que depois do jogo tinham ido para casa, compareceram voluntariamente. O *ABC* da época registrou friamente o acontecimento: "A Brigada de Investigação Social do Governo Civil de Santander determinou a condução de diligências contra os jogadores da equipe do Racing Aitor Aguirre e Sergio Manzanera por atos que podem ser punidos pela atual Lei de Antiterrorismo. Assim consta textualmente no boletim oficial do comissário de polícia. Os dois jogadores do Racing foram a campo no último domingo exibindo braçadeiras negras, das quais se desfizeram no intervalo da partida".

Sergio diz que os policiais foram muito corretos, mas para Aguirre a leitura da situação foi bem diferente. "Um ou outro, estava na cara, tinha vontade de nos dar uns tapas, mas nos salvou o fato de sermos pessoas públicas. Sabiam que, se nos agredissem, seria pior. Então, alguém ali havia sacado isso...", conta. O basco relata que diziam a Sergio: "Que esse aí [Aguirre], que é basco, o faça, dá para entender, mas você, que é valenciano, por que caralho está metido nisso?".

O presidente do clube de Santander, que nunca deixou de apoiar seus jogadores, não sabia como contornar a situação. Antes de ir à delegacia, disse a seus rapazes que contassem à polícia que as braçadeiras eram para lembrar o aniversário da morte de Ramón Santituste García Quintana, histórico presidente do Racing em três ocasiões (1924, 1930, 1946-47). "Não havia Cristo que acreditasse naquela história. Como se podia explicar que só dois jogadores as usavam, e que não eram braçadeiras propriamente ditas, mas cadarços de chuteira?", recorda-se Aguirre com ironia. O ex-jogador fala de José Manuel López-Alonso Polvorinos, presidente do clube entre 1973 e 1979, com muito carinho, pelo modo como se comportou com eles naqueles meses. "Ele nos dizia que fôssemos treinar, que jogássemos... mas que às dez estivéssemos em casa."

Logo começaram as ameaças. Ao Racing, a seu presidente e aos jogadores. Poucos dias depois do jogo, bem destacada no diário *Alerta*[17], era publicada, sem identificação, a ameaça de morte por um grupo de extrema direita. "O Conselho de Guerra reunido em Toledo decidiu condenar à morte Aitor Aguirre e Sergio Manzanera", dizia o texto. Ambos ficaram sabendo pela imprensa que eram alvo.

Aguirre, aficionado por caça, teve suas licenças revogadas e suas armas requisitadas. Depois das ameaças, mandou os dois filhos e a mulher para Sestao, seu povoado natal, e passou a morar com Sergio na casa de Santander. De uma hora para a outra, deixaram de receber correspondência, e então decidiram avisar às pessoas próximas que não deviam lhes escrever, porque o correio estava sendo vigiado. Se havia alguma dúvida, desfez-se quando um amigo andaluz de Aguirre lhe enviou uma carta de apoio (que nunca chegou) e recebeu em sua caixa de correio uma outra missiva com a palavra "comunista" ao lado de seu nome e com uma suposta carta manuscrita de Aguirre na qual constava: "Se você é assim tão meu amigo, me dê meio milhão de pesetas, que é a multa que recebi". Evidentemente, Aguirre jamais escrevera isso. A polícia, que, bem se sabe, não é idiota, lhe havia poupado o trabalho.

"A sorte foi que em seguida chegou a democracia e tudo se tranquilizou, mas, de fato, passamos um tempo em que você sempre se virava para ver se não havia al-

---

17 Jornal da comunidade autônoma da Cantábria, cuja capital é Santander. [N.T.]

guém pelas costas, porque viver sob constantes ameaças preocupa. Mesmo quando a gente andava na rua, ou em alguma loja, havia alguém que nos recriminava. E você sempre ficava pensando que algum desmiolado podia fazer algo de mal", diz hoje Sergio Manzanera, com a mesma calma com a qual seu gesto foi recebido no mundo do futebol. "Quase ninguém nos apoiou, mas também ninguém nos jogou nada na cara. Nem se falou nada. Naquela época o melhor era não falar", conta. A análise de Aguirre é quase igual: "As pessoas diziam coisas a você, mas nunca publicamente. Era pouco, mas você percebia que todo o mundo estava farto de Franco", afirma.

A coisa ficou em 100 mil pesetas de multa para cada um, muito dinheiro para a época, porque "com 200 mil pesetas se comprava um apartamento, de modo que você pode imaginar que foram vários meses de salário. Mas isso a gente, sem dúvida, já esperava", diz Sergio. Apesar disso, como escrevia a imprensa à época, "além da multa imposta, continua o processo judicial comum contra ambos os jogadores". Um processo que nunca seguiu adiante, já que menos de dois meses depois Franco morreu e tudo se dissipou. Vários partidos políticos, a exemplo do Democrata Cristão, entraram em contato com eles para utilizar sua imagem. "Pelo meu caráter, sou um homem de esquerda, mas independente. Não poderia submeter-me à disciplina de um partido", analisa Sergio. "Dava para perceber que eles queriam usar você. Não nos encaixávamos em partido algum", assevera Aitor.

Aguirre e Manzanera eram amigos, e embora o tempo e a distância os tenham separado, conservam um carinho incrível um pelo outro. Falavam regularmente de política enquanto eram jogadores de futebol, e ambos decidiram, em uma demonstração de fraternidade pessoal e consciência social, compartilhar um gesto que, considerando o pouco que o futebol se manifestou sobre as questões da Espanha nos anos 1970, está mais próximo do heroísmo que de uma curiosidade anedótica.

No entanto, as mudanças e a trajetória de cada um deles falam de duas Espanhas que podem se mostrar diferentes inclusive entre os partidários da esquerda. Sergio é um esquerdista valenciano, um sujeito que aos 27 anos encerrou a carreira no futebol para estudar. Hoje, como dentista, dirige duas clínicas, uma em Valência e outra em Alcàsser. Era e é um homem de esquerda por convicção, e isso explica aquele gesto. O caso de Aitor é outro.

Ele assegura que em 1975 "sentia o que todos sentíamos aqui [no País Basco]. Os bascos que, como eu, nasceram entre 1945 e 1950 foram formados a partir do mesmo molde", diz. O molde da repressão franquista sobre seus pais, que, como Aitor diz laconicamente, "de algum modo sobrou para mim".

Esse "de algum modo" ocorreu quando Aitor tinha 18 anos. Em um Campeonato Espanhol de Ciclismo foram encontradas algumas *ikurriñas*[18] em uma igreja de Erandio, a 5 quilômetros de sua Sestao natal. "Prenderam dois rapazes, deram-lhes uns tapas e eles disseram que havia um terceiro envolvido, que se chamava Aitor. Como não

---

18 *Ikurriña* é a bandeira oficial do País Basco. [N.T.]

devia haver quase nenhum Aitor por ali, foram atrás de mim, que era conhecido porque já jogava no Sestao. Entraram na minha casa, me levaram e você pode imaginar o que me aconteceu", diz. O sentimento antifranquista entre a juventude basca crescia rapidamente, claro. Não era tanto um comprometimento com a esquerda, quase nem sequer era político. "Naqueles anos o que havia era um sentimento. Com o passar do tempo, isso transforma-se em ideais, toma uma forma mais política", define o próprio ex-jogador.

Hoje, no Restaurante Aitor de Neguri, Aguirre continua apegado à sua terra, como Sergio à dele. Estão separados por 350 quilômetros, uma relação que foi se desfazendo com o tempo e a distância, como tantas outras. Mas sempre os unirá um cadarço preto de chuteira que um dia colocaram um no outro, sem medo, em uma camisa de futebol que foi bandeira e testemunha de uma silenciosa rebelião futebolística.

PS: O Racing de Santander ganhou aquele jogo por 2 a 1. Os dois gols foram feitos por Aitor Aguirre, embora quase ninguém se recorde.

QUANDO O HERÓI NÃO SAI NA FOTO

Isaac Deutscher foi um jornalista, escritor e ativista político polonês, de origem judia, que consagrou a vida à figura de Leon Trótski. Em 1939, com a eclosão da Segunda Guerra Mundial, deixou a Polônia rumo à Grã-Bretanha, onde viveu o resto de seus dias como militante da Liga Revolucionária dos Trabalhadores e intérprete das ideias de Lev Davidovich Bronstein, o nome de batismo de Trótski. O fervor trotskista era tal, que ele dedicou grande parte de suas energias à elaboração daquela que é considerada a mais completa biografia do revolucionário russo: um catatau de três volumes, de quinhentas páginas cada um – *O profeta armado* (1954), *O profeta desarmado* (1959) e *O profeta banido* (1963) –, que constituiu a base do pensamento trotskista tão disseminado na Europa dos anos 1960 e 1970. O senhor Deutscher morreu em 1967, em Roma, aos 60 anos de idade, de um ataque do coração, sem suspeitar que seus livros seriam lidos, relidos, anotados e comentados no ônibus de um time de futebol profissional.

Josean de la Hoz Uranga, jogador da Real Sociedad entre 1972 e 1978, estava no nível mais alto do futebol espanhol e ao mesmo tempo andava às voltas com a obra de Deutscher e a figura de Trótski. Não era raro ouvi-lo externando sua admiração pelo revolucionário soviético diante dos outros ocupantes do ônibus da equipe, a caminho sabe-se lá de que estádio. A maioria dos companheiros não dava ouvidos às palestras, mas alguns poucos, sim. Ainda assim, De la Hoz era um tipo raro: e é por isso que, ainda hoje, seus ex-colegas de clube o chamam de *Trótski*.

Era tão conscientizado, era tal o seu compromisso político, que, embora não recorde a data exata (assegura apenas que foi depois da morte de Franco, em 20 de novembro de 1975, e antes de 5 de dezembro de 1976 – uma data inesquecível para ele, mas não adiantemos os acontecimentos, então vamos situar a cena nesse período de pouco mais de um ano), um dia foi à parte antiga de San Sebastián, como mais um militante *abertzale*, para distribuir panfletos pedindo a anistia de presos do ETA (naquele momento um grupo tão antifranquista quanto separatista). Não é imaginável ver hoje um jogador profissional conhecido – ele já estava na quarta temporada na equipe principal de um clube que é uma religião na província basca de Guipúzcoa – fazendo militância política de base nas ruas. Mas Josean de la Hoz era de um outro feitio. Clamava pela anistia daqueles que considerava presos políticos bascos e exilados do franquismo. Foi quando chegou a Polícia Nacional. "A repressão era dura. Todos temos histórias de fortes enfrentamentos com a polícia da época. Me reconheceram, o que era até certo ponto normal, porque jogar na Real Sociedad me tornava facilmente identificável. Fui detido, me levaram à sede do Governo Civil, me bateram à vontade e depois fiquei sabendo que andaram por alguns locais se vangloriando de que haviam batido num jogador da Real. Fiquei sabendo porque os próprios comerciantes me disseram", conta De la Hoz.

Na perspectiva do futebol que vivemos hoje, não é que aquela cena fosse de outra época – ela era de outro mundo. Um mundo em que era possível ver um jogador de futebol da Primeira Divisão distribuindo panfletos nas ruas. Quem pode imaginar que hoje a polícia prenda e bata em um atleta profissional de futebol sem que ninguém fique sabendo? "Era uma fase de mudança, de muita agitação, antes da proclamação do Estatuto de Autonomia [do País Basco], em 1979. Quem você devia procurar para fazer uma denúncia? A própria polícia? Havia e há episódios piores que o meu, e sempre acabaram sendo arquivados. E quem daria testemunho de que tinham me espancado...", conta o ex-jogador, com um sorriso amargo, em seu escritório de advocacia no centro de San Sebastián.

O futebol salvou Josean de la Hoz de uma vida que ele não queria para si. O destino traçado para ele estava mais no mar do que nos gramados. "Fui pescador dos 14 aos 18 anos. Meu pai e os irmãos dele tinham dois barcos. Por ser o primogênito, eu ia ser chefe de pesca, e de fato estudei para isso em Pasajes. Mas eu não gostava daquela vida, estava farto. Sair dali, tendo só o ensino fundamental, era muito difícil", relata. Então o futebol chegou para reescrever seu destino. "Eu jogava no Zarautz, então sou chamado pelo Sanse [a filial *txuri urdin*], que costumava ir atrás dos melhores da província. Disse a meu *aita* [pai]: 'Me deixa jogar por dois anos', que era o tempo de contrato que estavam me oferecendo. Ele me respondeu que concordava, mas que eu tinha de ganhar pelo menos o que obtinha no mar. Naqueles anos, conseguiam-se 50 mil pesetas na primavera, a época da anchova, e outras 50 mil na época de atum; 100 mil pesetas por ano. Mas o Sanse me oferecia 15 mil pesetas na assinatura do contrato (um dinheiro fixo) e 1,5 mil por mês. Meu pai disse que não, que tinha que somar 100 mil, então tiveram que aumentar a oferta para 40 mil na assinatura e 5 mil por mês para chegar às 100 mil pesetas", lembra De la Hoz, sorrindo. O pai não deixava por menos. Mas o jovem tinha a estratégia perfeita: transformar-se em um jogador de alto nível e estudar tanto que seu pai não poderia se opor ao abandono do mar. "Nesses dois anos do meu primeiro contrato como jogador de futebol, comecei a estudar perícia mercantil. Cumpri as 33 matérias, que consumiam três anos, em apenas um. Depois, segui com minha formação de modo que, quando cheguei ao time de cima da Real Sociedad, já tinha concluído meus estudos e, jogando naquele nível, meu pai não tinha como me obrigar a voltar ao mar. Então, foi isso – o futebol me salvou de ser pescador, que era uma vida da qual eu não gostava", conta.

De la Hoz nasceu em Getaria, um povoado pesqueiro onde a imigração dos anos 1960 não foi um fenômeno importante como em outras regiões do País Basco. Desse modo, assim como em seu destino estava escrito que devia ser pescador, também estava impressa outra característica da qual não podia escapar: ser separatista. "Em Getaria há um espírito único. E, sempre nesse contexto maior *abertzale*, uma outra coisa é optar pela esquerda ou pela direita", resume. Hoje continua sendo assim: com pouco mais de 2,5 mil habitantes, nas eleições municipais de 2011 o Bildu[19] elegeu cinco vereadores, o Partido Nacionalista Basco, outros cinco, e o Aralar[20], um, num total de 1.556 votos nacionalistas. O Partido Popular e o Partido Socialista Operário Espanhol repartiram os 32 (32!) votos restantes.

O caminho para jogar na Real Sociedad nos anos 1960 e 1970 era claro: você começava em um clube de Guipúzcoa ou nas categorias de base da própria Real, passava pelo Sanse e, se fosse bom, era promovido. Isso não apenas gerava uma química especial entre jogadores que compartilhavam uma trajetória de vida e uma filosofia desde crianças, como também ajudava a transformar as equipes bascas em pequenas unidades políticas de jovens com vontade de mudar as coisas. "Todos nós vínhamos das categorias de base e da província. Muitos eram de *pueblos* e se conheciam de outros tempos. A estrutura era diferente, muito menos profissionalizada. Em 1972, subimos cinco do Sanse para o primeiro time, e no ano seguinte foi a vez de outros quatro. Havia um companheirismo e uma amizade muito fortes. Não existiam grandes diferenças salariais, tanta disparidade como às vezes se vê hoje, então não havia disputas. Politicamente, nos últimos anos do regime, tão convulsos, as manifestações pela anistia e contra o franquismo atraíam multidões, e num vestiário em que todos eram da província o que pre-

---

19 Coalizão eleitoral espanhola de orientação pró-independência basca. [N.T.]
20 Partido político de orientação pró-independência basca. [N.T.]

dominava era o sentimento nacionalista, evidentemente. Como as manifestações eram muito gerais, não tão partidarizadas como agora, todos nos sentíamos representados nas reivindicações", analisa De la Hoz. Jogadores filhos do povo e que jogavam para o povo. "Eram reivindicações das pessoas, e eram unânimes. E você, simplesmente, fazia parte daquele povo, então agia e lutava. Hoje os clubes são cosmopolitas, e vá dizer ao alemão ou a outro que é preciso identificar-se com esse sentimento, que eles responderão, e com razão, que vêm para jogar futebol por quatro anos e depois vão embora", acrescenta.

Apesar do caldo de cultura social e territorial que fazia da Real Sociedad um laboratório sociopolítico e futebolístico, e embora possamos falar, sem dúvida, de equipes muito politizadas, Josean reconhece que eram poucos os jogadores que cumpriam essa atividade de base, de estar na rua na linha de frente, que ele levava a cabo, como no dia em que panfletava no centro da cidade. "Talvez eu fosse um pouco mais consciente, embora também houvesse companheiros meus que o faziam. Não vou citar nomes", conta. Não é preciso ser um Sherlock Holmes para saber que um desses colegas era Inaxio Kortabarria.

Kortabarria jogava como zagueiro central e levava a faixa de capitão da melhor Real Sociedad de todos os tempos, a campeã da Liga Espanhola em 1980 e 1982. Em 1972, com apenas 21 anos e recém-promovido ao time de cima da Real, ele foi entrevistado pelo *Mundo Deportivo*, que perguntou se lhe agradaria que Ladislao Kubala, técnico da seleção espanhola, prestasse atenção nele. "E a quem não agradaria?", respondeu o jovem jogador. "Esse dia chegará?", insistiu o repórter. "Espero que sim. Pelo menos eu vou fazer todo o possível para consegui-lo", assegurou Kortabarria. E aconteceu. Ele foi convocado. Vestiu a camisa da seleção espanhola quatro vezes entre 1976 e 1977 e disse chega. Não se sentia bem. Não está claro como foi o processo (tentamos fazer contato com ele por telefone simplesmente para confirmar a informação, e ele não quis fazer declarações sobre o assunto), mas tudo aponta para um pacto de não agressão com a Federação, pelo qual não voltavam a convocá-lo e, em troca, não se fazia um escândalo pela ausência permanente de um dos melhores defensores da Espanha naquela época. No livro *La Patria del Gol* (2007), de Daniel Gómez Amat, Kortabarria esclarece um ou outro detalhe de sua relação com a seleção espanhola. "A equipe de todos? Bem, de todos... Há quem tenha outras equipes. Quando eu jogava com *essa* seleção, Franco vivia e então a gente tinha que ser muito valente. Eu sempre tive uma seleção, uma camisa. Havia um interesse especial para ver se [os bascos e os catalães] nos mantínhamos firmes quando tocavam o hino espanhol. Aqui o que perguntavam a você quando vinha o representante era se você tinha ficado bem firme quando soava o hino. Isso era o mais importante para eles." Antes de mais nada, Kortabarria foi um militante político da esquerda *abertzale*. Já aposentado, segue sendo um foco da atividade política basca: por exemplo, em setembro de 2012, foi uma das quatorze pessoas que convocaram, a título pessoal, uma marcha para pedir a libertação de quatorze presos do ETA em precária situação de saúde, inicialmente proibida pela Audiencia Nacional e por fim autorizada.

O outro grande farol da esquerda *abertzale* no futebol espanhol dos anos 1970 e início dos 1980 foi, sem dúvida, José Ángel Iribar. *El Chopo* foi goleiro e capitão do Athletic de Bilbao (jogou dezoito temporadas na equipe principal) e indiscutível guarda-meta da seleção espanhola entre 1964 (quando ganhou a Eurocopa) e 1976, pela qual disputou 49 jogos. "Não havia outra opção, você jogava ou se aposentava. Digamos que era quase natural jogar na seleção espanhola naquela época", conta. Em 1978, como independente e representante de Vizcaya, ele participou da primeira Mesa Nacional da coalizão Herri Batasuna (Unidade Popular). Sentado ao lado de outro ilustre, Javier *Jabo* Irureta, foi um dos fundadores da Associação Pró-Anistia de Vizcaya, que pedia a libertação de 150 presos políticos bascos. A seleção espanhola não voltou a convocá-lo: "Algo estranho, porque seria minha 50ª partida e eu estava num momento muito bom", ironiza. Para quem o apoiava, ele se converteu então em um guia. "Pedimos, como mínimo, a anistia total, a autonomia, a cooficialidade do *euskera* [basco] e a restauração dos foros bascos. Menos que isso seria nada. Além disso, é o que hoje o povo está pedindo. Uma vez alcançados esses objetivos, a etapa seguinte está nas mãos dos políticos", disse. E seguiu o que tinha dito: afastou-se da linha de frente, embora sempre tenha permanecido vinculado à esquerda *abertzale* e à cultura basca. O dinheiro arrecadado em seu jogo de despedida foi empregado no fomento às escolas do País Basco.

Viajemos agora a 1976. Apesar da morte de Franco, a ira permanecia. Em maio daquele ano, a jornalista venezuelana Sofía Ímber entrevistou o então ministro do Interior e vice-presidente do governo espanhol, Manuel Fraga Iribarne, e lhe perguntou por que era permitida a exibição de todas as bandeiras regionais menos a *ikurriña*. A resposta de Fraga: "Respondo a você com muito prazer. Autorizamos todas as bandeiras regionais menos a basca porque esta não é uma bandeira regional, é uma bandeira separatista. É uma bandeira falsa, se você me permite dizer. As bandeiras das províncias de Vizcaya, Álava e Guipúzcoa são vistas em toda parte. As insígnias locais de Bilbao e Álava estão expostas todos os dias. Mas a chamada *ikurriña*, e mal chamada basca, foi desenhada por Sabino Arana com fins separatistas... É uma cópia malfeita da bandeira inglesa; e, por certo, não é um bom paralelo para um espanhol verter a Union Jack em outras cores. Essa bandeira, para muitos bascos, é um insulto, e para os espanhóis é claro que o é. Há uma diferença entre uma bandeira com a qual se atentou contra a unidade espanhola e as bandeiras regionais como a catalã ou a valenciana, que estão perfeitamente limpas... Digo o seguinte: eu coloquei essa questão e foram os bascos que disseram que não a aceitam de jeito nenhum. A maioria dos bascos não a quer. Não estou falando de espanhóis, mas de bascos, quando digo isso. Enfim, antes de permitir a exibição dessa bandeira vão ter de passar sobre o meu cadáver".

Nota-se claramente que, então, a reivindicação pela legalização da *ikurriña* não era somente uma demanda nacionalista, mas uma reclamação por democracia. Uma exigência que, como parte do povo, Josean de la Hoz, jogador da Real Sociedad, o *abertzale* que lia e citava Trótski nas intermináveis viagens de ônibus da equipe, queria ver cumprida para si mesmo e para os seus. "Em 1976, o movimento a favor da legalização da *ikurriña* era muito forte. Sabíamos que ela estava próxima. Mas acreditávamos que era necessário dar um empurrão para acelerar as coisas", diz De la Hoz.

Assim, em 5 de dezembro daquele ano, seria disputado no Estádio de Atotxa, em San Sebastián, o clássico basco entre a Real Sociedad e o Athletic de Bilbao. De la Hoz teve uma ideia: as duas equipes entrariam em campo exibindo a *ikurriña*, uma bandeira que era ilegal. O risco era grande, poderia haver consequências penais. Embora isso não fizesse parte das preocupações ("Não pensávamos em uma possível consequência penal. Talvez uma multa, talvez uns tapas, mas prisão, não", lembra De la Hoz), era necessário manter tudo muito em segredo. De la Hoz se reuniu com dois colegas: um deles é fácil de adivinhar, era Kortabarria; o outro, ele não quer revelar. Manteriam o segredo até o dia da partida: não contariam a ninguém, nem mesmo a seus companheiros, e revelariam os planos aos jogadores do Athletic no próprio estádio. Quando chegou a hora, não houve dissensões entre os companheiros da Real Sociedad. No lado do Bilbao, o goleiro José Ángel Iribar pediu dez minutos e deixou claro que, se a decisão não fosse unânime, não aceitariam o plano de De la Hoz. Ali a situação podia ser diferente. Pois um deles era Dani.

O pai de Daniel Ruiz Bazán, Dani, um dos capitães do Athletic de Bilbao, era um guarda-civil nascido em um povoado de La Rioja. "Eram os anos 1940 e ele entrou para a Guarda Civil porque lhe pagavam 200 pesetas por mês, que um camponês não ganhava nem que trabalhasse a terra feito louco", explicou o ex-jogador em uma entrevista concedida a *El Correo* em 2011. Conta a lenda, totalmente falsa, que o pequeno atacante bilbaíno chegara a brigar com Iribar por causa de um comentário que *El Chopo* teria feito acerca da Benemérita[21]. "O 'comentário' foi publicado no *Don Balón*, sem assinatura, em uma seção chamada 'Balonazos'. Nada mais distante da verdade. Simplesmente, nunca aconteceu, é mentira, foi inventado", acrescentou Dani na entrevista ao *El Correo*.

De modo que a decisão de entrar em campo com a *ikurriña* foi também unânime no vestiário do Athletic. "Se eles tivessem discordado, vá saber, talvez não tivéssemos aberto a bandeira, porque a essência da ideia era que as duas maiores equipes bascas a levassem", reconhece hoje De la Hoz.

Mantido o segredo e aprovada a ideia pelos dois times, chegava a parte cinematográfica da história: entrar com a bandeira no Estádio de Atotxa. Naquele dia, Jo-

---

21 Modo como os bascos referem-se à Guarda Civil espanhola. [N.T.]

sean de la Hoz não tinha sido relacionado para o jogo. Pediu à irmã que costurasse uma *ikurriña*. Ela era a única na casa em Getaria que sabia o que iria ocorrer. Nem os pais suspeitavam que, quando o filho saiu para o estádio após almoçar, tinha um plano tão arriscado. Ainda por cima, a Polícia Nacional o parou no caminho. Revistaram o carro, mas não notaram a bandeira. O resto da história tem de ser contado em primeira pessoa pelo ex-jogador: "Cheguei ao Estádio Atotxa, que tinha umas janelas que davam para a rua Duque de Mandas. Uma dessas janelas era do vestiário da Real, e eu já tinha combinado com alguém que eu ia bater para lhe passar a bandeira. Bati no vidro, abriram e entreguei o pacote. Depois, embora não estivesse relacionado para o jogo, entrei normalmente no estádio, tinha trânsito livre por fazer parte da equipe. Depois houve a consulta a nossos companheiros e aos do Athletic, e quando decidimos o que seria feito, o problema era como transportar a *ikurriña* do vestiário até o campo. Para ir de um local ao outro era preciso atravessar um fosso, que sempre, e mais ainda nos clássicos, ficava cheio de policiais nacionais. Dei a bandeira a Salva Iriarte, que a levou até o campo dentro da bolsa onde guardávamos a água e as esponjas e sentou-se no banco. Então eu disse a todos: 'Não se preocupem. A bandeira está no banco, com Iriarte. Eu a pego e entro em campo para entregá-la'. E assim foi. As equipes saíam do vestiário em duas filas paralelas. Eu me postei no meio, e caminhei com elas atrás da bandeira desfraldada e carregada por Iribar e Kortabarria. Se a polícia tivesse decidido intervir, teria de entrar no meio dessa formação. Teria sido uma imagem muito dura. Quando tudo acabou, os outros tinham de jogar a partida, mas eu tinha de voltar ao fosso do vestiário, onde estava a Polícia Nacional. Honestamente, esperava que nesse momento fosse detido e levado novamente ao Governo Civil. Mas surpreendentemente não fizeram isso. Claro, o apoio foi tão unânime, tudo foi tão emocionante, as pessoas reagiram com tanta agitação, que seria complicado que fizessem alguma coisa naquele momento. Então, vi a partida pensando que eles esperariam dois ou três dias, quantos fossem, para me prender. Mas não. Nem me olharam. Como se aquilo tudo não tivesse acontecido. Nos dias seguintes à partida, toda a equipe levou a vida normalmente e não tivemos medo de que acontecesse algo com a gente", rememora. No lado do Bilbao sucedeu exatamente o mesmo.

Há diversos testemunhos do que se viveu naqueles minutos no Estádio de Atotxa. Todos coincidem em relatar a reação unânime e a emoção daquele momento. Uma foto ficou para a história: Kortabarria e Iribar segurando orgulhosos a bandeira, tendo atrás a arquibancada lotada do velho estádio da Real Sociedad e, à esquerda, a nota folclórica de um grupo de animadoras de torcida, de camisa vermelha e saia branca, que distraíam o público antes da partida. E atrás da bandeira veem-se unicamente as pernas, metidas em calças jeans, do verdadeiro herói da história, De la Hoz. Uma imagem que marcou uma geração. Por exemplo, Martín Lasarte, treinador uruguaio de origem basca que dirigiu a Real Sociedad entre 2009 e

2011, tinha essa fotografia no quarto de sua casa em Montevidéu quando era criança. Aquela partida foi vencida por 5 a 0 pela Real Sociedad, ante um Athletic que não jogava grande coisa e que três dias depois teria de ir ao Giuseppe Meazza para fazer a partida de volta de uma bem encaminhada eliminatória da Copa da Uefa contra o Milan, depois de uma vitória por 4 a 1 no Estádio de San Mamés. Após o clássico da *ikurriña*, Iribar passou, como era de praxe e quase religião na época, pelos microfones de José María García da rádio Cadena SER. García, que nunca deixava de fazer as perguntas incômodas, cutucou diretamente *El Chopo*: ele se sentia espanhol? Houve um pequeno silêncio, até que o goleiro respondeu: "Sou o que sou e da minha terra".

Foi a primeira vez, desde o fim da Guerra Civil, que a *ikurriña* era mostrada em um ato público sem represálias. Alguns dias depois, em 19 de janeiro de 1977, ela era hasteada na Plaza de la Constitución de San Sebastián. Foi o dia de sua legalização de fato. O Estatuto de Autonomia de 1979 a reconhece como bandeira oficial da Comunidade Autônoma do País Basco. Mas antes de tudo isso acontecer houve o futebol.

Hoje aquela *ikurriña* costurada pela irmã de Josean de la Hoz está no museu da Real. "É lógico: foi um feito histórico não somente para o povo, mas também para a Real", diz o ex-jogador, que hoje entra para história mais por essa partida que por sua trajetória na equipe alviceleste. "Que eu seja lembrado por isso, é algo de que gosto, é um orgulho, porque contribuímos com o nosso grãozinho de areia para que se acelerasse a realização de um desejo do povo basco", assinala. Em 1976, De la Hoz iniciou seus estudos de direito, que, como era tradição em sua meteórica trajetória educacional, concluiu em três anos, quando o normal eram cinco. Hoje, embora não vá ao estádio por não gostar do que às vezes ouve na arquibancada, segue próximo da Real trabalhando na associação de veteranos, pedindo aos jogadores mais envolvimento político. "Creio que deveriam comprometer-se mais, porém o dinheiro sempre fala mais alto. Agora acreditam que, ao fazer um ato de caridade concreto, já contribuíram com alguma coisa: dizem à estrela de turno que vá fazer umas fotos e assunto encerrado. Deveria haver mais compromisso real, sobretudo quando se leva em conta que são privilegiados e que têm mais segurança pessoal e repercussão pelo que dizem do que qualquer outro trabalhador", sentencia.

Hoje, Josean de la Hoz Uranga, com seus 64 anos, safra de janeiro de 1949, tem seu escritório em uma rua de uma área nobre de San Sebastián. Bem em frente há um curioso bar; um local com toda pinta de bar de drinques que de manhã se enche de fregueses assíduos que chamam o garçom pelo nome ao pedir o café. Tem uma cabine de DJ, com vinis dos Smiths, do Clash e com o *Rock N' Roll Animal* de Lou Reed. Atrás do balcão, um sujeito que não chegará aos 40 anos. Tem em um canto algumas fotos antigas da Real Sociedad assinadas. Uma por Luis Miguel Arconada, que faz alongamento no Camp Nou com o jovem José Mari Bakero, ainda de *txuri ur-*

din, cena observada pelo azul-grená Diego Maradona. Há também diversas fotos de José Antonio Arzak, um lendário meio-campista da Real que chegou a ser colega de De la Hoz e que é cliente habitual do lugar. Digo ao garçom do bar que bem em frente fica o escritório do jogador da *ikurriña*, sem dar mais informações. "Uranga? Ali, naquela entrada?", aponta, surpreso. Claro que ele sabe quem é. Os heróis não costumam sair nas fotos, mas vivem para sempre.

QUANDO O FUTEBOL SE CALOU

Em 24 de março de 1976, os militares que iriam compor a Junta que governaria e aterrorizaria os argentinos até 1983 fizeram duas coisas: deram um golpe de Estado que acabou com o governo de Maria Estela Martínez de Perón – Isabelita Perón – e falaram de futebol. Aquele conjunto desprezível de milicos que iria controlar o país não era especialmente amante do esporte-religião nacional – era sinistro até para isso. Jorge Rafael Videla, que seria presidente *de facto* da Argentina até 1981, gostava de basquete. Mas em suas primeiras reuniões, no primeiro plano de ação para o futuro próximo do país, o futebol figurou em letras maiúsculas. Ocorre que, enquanto o golpe era dado, a seleção argentina estava na pequena cidade polonesa de Chorzow, onde iria enfrentar a da Polônia. Como consequência, o comunicado número 23 lançado pela Junta que tomou o poder acabou anulando parte do que dizia o 22 ("fica suspenso qualquer ato público"). A exceção: a programação da televisão nacional seria interrompida para que a partida fosse mostrada ao vivo.

Na Argentina, nada que tenha a ver com futebol é por acaso. Tratava-se de mostrar uma imagem de normalidade a um país que sabia muito bem o que era o horror dos golpes de Estado, a uma população que via com clareza o que a esperava. E também se buscava não tirar das pessoas tudo o que elas podiam desejar: não haveria liberdades, mas haveria futebol.

Quando Mario *El Matador* Kempes ficou sabendo do golpe, chorou. Mas tanto ele como seus companheiros compreenderam em seguida que a "normalidade" iria se impor, de qualquer jeito. O chefe da delegação que se encontrava na Polônia, Pedro Orgambide, recebeu uma chamada na qual se instava a seleção a disputar aquela partida e as seguintes da excursão que fazia pela Europa. Os jogadores se reuniram e decidiram continuar. E ganharam por 2 a 1. Um dos gols argentinos foi anotado por Héctor Scotta, um dos que, na reunião, dissera querer voltar para casa. O treinador, César Luis Menotti, reconhecido militante comunista, embora houvesse declarado naqueles dias que "os golpes de Estado fizeram este país retroceder cem anos", decidiu continuar. Era o começo dos silêncios, das imposições e das composições entre a ditadura e o futebol.

Essa parceria entre a infâmia e o futebol dançaria um tango trágico no inverno de 1978, quando o Mundial da Argentina se converteria em uma das exibições mais obscenas de como o poder podia usar o esporte para nocautear a capacidade de reação ante a injustiça e a morte. Os jogadores, claro, foram cúmplices ou testemunhas, conforme o ponto de vista, embora tenham alegado – e continuem alegando – sua ignorância. Não sabiam o que realmente estava acontecendo, diziam. E não cabe muita reprimenda quando se sabe que a maioria do próprio povo argentino também se permitiu a cegueira, real ou autoimposta, durante aqueles dias.

Houve algum jogador de futebol, um só, que tenha se solidarizado com as vítimas da repressão? Algum deles fez um gesto, pequeno que fosse, para aproveitar sua posição privilegiada e ajudar os que sofriam? Os sujeitos que colocaram calções e chuteiras e pisaram a grama sobre a qual a Junta lavava sua imagem diante do mundo podem ter a consciência tranquila? Se generalizarmos e procurarmos uma ação contundente e pública, a resposta a todas essas perguntas é não.

Para resumir, nenhum dos jogadores se envolveu, pelo menos não abertamente. É o estado natural das coisas no futebol profissional: a imensa maioria de seus principais protagonistas não se comprometeria nem diante de uma situação tão flagrante como a da Copa de 1978. Mas o fato é que nesse torneio nasceram alguns mitos que ou são mentira ou são, no mínimo, exageros. Não há como ter certeza deles, embora sejam relatados em primeira pessoa pelos personagens que os viveram.

"Jogadores holandeses e suecos vieram à praça [de Maio]. Caminharam conosco. Os holandeses sabiam que toda quinta-feira nos manifestávamos na praça, e a abertura do Mundial foi numa quinta. Eles se aproximaram, apresentaram-se e caminharam conosco. Falei com dois ou três deles agora, na viagem à Holanda. Estavam emocionados. Eles souberam valorizar o esforço das Mães para suportar o que era uma festa dos genocidas repugnantes. Em geral, o povo holandês foi muito carinhoso conosco."

Quem diz isso é Nora de Cortiñas, presidente da Mães da Praça de Maio – Línea Fundadora. Ela o diz de sua casa, por telefone, com a energia que lhe infunde a luta contra o esquecimento de mais de três décadas. É uma mulher esclarecida, incrivelmente convincente e, para ficar claro, não é "uma velha que não bate bem da cabeça". Muito pelo contrário. Mas o que ela conta não é de todo verdade.

"Sim, foi, jogadores vieram nos ver. Mas não, não me lembro deles, nem sequer de seus sobrenomes. E eu vou lá saber? Sabíamos que eram jogadores de futebol porque eram loiros, eram altos... Aquilo era uma loucura: nós caminhávamos, as pessoas nos insultavam."

O testemunho acima é de Hebe de Bonafini, presidente da Associação de Mães da Praça de Maio. Também por telefone, e também de sua casa. Sem dúvida, a face mais conhecida da luta das Mães em nível internacional. Outra mulher de memória privilegiada. Mas o que ela diz continua não sendo de todo verdade.

"O relógio do prédio do Cabildo que domina a Praça de Maio indica 15 horas, quinta-feira, 8 de junho. Na outra ponta da praça, dois guardas estão na entrada da Casa Rosada, essa pálida cópia da Casa Branca, sede do governo argentino.

"Sobre os terraços no telhado, três militares armados vigiam os arredores. Na praça, algumas pessoas aproveitam o sol de inverno nos bancos. Alguns minutos mais tarde, chegam sete ou oito jovens loiros, vestidos com o mesmo agasalho esportivo amarelo e azul.

"São jogadores de futebol da equipe nacional da Suécia. Ali está Björn Nordqvist, que acaba de bater um recorde mundial ao disputar sua partida internacional número 110, Ronnie Hellström, o talentoso goleiro, Ralf Edström, atacante, Staffan Tapper etc. Câmeras de vídeo nas mãos, câmeras fotográficas nas mochilas, parecem perfeitos turistas."

Quem escreve é Gérard Albouy, enviado à Argentina pelo jornal *Le Monde*, na página 8 da edição do diário de 10 de junho de 1978. Esse pedaço de papel mostra bem como a Europa viu o Mundial: notícias puramente futebolísticas temperadas com a crônica de uma manifestação em Grenoble contra a ditadura argentina ou esta "nota curiosa" sobre a presença de jogadores suecos na praça com as Mães. O problema é que o que ela conta também não é de todo verdade.

Passaram-se mais de trinta anos, mas parece que foram mais de trinta séculos. Por alguma razão, a maioria das recordações sobre os jogadores que se envolveram na luta de quem tentava recuperar sua voz, entre tanta dor, é obscura e, em alguns casos, claramente falsa.

A Argentina em um mundo irreal

Raúl Cubas estava desaparecido desde muito antes do início do Mundial. Quer dizer, havia sido sequestrado pelos militares que comandavam o país, e ninguém além deles sabia se estava vivo ou morto. Pertencia a uma classe de inimigos de Videla que seus captores utilizavam, como em um nazismo mais bem programado, como mão de obra intelectual escrava. Eram os escritores, os que sabiam idiomas, os que se dedicavam a elaborar textos de propaganda ou a procurar nos meios de comunicação estrangeiros o que se dizia da Junta Militar. Estavam enclausurados no terceiro andar da Escuela Superior de Mecánica de la Armada (Esma), o maior centro de detenção e extermínio dentre os que haviam sido montados em todo o país, situado a 700 metros do Estádio Monumental de Núñez, do River Plate.

Em um dia de abril de 1978, os milicos queriam que alguém fosse à coletiva de imprensa do treinador da seleção nacional, César Luis Menotti, para obter dele uma declaração pró-ditadura. Mandar um dos seus daria na cara: os fascistas da época pareciam desenhados por Forges[22], todos de óculos escuros, bigode e gel. Então, deram a Raúl Cubas um nome falso e lhe ordenaram que conseguisse do técnico uma declaração de louvor a Videla. O prisioneiro foi de carro com dois dos sujeitos que o haviam sequestrado, e que o acompanharam até a sala de imprensa. No bolso, levava uma lista com o nome dos que tinham sido capturados, para tentar entregá-la a Menotti quando houvesse uma distração. Postou-se bem perto de *El Flaco* [Menotti], quase do lado dele, para sair nas fotos

---

22 Nome artístico de Antonio Fraguas de Pablo, cartunista espanhol bastante conhecido por suas charges políticas. [N.T.]

e, assim, mostrar a seus familiares que estava vivo, pois desde o dia em que fora levado não haviam mais tido notícias suas. Quando chegou a hora, Cubas ficou com medo. Não entregou a lista e tampouco fez as perguntas combinadas. Acabou saindo como pôde diante dos militares, dizendo que o treinador não queria falar de política. Depois regressou a sua cela, com os homens que o torturavam, os mesmos que acabavam de lhe mostrar pessoalmente como o regime tencionava usar a Copa do Mundo: como uma máquina de propaganda dos que podiam matá-lo a qualquer hora, uma vitrine para seus inimigos.

Assim, se havia alguém que sabia em primeira mão o que era o Mundial e a que interesses servia, esse alguém era Cubas. No entanto, depois da final entre Argentina e Holanda – num domingo que coincidiu com um dia de indulto (os prisioneiros intelectuais desfrutavam esses pequenos privilégios) –, o mesmo sujeito que sabia que o campeonato mundial de futebol estava programado para aniquilar os seus companheiros e satisfazer os desejos repressivos do ditador Videla foi celebrar a vitória da seleção nacional no Obelisco, onde torcedores tomados pelo fervor gritavam vivas a favor do governo. Para aumentar ainda mais o escárnio, levou seu sobrinho, cujo pai também estava desaparecido. Cubas conta que, anos depois, sua mãe lhe falou daquele dia. Ele negou que aquilo tivesse ocorrido: como faria semelhante barbaridade? Mas todos ao seu redor lhe deram tantos detalhes que ele terminou por acreditar, embora houvesse apagado completamente o caso de sua memória. Tal era o estado de destruição mental que vivia naqueles dias de sequestro e torturas.

Se naquele ano de 1978 alguém sabia do que estava acontecendo na Argentina da repressão, eram as Mães da Praça de Maio. Eram as únicas que, diariamente, com seus lenços na cabeça, manifestavam-se pacificamente contra o regime. Entre as líderes, estava Hebe de Bonafini, uma mulher que ainda hoje é referência para as Mães. Pois bem: enquanto ela chorava o desaparecimento do filho na cozinha, o marido comemorava os gols da Argentina na sala. Ela lhe dizia que aquela Copa tinha o objetivo de esconder tudo, mas ele discordava. Não era possível. Estela de Carlotto, que hoje preside a Avós da Praça de Maio, lembra de uma situação idêntica: o marido e ela trancados em um quarto, chorando, e o restante da família diante da televisão, celebrando as façanhas de Kempes. Se isso acontecia assim, se muitos dos familiares dos sequestrados e perseguidos não enxergavam a relação entre o Mundial e a propaganda, se nem sequer eles se mobilizavam contra o torneio, se os próprios Montoneros (organização guerrilheira que pegou em armas contra a ditadura) mantiveram uma atitude de trégua tácita em suas ações armadas durante os dias de realização da Copa, podia-se pedir alguma coisa aos jogadores de futebol argentinos? O que eles poderiam ter feito? Nenhum jornalista investigou esse assunto tanto e com tanta profundidade quanto Ezequiel Fernández Moores, editor latino-americano de esportes da agência Ansa (Agenzia Nazionale Stampa Associata, a maior agência de notícias italiana), colunista e colaborador de um sem-número de veículos (entre eles o jornal espanhol *El País*) e um dos melhores jornalistas esportivos em língua castelhana, se não o melhor. Para entender o fenômeno em toda a sua dimensão, nada melhor do que conversar com ele, que buscou em primeira mão os testemunhos das realidades e lendas da atividade política que envolveu o Mundial de 1978.

> *– Os jogadores de futebol argentinos, que foram acusados de não fazer nada contra as barbaridades que ocorriam no país, onde o maior centro de detenção e tortura estava a algumas centenas de metros do Estádio Monumental de Núñez, do River Plate, falam que simplesmente não sabiam do que se passava. É isso mesmo?*

– Olhe, vou falar do meu caso pessoal. Em 1978, eu já tinha 20 anos. Sou de uma família de classe média: meu pai juiz, minha mãe dona de casa. Naquele ano, comecei a trabalhar em uma agência de notícias e, quando cumpríamos o turno da noite, sempre nos diziam que saíssemos com cuidado, que ficássemos atentos. Eu não entendia nada... Acontece que ali eram entregues os comunicados das Mães da Praça de Maio, e isso havia nos tornado um alvo dos militares. Eu ali, tendo acesso a muita informação, acabei sabendo de algumas coisas. Mas, antes disso, alguém de fora apareceu dizendo que na Argentina havia campos de concentração, e eu não acreditei. Se você não era militante ou não tinha um parente desaparecido, você não sabia. Simples assim. Considere que naquela época um golpe de Estado era algo normal. E que o governo anterior tinha pouca força, que já tinha havido repressão e que os meios de comunicação haviam aprovado e saudado a chegada da ditadura. Diziam-nos que éramos a reserva moral do Ocidente, repetiam isso constantemente, você lia isso todo dia. A desinformação era brutal. Osvaldo Ardiles, sem dúvida o jogador mais instruído daquela seleção argentina, com estudos universitários, diz que quando algum estrangeiro falava do que ocorria na Argentina ele respondia com o slogan da Junta: "Na Argentina somos direitos e humanos".

– *Mas é possível acreditar que Menotti, militante político, não soubesse?*

– Ele nunca negou que soubesse da existência de desaparecidos, porque eles existiam desde muitos anos atrás. Sempre cita o que disse quando foi dado o golpe, que o país retrocederia cem anos. O que ele nega, e eu creio mesmo nisso, é que soubesse a dimensão do que estava acontecendo: filhos arrancados de suas mães, a vingança pura entre famílias, os roubos... Menotti deu guarida a uma desaparecida. Uma mulher que é médica e que ainda está viva, embora nunca tenha querido nos revelar sua identidade. Ele conta que a tirou de um convento de freiras, onde estava escondida depois de ter sido presa e torturada.

– *Os jogadores e o técnico pediram perdão por não saber o que se passava?*

– Poucos pediram. A base do que pensam é que não têm nada por que pedir perdão, porque isso é lhes exigir algo que não se exige de setores com muito mais responsabilidade que foram cúmplices da ditadura. E nisso eles têm razão, mas não concordo com a atitude deles em alguns momentos. Por exemplo: quando se completaram trinta anos do Mundial, algumas organizações de direitos humanos celebraram um ato no qual caminharam desde a Esma até o Monumental de Nuñez. Tratava-se de desculpar os jogadores, de perdoá-los. E só uns poucos foram àquele ato: Leopoldo Luque, René Houseman e Ricardo Ricky Villa. Outros estavam fora do país e não puderam comparecer, mas muitos nem se interessaram.

Gustavo Veiga[23] escreveu no *Página 12* sobre aquele ato: "A imagem sintetizou o espírito da evocação. Leopoldo Luque e Ricardo Julio Villa pegaram a grande bandeira com as fotografias dos desaparecidos, a levantaram e posaram alguns minutos para fotógrafos e cinegrafistas. Sobre a pista que margeia o gramado ralo, os dois campeões mundiais de 1978 consumavam assim o que havia levado tanto tempo para se concretizar. Um gesto recíproco, um gesto daqueles jogadores e das organizações de direitos humanos que até ontem se encaravam com desconfiança, os reunia trinta anos depois, no mesmo cenário onde a seleção argentina havia ganhado seu primeiro título mundial. Um título que foi festejado enquanto a ditadura militar aperfeiçoava o terrorismo de Estado sobre 25 milhões de argentinos com sua série de sequestros, torturas e desaparecimentos".

---

23 Jornalista e escritor argentino. [N.T.]

– *E até trinta anos depois não houve nenhum gesto de reconciliação entre os jogadores e as vítimas?*

– Bem poucos. Talvez um dos primeiros, pelo menos em público, tenha sido muitos anos depois, já estávamos na democracia. Julio Villa conversou com Tati Almeida, uma das Mães da Praça de Maio, sobre aqueles acontecimentos. Foi uma página dupla no *Clarín*, assinada pelo jornalista Ariel Scher.

Vinte e dois anos depois do Mundial, o jornal *El Clarín* reuniu pela primeira vez, em um diálogo franco e aberto, Ricardo *Ricky* Villa, um dos jogadores mais conscientes daquela equipe e que acabaria conquistando a Inglaterra juntamente com Osvaldo Ardiles no Tottenham, e Tati Almeida, mãe de Alejandro, que desaparecera em 17 de julho de 1975, quando tinha apenas 20 anos. O diálogo é belíssimo, muito intenso. Villa diz que "quando me propuseram essa conversa eu aceitei porque tenho força moral suficiente e porque sempre acreditei que o melhor é mostrar a cara. Mas o que sei é que não me sinto nem partícipe nem cúmplice dos militares. Pode parecer bobo, mas fui um jogador que acabou vivendo uma época de merda da Argentina. Hoje eu renego aqueles tempos, gostaria que pudéssemos ter tido essa conversa naquele momento e que tivéssemos tido personalidade para denunciar o que acontecia. Estou totalmente convencido de que teria gostado de lutar para que a Argentina percebesse o que estava acontecendo". Tati, que faz perguntas difíceis a Villa – como "Os seus filhos não perguntavam o que você fazia naquela época?" –, é sincera com o interlocutor: "Quando me disseram que eu ia falar com você, também fiquei com um pouco de medo, porque, de alguma forma, você representou uma época... Mas depois de escutar você falar, percebi que diz coisas muito interessantes, muitas realidades, é muito forte escutar o que você diz". Villa, um homem de esquerda, reconhece não acreditar que a equipe em conjunto fosse tomar alguma atitude se soubesse o que estava acontecendo. Mas diz se sentir liberado por saber que não colaborou conscientemente e que não foi filho desse processo. "Com o tempo, percebi que aquela foi uma fase da minha vida em que vivi enganado. Eu era apenas um jogador de futebol que queria ser campeão do mundo. E hoje me sinto bem da mesma forma. Acho que posso me sentar para conversar com uma Mãe", diz o ex-jogador.

Ao final do encontro, como em uma expiação tardia entre duas pessoas que não se conhecem, mas sabem da dor que acompanha suas histórias, surge o perdão, ou pelo menos o entendimento: "Você não deve se sentir mal, porque não era o único que não sabia absolutamente de nada", diz Tati a Villa. E eles se despedem com um abraço, trocando os telefones, prometendo voltar a se encontrar e apresentar suas famílias. Sem esquecer um do outro, mas reconhecendo-se.

– *Quais foram os jogadores que mais tentaram compensar aquilo?*

– Vários, a partir de diferentes perspectivas. Mais analítico, Osvaldo Ardiles. Mais político, Julio Villa. Luque, mais por uma sensibilidade pessoal, por sentir-se culpado. Como Houseman. O ponto de vista de Menotti é interessante também. E depois vem Alberto Tarantini...

— *É verdade a história contada pelo próprio Tarantini, de que, antes de cumprimentar Videla no vestiário, ele mexeu em suas partes e deu a mão ao general?*

— Acho que não, eu e muita gente achamos que não, como o próprio Luque. Tarantini é um personagem peculiar, de idas e vindas [o ex-jogador foi preso duas vezes em 1996: primeiro, com dezesseis cápsulas de ecstasy, depois, com 40 gramas de cocaína, na mesma operação que levou Guillermo Coppola, agente de Maradona, à cadeia; algumas testemunhas declararam depois que haviam feito Tarantini cair numa armadilha, plantando a droga para incriminá-lo]. O que se sabe é que em certa ocasião vários jogadores do Boca estavam vendo uma partida entre Independiente e Talleres, de Córdoba, quando a Polícia Militar levou um militante de esquerda que estava na casa. A família pediu a Tarantini que intercedesse e parece que ele fez isso, e que deu certo. Videla foi sucedido no comando da Argentina por Roberto Viola, cujo filho havia sido jogador e tinha muitas relações no meio do futebol. Alguns jogadores profissionais, entre eles Tarantini, usaram esse contato para pedir informações sobre familiares e amigos.

— *Fala-se muito que a Argentina comprou a partida contra o Peru, em que ganhou de 6 a 0, deixando o Brasil fora da final. Foi isso mesmo?*

— Eu não afirmaria isso, mas há, sim, fortes suspeitas de que houve acordo entre as ditaduras da Argentina e do Peru para que as coisas acontecessem daquela forma [fala-se de uma linha de crédito de 50 milhões de dólares, subornos menores a funcionários e 35 mil toneladas de trigo como pagamento]. Antes da partida, o filho de Francisco Morales Bermúdez, o ditador peruano, que era chefe da delegação, falou no vestiário da seleção peruana do desejo do governo por uma confraternização latino-americana e passou outras mensagens mais ou menos cifradas que, quando vêm de alguém assim, você sabe o que significam. De acordo com as minhas investigações, consta que houve discussões entre os jogadores sobre o que fazer e que nem todos estavam no mesmo barco. Para aumentar as suspeitas, Ramón Quiroga, o goleiro do Peru, era um argentino naturalizado, embora muitos companheiros o tenham defendido, como Juan Carlos Oblitas, que para mim merece todo o crédito. Há situações estranhas, como o posicionamento dos jogadores de defesa nos gols da Argentina, ou como a substituição de José Velásquez, que criara chances de gol, no intervalo. O fato de que o Peru tenha chegado com perigo duas vezes no começo da partida, inclusive chutando uma bola na trave, demonstra que não estavam todos vendidos. No final, quem pagou por tudo foi Rodulfo Manzo, que no ano seguinte assinou com o Vélez Sarsfield, diziam, como parte do acordo [o presidente do clube argentino, Ricardo Petracca, era um homem muito próximo da ditadura, e se converteu de fato no empreiteiro que mais obras assumiu para o Mundial. Por fim, a ditadura deu-lhe um calote e a empresa quebrou. O que se sabe ao certo é que, até a chegada de Manzo, fazia dez anos que um zagueiro peruano não assinava com um clube do futebol argentino, e que o jogador fez apenas três partidas no Vélez]. Ao fazer um documentário, fui ao povoado de Manzo, e ele estava vivendo na mais absoluta pobreza, então, se cobrou alguma coisa naquela partida, foi muito pouco. Caiu no alcoolismo e dizia que os vizinhos ainda o chamavam de "o vendido".

– *Também se falou que os argentinos jogaram o Mundial dopados...*

– Isso eu não posso afirmar. Uma fonte me disse algumas coisas, mas sempre em *off*. José Velásquez, o meia peruano, conta que uma vez, durante uma viagem de avião, um jogador daquela seleção argentina, Óscar Ortiz, lhe confessou que se dopava. No documentário *Mundial 78: Verdad o Mentira* (2007), de Christian Rémoli, Ortiz diz que em todas as Copas há doping, reconhecendo implicitamente que em 1978 também aconteceu.

– *Para encerrar: você acredita que a seleção argentina, em termos políticos e de denúncia do que ocorria no país, poderia ter feito mais do que fez?*

– Honestamente, creio que ela fez o suficiente. Nunca dedicou o título a Videla, nunca lhe fez um gesto de submissão. Antes da final, Menotti disse a seus jogadores que não olhassem para as tribunas, mas para as arquibancadas, onde estavam seus familiares e as pessoas normais. E que deviam jogar para elas, e para elas deviam ganhar. Sua tentativa de defender o futebol como uma festa popular me parece suficiente. No futebol, a resistência não foi menor do que em outros setores dos quais se esperava mais. Por exemplo, o jornalismo: aqui ficou marcado para sempre o narrador José María *El Gordo* Muñoz, o sujeito que narrava que Luque passava a bola para Kempes e acrescentava "e aí está Videla, como um a mais, vendo a partida", o que dedicou o Mundial "aos que não nos compreendem e nos atacam". Ele foi um homem totalmente próximo do poder, muito conservador, mas que teria feito o mesmo se o chefe de Estado fosse Stálin. Falo de todos os meios de comunicação: hoje dá vergonha ler a imprensa argentina daqueles dias. Veja o exemplo de *El Gráfico*, revista esportiva que era a referência absoluta para todos nós e que, em seu primeiro número logo após a Copa, dedicou o editorial a tecer loas a Videla e as primeiras páginas a entrevistá-lo. Junto com eles, alinharam muitos outros meios, especialmente os da Editorial Atlántida, um dos grupos editoriais mais poderosos do país, cujas revistas foram sócias da Junta Militar. O futebol tem mais responsabilidade que o jornalismo? Claro que não. E nunca houve uma autocrítica, nada parecido. Lembre-se de que, à exceção do caso de Edgardo *El Gato* Andrada, o goleiro argentino que ficou famoso por ter sofrido o milésimo gol de Pelé, que está sendo investigado porque, pelo que parece, ajudou a repressão em Rosario, não houve nenhum caso de jogador que tenha sido decididamente favorável ao regime militar. Então, por que pedir mais responsabilidade aos jogadores de futebol, que não sabiam o que se passava, do que a outros setores?

Holanda: Cruyff, Rijsbergen... e Carrascosa

Não existia no mundo um país mais consciente da ditadura de Videla do que a Holanda. Portanto, não havia outra seleção mais pressionada a representar esse sentimento do que a *Laranja*. A equação parece tão fácil que o normal teria sido os holandeses liderarem no meio futebolístico a oposição ao regime durante o Mundial. Mas não foi assim. Ou, pelo menos, quase não foi assim.

Johan Cruyff desistiu de participar do torneio. Em um mundo ávido por jogadores que se comprometessem politicamente contra a ditadura, o gesto foi interpretado como uma tomada de posição, embora Cruyff jamais tenha declarado tal coisa. O que se sabe é que, como relataria anos depois à Catalunya Ràdio, o então jogador do Barcelona havia sido assaltado à mão armada em sua casa, ficando sob a mira de um revólver na presença de sua mulher. "Meus filhos iam ao colégio com uma escolta... e no fim você diz basta", contou, deixando bem claro que foi essa a razão para que ele desistisse de jogar o Mundial. Além disso, o holandês havia prometido à mulher, Danny Coster, que a Copa de 1974 fora a sua última, depois que o diário alemão *Bild* publicara que os holandeses haviam passado uma divertida tarde na piscina do Hotel Wald de Munique na companhia de mulheres que, evidentemente, não eram suas esposas. Embora em sua época de atleta sempre tenha sido um rebelde, em especial no que se refere às condições de trabalho dos jogadores (ele chegou a ajudar na formação da Associação de Futebolistas Espanhóis, AFE, o sindicato espanhol), Johan Cruyff jamais se declarou um homem de esquerda. O que ocorreu foi que, durante anos, ele alimentou com seu silêncio o boato acerca de uma renúncia política.

Um caso muito parecido, apesar das diferenças de fundo, foi o do jogador argentino Jorge *El Lobo* Carrascosa. Lateral esquerdo, lenda do Huracán, clube que havia sido treinado por César Luis Menotti e que abrigava em suas arquibancadas uma legião de opositores ativos do regime (em algumas partidas brotavam faixas clandestinas de apoio aos Montoneros), Carrrascosa renunciou à Copa de 1978 quando seu amigo *El Flaco* o convocou para que fosse sua extensão dentro de campo. Dizia-se que o lateral era peronista, que militava no comunismo como o treinador, mas nunca se ouviu dele uma declaração inequívoca. Parece correto afirmar, então, que era um homem de esquerda. Mas também é certo que sua desistência sempre esteve cercada de ambiguidades, nas quais deixava entrever que a situação política podia ser uma das razões, mas sempre uma entre outras. No ano que se seguiu ao campeonato, abandonou o futebol com apenas 30 anos. Mas por que deixar de jogar uma Copa em casa (e com claras chances de ganhá-la) se após a de 1974 ele havia declarado em diversas entrevistas estar encantado com a experiência de participar de um Mundial e com a possibilidade de repetir o feito quatro anos depois? Não existe uma resposta clara para isso. Se tivesse renunciado por uma postura política, dizê-lo agora seria fácil, já distante do medo e diante da possibilidade de se converter em alguém mais respeitado. Mas nem mesmo hoje ele diz explicitamente que desistiu da Copa por causa de Videla. Em uma entrevista concedida ao jornal semanal *Colón Doce*, em 2009, o ex-jogador, aos 61 anos, dizia isto:

– *Por que você decidiu deixar o futebol?*
– A pessoa que está num ambiente de trabalho sempre precisa pensar em melhorar. Isso se consegue com atitudes que nascem no nosso íntimo. Eu estava numa fase idealista. Era jovem, tinha muitos sonhos. Acreditava que muitas coisas podiam ser mudadas. Mas também se vê, no meio, que há muitas coisas que desvirtuam a essência do esporte. Chegou um momento em que eu não me sentia à vontade, porque é preciso ter vontade para assumir responsabilidades. Quero que você entenda que isso é muito complexo [...].
– *Foi difícil a decisão de desistir da Copa de 1978?*
– Não, porque em todas as minhas decisões eu faço uma separação entre os aspectos materiais e aquilo que sinto. Primeiro vem o homem e depois a profissão. Assim é mais fácil decidir. Escutei a mim mesmo. Jamais me arrependi, pois vinha lutando já havia bastante tempo e era o que estava sentindo. Havia um monte de coisas que me levaram a tomar essa decisão.
– *Você teve medo de uma represália, pelo fato de o governo ser ocupado por um regime ditatorial?*
– Não, de nada. Sempre me deixei levar pelo que dizia minha consciência. Nunca pensei em outra coisa que pudesse acontecer. Decidi com liberdade.

— *Algum companheiro seu deveria ter tomado a mesma decisão que você?*

— Sempre deixei claro que não era um fato apenas, mas uma somatória de coisas. Estou falando de uma porção de detalhes. Tomaria tempo aprofundar cada um deles para compreender realmente o que penso do futebol. Para mim, a vida transcorre de outro jeito. [...] Quanto a meus companheiros, devo dizer que cada um decide o que quer e que eu não tinha o direito de obrigar ninguém a mudar de opinião naquele momento.

Antes, em 1996, Carrascosa havia declarado a *El Gráfico* que "para mim, o mais importante seguem sendo os valores fundamentais: a família, ser um homem com liberdade de decidir. Então as coisas foram se somando e me levando a tomar uma decisão. E houve outras que a apressaram". Questionado sobre quais tinham sido essas outras razões, talvez com o jornalista esperando uma resposta política, o ex-jogador não a deu: "Me aborrecia demais ter de me concentrar durante seis meses. Além disso, a pressão do jornalismo, a necessidade de obter um resultado, podem fazer um jogador se sentir mal. Porque quando se perde um jogo logo surge uma porção de críticas. Pedem-se até mudanças, sem pensar como isso pode destruir um outro ser humano". Pode-se concluir, talvez, que Carrascosa fosse contrário à ditadura de Videla e que não lhe agradasse disputar um torneio que a promovia, mas que sua decisão de desistir do Mundial não fosse uma questão ideológica nem um posicionamento político. De modo que, quando se sabe que nem Cruyff nem sequer Carrascosa recusaram ir ao torneio por motivos políticos, não era de esperar que o resto da seleção holandesa o fizesse. Mas o que também não se pode dizer é que não soubessem do que ocorria na Argentina. E a "culpa" era do Skan, Solidariteits Komitee Argentinië-Nederland (Comitê de Solidariedade Argentina-Holanda), um grupo holandês de solidariedade aos exilados argentinos, e de suas duas caras mais conhecidas: os humoristas Freek de Jonge e Bram Vermeulen. Os dois iniciaram uma feroz campanha de pressão sobre o time holandês para que desistisse de jogar, ou para que pelo menos jogasse denunciando o que estava acontecendo, que os levou a preparar inclusive relatórios detalhados sobre as atrocidades cometidas pelo regime, entregues a todos os membros da seleção. Não receberam grandes respostas. Ou melhor, houve a de Wim van Hanegen, jogador que acabou não indo à Copa por divergências com a comissão técnica e que declarou que, se os membros do Skan ligassem para ele, colocaria seu cachorro ao telefone, embora tenha se negado a participar da cerimônia de encerramento do Mundial de 1974 porque "sentia ódio", como disse textualmente, dos alemães, uma vez que os nazistas haviam matado seus pais e três irmãos. René van de Kerkhof, um dos gêmeos mágicos da equipe dirigida pelo austríaco Ernst Happel, declararia em uma entrevista ao jornalista holandês Marcel Rozer que a única coisa que eles queriam era ganhar o torneio, e que tanto faria se tivessem de receber a taça das mãos de Adolf Hitler. Uma piada que possivelmente não agradou muito a seu companheiro Van Hanegen.

Com a decisão de ir já tomada, e além disso apoiada por 70% dos torcedores de futebol holandeses, conforme mostravam diversas pesquisas realizadas na saída dos estádios, De Jonge escreveu aos jogadores: "Ninguém vai poder dizer, como em 1936, que não sabia. Vocês vão ao Mundial como heróis, e voltarão como colaboracionistas". Ele comparava, assim, a Copa de 1978 com os Jogos Olímpicos de Berlim de 1936, utilizados por Hitler como propaganda do nazismo.

De tão intensa, a campanha dos meios de comunicação holandeses irritou até César Luis Menotti, que chegou a discutir com um jornalista, dizendo-lhe que era desagradável misturar dessa maneira política e esporte. De todo modo, o Mundial visto pelos holandeses na televisão foi radicalmente distinto daquele transmitido ao resto do mundo: na cerimônia de abertura, junto com as imagens do estádio, as câmeras holandesas mostravam uma manifestação das Mães da Praça de Maio.

Evidentemente, o que a mídia holandesa transmitiu foi *um pouco* diferente do que mostrou a argentina, entre outras razões porque nesse torneio se deu a que talvez tenha sido a maior manipulação do jornalismo esportivo em toda a história. A revista *El Gráfico*, que, como parte da Editorial Atlántida manteve uma vergonhosa atitude de propaganda pró-ditadura, publicou uma suposta carta do capitão holandês Ruud Krol dirigida a sua filha, Mabelle. A história foi publicada pelo jornalista Enrique *El Cabezón* Romero, responsável por *El Gráfico* na província de Mendoza, e nela aparecia a carta que, segundo afirmava o jornalista, tinha sido escrita à mão por Krol. O fato de que a missiva, teoricamente dirigida a uma criança holandesa, estivesse escrita em inglês não pareceu fazer ninguém em *El Gráfico* desconfiar de que aquilo não colaria, de tão grosseiro e embaraçoso. E, além da forma, o teor do texto era delirante. Alguns de seus parágrafos diziam coisas como:

> "[...] Mamãe me contou que outro dia você chorou muito porque alguns amiguinhos lhe disseram que estavam acontecendo coisas muito feias na Argentina. Mas não é verdade. É uma mentirinha infantil. Papai está muito bem. Aqui tudo é tranquilidade e beleza. Esta não é a Copa do Mundo, mas a Copa da Paz.
>
> Não se assuste se vir algumas fotos da concentração com soldados de verde ao nosso lado. São nossos amigos, cuidam da gente, protegem a gente. Gostam da gente como todas as pessoas deste país, que desde que chegamos nos demonstraram seu afeto. Como no aeroporto, quando nos receberam com bandeiras da nossa pátria e nos jogavam beijos e todas as mãos queriam nos abraçar [...].
>
> Não tenha medo, papai está bem, está com a sua boneca e um batalhão de soldadinhos que cuidam dele, o protegem, e que de seus fuzis disparam flores.
>
> Diga aos seus amiguinhos a verdade. A Argentina é uma terra de amor. Um dia, quando você for grande, vai entender toda a verdade [...].
>
> P.S.: Eu já escolhi o nome para a sua boneca: Argentina."

Obviamente o jogador desmentiu que aquela carta fosse sua. O jornalista recuou, mas de modo parcial: disse que, efetivamente, fora ele o autor do texto, mas com a anuência de Krol, que havia aprovado sua publicação. Não obstante, nem isso fez com que a Holanda ameaçasse seriamente deixar o torneio. Talvez o fato de que o país fosse o segundo parceiro comercial da Argentina na época – com os vultosos créditos do banco ABN Amro e a venda de armas que serviam para massacrar os opositores – explique por que o bom senso foi posto de lado.

Toda a possível, ou suposta, oposição da seleção holandesa a Videla reduziu-se a gestos ambíguos. O ditador, talvez para se fazer de vítima, talvez sinceramente tocado pelos rumores que corriam naqueles dias, declarou em uma entrevista concedida em 2012 para o livro *Disposición Final* (2012), do jornalista Ceferino Reato, que sabia que os holandeses iriam se negar a receber a taça de suas mãos e que "estavam muito influenciados ideologicamente". De fato, a equipe holandesa não compareceu ao jantar que se seguiu à final porque, segundo se disse, assim evitaria dar a mão ao tirano. A maioria das versões tem base mais lógica: a festa nas ruas era de tal magnitude que foi impossível para o ônibus da equipe vencer a distância entre o hotel e o local do jantar.

De que se tem notícia, o único jogador a visitar as Mães da Praça de Maio foi Wim Rijsbergen. Na época atleta do Feyenoord, o defensor de 1m80 e cabeleira loira típica daquele selecionado holandês se machucou na terceira partida do campeonato e não voltou a jogar. Talvez por dispor de muito tempo livre, mas por certo também influenciado pela informação que, como seus companheiros, havia recebido do Skan, Rijsbergen alugou uma bicicleta e foi ver as Mães. Conversou com elas e compreendeu o horror que se passava ali. O impacto do diálogo foi tal que, durante muito tempo, ele manteve contato com elas e seguiu apoiando a causa. Tanto que, trinta anos depois, compareceu à apresentação do livro *Voetbal in een vuile oorlog* (Futebol em uma guerra suja, 2008), em que dois jornalistas holandeses dão sua visão sobre aquele torneio, a fim de rever dois velhos conhecidos: Nora de Cortiñas, cofundadora das Mães da Praça de Maio – Línea Fundadora, e Leopoldo Luque, ex-centroavante da seleção argentina e um daqueles jogadores que mais se mostraram arrependidos por desconhecer o que ocorria no país em 1978. Ambos tinham sido convidados a ir a Amsterdã para a noite de autógrafos, e ali conversaram como bons amigos. Ao fim e ao cabo, Rijsbergen foi o único sujeito verdadeiramente comprometido que vestiu o uniforme holandês no Mundial de 1978.

Naquela viagem à Holanda para a apresentação do livro, Nora de Cortiñas e Luque visitaram Máxima Zorreguieta, filha de Jorge Zorreguieta, secretário de Agricultura do governo de Jorge Rafael Videla durante a Copa de 1978 e um dos homens fortes do regime. Quatro anos e meio depois, em 2013, a abdicação da rainha Beatriz em favor de seu filho, Guilherme Alexandre, marido de Máxima, converteria a filha do repressor na nova soberana da Holanda. E houve quem tivesse pedido um gesto político aos jogadores holandeses 35 anos antes...

Ronnie Hellström, o que nunca esteve ali

Se existe um herói na história oficial da Copa de 1978 a quem se atribui ter visitado as Mães da Praça de Maio, ele é Ronnie Hellström. Goleiro da seleção sueca, era um dos melhores do mundo em sua posição nos anos 1970 (jogou dez temporadas no alemão Kaiserslautern). No imaginário popular, consta que compareceu à praça no dia 1º de junho, data da abertura do Mundial, a fim de se manifestar junto às mulheres. Atribui-se a ele, inclusive, uma declaração solene: "Era uma obrigação que eu tinha perante minha consciência". Ele nunca disse tal coisa, porque nunca esteve ali. O mais estranho é que, embora o *Le Monde* fale de vários jogadores, reza a lenda que o falso herói foi o único a visitar as Mães. Não é verdade.

O próprio Hellström o reconheceu em uma entrevista concedida à *Terra Magazine* em maio de 2008. "Não era eu. Não. Lembro-me de ter visto as Mães da Praça de Maio, mas não fui à praça. Alguns jogadores, sim, foram, dois ou três, mas não me recordo de quem eram", diz o ex-jogador a Ezequiel Fernández Moores, um dos jornalistas argentinos que mais minuciosamente investigaram o que ocorrera ali.

Nem as datas batem. O *Le Monde* diz que o goleiro esteve na praça no dia 8 de junho, enquanto diversas matérias da imprensa indicam o dia 1º (devemos lembrar que a televisão holandesa inseriu planos da manifestação das Mães na sua transmissão da abertura da Copa).

"Eu não sabia que na Argentina havia gente que pensava que eu estava ali. Talvez tenha sido porque viram alguns jogadores suecos, mas eu não era um deles", afirma. Daí depreende-se que o correspondente do *Le Monde* pode simplesmente ter se equivocado em relação aos nomes dos jogadores. Mas também resta outra dúvida: os suecos, aos quais se atribui (sobretudo pelo movimento das Mães) a atitude mais solidária dentre as de todos os jogadores da Copa, não estariam simplesmente fazendo turismo por ali quando toparam com a manifestação, tal como Hellström declararia laconicamente sobre a cena? "Nós estávamos em um ônibus de turismo. Sabíamos que elas estavam fazendo um protesto", diz, sem dar mais detalhes.

O certo é que a Suécia foi um dos países que mais veementemente se opôs à realização do Mundial de 1978. Um caso em particular, dentre os milhares que ocorriam na Argentina, tocava os suecos. Era o da adolescente Dagmar Hagelin, argentina de origem sueca, de 17 anos, que morava em Buenos Aires. Em 27 de janeiro de 1977, depois de ser baleada e sequestrada por engano pelos militares, ela foi levada à Esma. Ao notar o erro, Jorge Eduardo *El Tigre* Acosta resolveu matá-la, porque, se ela fosse solta, poderia revelar ao mundo, via Suécia, o que se vivia nos centros de tortura argentinos, com a exposição mundial que seu caso poderia ter. O desaparecimento de Dagmar nunca foi esclarecido nos tribunais, entre outros motivos porque aparentemente o responsável pelo sequestro fora o sinistro capitão de fragata

Alfredo Astiz, que durante o *Proceso de Reorganización Nacional*[24] se infiltrou nos grupos opositores[25].

O único crime de Dagmar era que seu padrasto, o advogado Edgardo Waissman, tinha sido defensor de militantes *montoneros*, e por meio dele a adolescente mantinha contatos com círculos dessa tendência política. Uma dessas militantes era Norma Burgos, esposa de Carlos Caride, dirigente dos Montoneros que havia sido defendido pelo padrasto da jovem. Certo dia, Dagmar foi fazer uma visita a Norma e os militares a confundiram com María Antonia Berger, outra importante líder da organização. Ela foi sequestrada e levou um tiro "quando tentava escapar" (na versão oficial). Entre sua captura e seu desaparecimento (nunca ficou claro o que aconteceu com ela, de que maneira foi executada e onde está seu cadáver), calcula-se que se passaram duas semanas.

Mas durante a Copa de 1978 Hagelin era apenas uma desaparecida, e ainda havia esperanças de que estivesse viva. Nada se sabia dela desde aquele 27 de janeiro de 1977. O pai, o argentino de origem sueca Ragnar Hagelin, havia iniciado uma impressionante campanha para encontrá-la. Sua mobilização alcançara tal magnitude que o governo sueco chegou a fechar sua embai-

---

24 Nome com qual a ditadura civil-militar argentina se autodenominou após a derrubada do governo em 1976. [N.T.]
25 Depois de idas e vindas processuais, locais e internacionais, Astiz foi, em 2011, condenado na Argentina à prisão perpétua por crimes contra a humanidade. [N.E.]

xada em Buenos Aires, ao mesmo tempo que figuras de relevo mundial (do presidente dos Estados Unidos, Jimmy Carter, ao papa João Paulo II) vieram pedir informações sobre seu paradeiro.

Na Suécia, a pressão sobre a seleção para que boicotasse o Mundial – ou, em caso de participação, para que mostrasse sua contrariedade em relação ao regime – foi importante. Antes de viajar para a Argentina, todos os jogadores foram questionados a respeito de Dagmar Hagelin, e todos responderam com evasivas. Alguns dias antes da Copa, o jornal sensacionalista e social-democrata *Aftonbladet* (o mais vendido no país) publicava uma página dupla com uma caricatura dos jogadores de costas. Onde deviam aparecer os números das camisas, lia-se o nome da garota desaparecida.

Se algum movimento importante em favor da causa de Dagmar ocorresse, seu pai ficaria sabendo. Mas no sensacional livro *La Vergüenza de Todos* (2005), assinado pelo jornalista e advogado pró-direitos humanos Pablo Llonto, Ragnar declararia o seguinte: "A seleção sueca foi pressionada pela imprensa para que atuasse na Argentina em defesa de Dagmar. Mas, na verdade, os jogadores não fizeram nada. Ao embarcar, o treinador, Aby Ericsson, respondeu que eles iriam à Argentina apenas para jogar futebol. Depois, não lembro se durante o Mundial ou se no regresso a Estocolmo, disse que na Argentina havia paz e que não se viam cadáveres pelas ruas como se comentava. Do restante da delegação sueca, me recordo de que, diante das denúncias apresentadas pelos meios de comunicação suecos, o chefe da delegação fez algumas gestões em favor de minha filha. A seleção da Suécia jamais cogitou não ir à Copa de 1978 devido ao caso de minha filha, e também não é verdade que o goleiro Hellström ou algum outro jogador tenha acompanhado as Mães da Praça de Maio em suas caminhadas. Agiram como reacionários. Talvez algum dos atletas, individualmente, tenha manifestado solidariedade, mas foi só isso".

O próprio Hellström, em entrevista concedida a Fernández Moores em 2008, falava da calma que, a seus olhos, vivia-se na Argentina. "Não podemos dizer realmente que havia muita polícia nas ruas. Tudo nos parecia muito normal. Havia, sim, mais policiais nos estádios, durante os jogos, mas isso é o normal. Na verdade, preciso dizer que tivemos uma maravilhosa estada na Argentina durante a Copa", declarou. As manifestações na Praça de Maio, que disse ter visto e das quais não se aproximou, deviam lhe parecer igualmente "normais". Ou, pelo menos, não dignas de uma pergunta que fosse além da curiosidade mais superficial sobre a razão daquele tumulto. "Antes de ir para a Argentina, recebemos algumas instruções da Associação Sueca de Futebol para que não falássemos de política nem do que estava se passando ali. Muitos de nós, jogadores, achávamos que aquilo não era correto. Não estávamos de acordo com o que ocorria na Argentina. Mas você sabe que, como jogador de futebol, a gente apenas tenta se concentrar no que está fazendo", arrematou. E fim da história.

A França e o anjo solitário

Marek Halter é um escritor francês de origem polonesa que, a exemplo de tantos outros cidadãos não argentinos, viu como a brutalidade da ditadura de Videla escarnecia de sua família. Sua prima, Ana Kumec, foi assassinada juntamente com o marido, e os cadáveres foram largados na porta da casa dos pais dela. Na hora do sequestro, o casal deixou um bebê de 3 meses chorando no berço.

Ao saber do ocorrido, Halter, que vivera parte de sua adolescência na Argentina (e que nesses anos de América do Sul adquirira um sentido e profundo amor pelo futebol), pôs-se diante da máquina de escrever para dar vazão a sua raiva. "Pode-se jogar futebol e desfrutar o esporte em um país que tortura, mata e faz desaparecer os opositores políticos?", escreveu em um texto que, publicado em 19 de outubro de 1977, fez surgir um movimento internacional em favor do boicote à Copa de 1978.

No centro dessa efervescência anti-Mundial, encontravam-se os jogadores, fortemente pressionados por uma sociedade na qual o sentimento contra a Junta Militar havia calado fundo. Os 22 cidadãos franceses desaparecidos na Argentina não pareciam ser razão suficiente para que o governo da França interrompesse a venda de material bélico ao país, mas os militares argentinos que em junho de 1978 visitaram Paris a fim de fechar um acordo sentiram o repúdio do trabalhador comum. Dois empregados do Hotel Meurice, onde estavam hospedados, negaram-se a carregar-lhes as malas, e dias depois outro funcionário, diante da solicitação para abrir uma porta ao general Oliva, saiu-se com esta: "Eu não dou a chave à Junta".

Entre os franceses, 22% eram favoráveis ao boicote completo ao torneio, e 100 mil cartazes haviam sido colados em todo o país com as denúncias do Coba (Comitê Organizador do Boicote à Argentina 78), presidido por Halter e ao qual aderiram desde Jean-Paul Sartre até intelectuais situados mais à direita, como Jean-François Revel. "Houve uma pressão muito grande. Não por parte dos jornais esportivos, que tratavam o tema por alto, mas sim por parte do resto da opinião pública. Muita gente queria que nos recusássemos a jogar", reconhece hoje Dominique Rocheteau, uma das poucas cabeças políticas da seleção francesa.

Além disso, um fato iria marcar ainda mais o grupo de jogadores que seguiria para a Copa. Um dia antes da viagem, o treinador Michel Hidalgo, que em seus velhos tempos havia se destacado como ativista do Sindicato dos Jogadores, sofreu uma tentativa de sequestro. É ele quem relembra o episódio em uma entrevista concedida ao autor deste livro:

> "Era 23 de maio de 1978. Faltavam 24 horas para o início da concentração em Paris com os jogadores da seleção nacional. Eu estava dirigindo numa estrada da Gironda, perto de Saint-Savin, a caminho de Bordeaux, onde iria tomar o avião para Paris, quando um carro bloqueou meu caminho. Dele saíram duas pessoas que me obrigaram a seguir uma terceira, enquanto me apontavam um revólver. Não falavam francês, mas espanhol. E eu conseguia compreendê-los a duras penas.

Eles me disseram que eu tinha de ajudá-los a libertar prisioneiros políticos detidos na Argentina. Mas como eu ia libertar presos na Argentina se em 24 horas teria que viajar para disputar uma Copa? Me levaram a uma espécie de trilha que se abria em uma floresta, um caminho cercado de vegetação. Enquanto um deles se sentava no meu carro ao lado da minha mulher, o do revólver me pediu que caminhasse 50 metros, apontando a arma para as minhas costas.

"O sujeito com a arma continuava falando comigo, minha mulher estava à beira de um infarto. Eu seguia sem entender boa parte do que ele dizia. Acho que entendi que, se eu não cooperasse, iriam me fazer de refém e pedir que fossem postos em liberdade cem companheiros argentinos.

"Eu não sabia o que fazer, mas eles pareciam ainda mais nervosos do que eu. O fato é que, depois de uns 20 metros, me virei e agarrei o revólver pelo cano. A arma caiu ao chão, mas eu a peguei antes dele. Fiquei ali, na trilha, sentindo-me um imbecil, tendo na mão um revólver que não teria sido capaz de usar.

"Mas eles facilitaram as coisas. O sequestrador, apavorado, começou a correr em direção ao carro de seus companheiros e eles fugiram. Fiquei ali, sem acreditar no que acabara de acontecer. Tanto é assim que, quando conseguimos avisar a polícia e contei o que tinha ocorrido, não acreditaram em mim! Nunca soube quem foram, nem a polícia conseguiu descobrir a identidade de quem planejara aquela tentativa de sequestro."

À parte o final quase cômico da história, por trás do sequestro aparece o exílio argentino, que, ao raptar o treinador, tentava pressionar a ditadura. Um comunicado anônimo recebido pelos meios de comunicação naquele 23 de maio de 1978 reivindicava a tentativa de sequestro para "chamar a atenção sobre a cumplicidade hipócrita da França, que continua vendendo material bélico à Argentina". Dado o "profissionalismo" dos executores, não parece que a tentativa fosse obra de guerrilheiros experimentados.

A história é tão incrível que chegam a circular versões maledicentes segundo as quais Hidalgo teria simulado a tentativa de sequestro para ajudar a sensibilizar o país contra a Junta Militar. Ele o nega de modo veemente, e lembra como essa experiência foi dura para o casal Hidalgo: "Minha mulher tinha de permanecer na França enquanto eu viajava à Argentina, mas me disse que por nada deste mundo conseguiria ficar em casa sem mim. Então, juntamente com a federação e a polícia, tivemos de improvisar sua viagem. Por fim, viajei acompanhado da minha esposa e dos gorilas do Grupo de Intervenção da Gendarmeria Nacional (GIGN), as forças de elite da polícia militar francesa, que não tiravam os olhos da gente em nenhum momento".

Hidalgo era, reconhecidamente, um simpatizante da esquerda, ou pelo menos próximo ao que então se considerava a esquerda, um conceito muito mais radical que o utilizado hoje. "Meu pai foi um operário metalúrgico e eu me criei nesse ambiente. Cresci em bairros proletários. Ali você era de esquerda por nascimento, pelo DNA trabalhador. Não sou alguém que pode dizer 'sou totalmente de esquerda', porque me sinto mais humanista do que de esquerda. Mas ao mesmo tempo tenho claro que sou mais de esquerda do que de direita", conta hoje.

Mas o personagem do futebol francês que se identificava com a política mais à esquerda era, sem dúvida, Dominique Rocheteau, o *Anjo Verde*. Ídolo do Saint-Étienne e fiel às cores do clube, Rocheteau era o símbolo do vínculo entre política e futebol nos anos 1970. Ativista da Liga Comunista Revolucionária (organizava amistosos entre os militantes, tentando tirar de suas cabeças aquela ideia de que o futebol é o ópio do povo), nunca escondeu sua posição política, embora não tenha vivido um dilema sobre jogar ou não a Copa: "Nunca cogitei não participar. É verdade que não participar por solidariedade aos presos teria sido um grande golpe midiático, mas não se deve esquecer também o sonho do povo argentino", conta em uma entrevista concedida para a elaboração deste livro. Hidalgo não crê que a vontade de Rocheteau fosse tão categórica. "Na França se falava muito do boicote ao Mundial, e eu perguntei claramente aos jogadores se havia quem estivesse disposto a deixar de jogar para protestar contra a ditadura. O único que expressou algumas dúvidas foi Rocheteau, mas por fim, depois de muito refletir, ele aceitou jogar", relembra.

Outro dos mitos daquela Copa, o de que Rocheteau teria sido simplesmente obrigado a ir, embora não quisesse, deixa o terreno da verdade para se refugiar, como tantos outros, no dos boatos. Falava-se de uma seleção dividida entre o jogador de direita, Michel Platini, e o rebelde, Rocheteau. "Não é verdade. Michel sempre brincava com essa questão e ficava implicando comigo porque sabia quais eram os meus ideais, mas sempre dando risada. Na verdade, temos uma relação muito boa", assinala o responsável pela Comissão Ética da Federação Francesa.

"Eu havia me posicionado com declarações públicas. Sentia que o problema me dizia respeito porque o conhecia. E é verdade que a maioria dos jogadores passava ao largo desse tipo de indagação porque a política era quase uma questão tabu", reconhece Rocheteau. Mas no coração do grupo francês, ainda assim, alguma coisa se mexeu, embora fossem apenas duas folhas da árvore. É que o *Anjo Verde* e o treinador queriam fazer alguma coisa. "Eu me lembro de que houve polêmicas sobre um problema com o material esportivo ou outras coisas semelhantes. E a mim me parecia um insulto que estivéssemos ali nos preocupando com essas insignificâncias, quando ao nosso redor ocorriam coisas tão flagrantes. Não nos esquecíamos de que ao lado de onde estávamos pessoas eram torturadas", conta.

Como traduzir em algo útil essa inquietação? Rocheteau convocou uma reunião à qual compareceriam, teoricamente, os jogadores e os membros da comissão técnica, a fim de discutir se era possível fazer alguma ação para mostrar a discordância em relação à Junta Militar. Não chegou a ser um sucesso: estiveram presentes Patrick Battiston, Jean-Marc Guillou e Dominique Baratelli, além de Hidalgo. "Os outros decidiram não comparecer.

Não tenho por que criticá-los, era uma decisão livre", diz o *Anjo Verde*.

Mas então a França não fez nada? Os dois interlocutores dessa história definem de modos bem distintos como esse grupo se aproximou do terreno da ação política. Hidalgo afirma que eles se reuniram com pessoas ligadas ao regime para obter informações acerca daqueles 22 presos. "Decidimos pedir uma audiência com as autoridades e fomos recebidos. Simbolicamente, cada jogador (todos eles vinham atrás de mim) representava um preso francês na Argentina. Nós não sabíamos se eram inocentes, mas pedíamos que seus direitos fossem respeitados e que fossem julgados por um tribunal democrático. Não me lembro de quem nos recebeu, mas estivemos na audiência (inclusive Rocheteau, embora tivesse dúvidas sobre se iria participar), antes da estreia na Copa. Alguns daqueles presos franceses foram soltos", conta.

Rocheteau nega frontalmente essa história. "Não. Nós nunca nos reunimos com ninguém da Junta Militar. Foi um ato na embaixada, do qual muita gente participou, como o intelectual Bernard Henri-Lévy [como membro do Coba, ele visitou o país durante o torneio, foi fortemente vigiado e, por fim, expulso], e foi um ato público, mas nunca tivemos um interlocutor do regime. Eu nunca teria aceitado aquilo. Depois que fomos eliminados, fiquei, sim, na Argentina e falei com representantes de associações, estudantes... Mas era muito difícil, porque todo mundo tinha medo de falar", relata.

De todo modo, não se pode afirmar de maneira conclusiva que alguém da França tenha levado a cabo qualquer ação digna de destaque contra a Junta em sua estada na Argentina naquele junho de 1978.

Rocheteau hoje se define como "esquerdista 'evoluído'". "As palavras esquerda e direita já não têm o mesmo significado que naquela época. O que verdadeiramente me interessa agora são os problemas do meio ambiente, a ecologia." Ele reprova os jogadores de hoje em dia que não se afirmam politicamente, em um tempo no qual já não deveria ser tabu mostrar em público as inclinações ideológicas. "No nosso tempo, apanhávamos cada vez que falávamos." Naquela época parecia haver muita margem para protestos, mesmo que um dos regimes mais sanguinários do século XX estivesse se saindo bem ao organizar uma Copa a fim de limpar sua barra diante do mundo. "O regime tentou tapar, ocultar tudo o que acontecia. Montar uma grande festa. Em parte o conseguiu", declara Rocheteau. Assim foi, e se aquele regime conseguiu isso apenas em parte, não foi pela oposição de nenhum jogador de futebol, por mais comunista e revolucionário que fosse.

E a Espanha, o que fez?

Absolutamente nada. Os protagonistas daquela decepcionante seleção que caiu na primeira fase depois de enfrentar Áustria, Brasil e Suécia mostram, quase quarenta anos depois, que eles também não sabiam grande coisa do que estava acontecendo.

"Estávamos um pouco adormecidos no aspecto político", diz Julio Cardeñosa, o do "não gol"[26] que integrou aquela seleção. "Naquela equipe todos éramos totalmente apolíticos", sentencia. Suas respostas parecem idênticas às de outros jogadores com os quais ele dividiu o vestiário naquela Copa. "Quando fomos, não sabíamos quase nada. Sabíamos que havia aquele homem [Videla] governando o país, que havia uma ditadura militar... E mais nada. Já tínhamos o bastante com que nos preocupar, que era jogar futebol. Mas ficamos sabendo, sim, que os holandeses não estenderiam a mão ao presidente na final", sustenta Cardeñosa. Carles *Charly* Rexach, outro membro daquela seleção, vai pelo mesmo caminho. "Dentro da equipe não se falou de nada. Não tínhamos a mais remota ideia."

Na Espanha, por outro lado, falava-se – e em termos bem explicativos. E conforme o Mundial se aproximava, falava-se cada vez mais. Desde 1966, data da promulgação da Ley Fraga [Lei de Imprensa], que dava liberdade aos meios de comunicação, a férrea censura do setor nacional-católico do regime franquista foi sendo abrandada a olhos vistos.

O artigo de Patricia Marenghi e Laura Pérez López, "Imprensa espanhola e ditadura argentina (1976-1983):

---

26 O autor refere-se ao gol feito que Cardeñosa perdeu no empate de 0 a 0 com o Brasil. Dentro da pequena área, com o gol todo à disposição, ele chutou em cima do zagueiro Amaral. [N.T.]

A imagem do exílio no *ABC*, no *El País* e na *Triunfo*"[27] (publicado pela revista *América Latina Hoy*, 2003), conclui que a ditadura militar argentina e suas diferentes estratégias e ações foram um tema relevante nos meios de comunicação analisados: "Podemos afirmar que os meios de comunicação na Espanha se converteram em atores sociais destacados, através dos quais se canalizou a informação sobre a particular situação argentina". O *El País* trazia como tema recorrente, e abordado de forma muito crítica, a situação dos presos e desaparecidos, além de amplas informações sobre as campanhas pró-boicote em outros países. Na revista *Triunfo*, apareceram artigos com títulos tão clarividentes quanto "Argentina 78: Um Mundial para a Junta" (18 de março de 1978) ou "Argentina 78: Futebol e repressão" (6 de maio). Em fevereiro daquele mesmo ano, os comitês pró-boicote de todo o mundo haviam se reunido em Paris, contando com a presença de delegações de Madri e de Barcelona.

O jornalista Enric Banyeres, enviado especial ao Mundial da Argentina pelo diário *Tele/eXpress* e autor do livro *El Mundial de Fútbol 1978* (publicado após o encerramento do torneio), afirma que a situação argentina era conhecida na Espanha. "O que ocorre é que os jo-

---

[27] *ABC* é um jornal diário madrilenho de tendência mais conservadora; *El País*, um diário nascido em 1976 no bojo da redemocratização espanhola; *Triunfo* (1942-1986) foi uma revista de informação geral que, a partir dos anos 1960, se transformou em referência intelectual na Espanha. [N.T.]

gadores de futebol viviam em um mundo à parte. Metade do meu livro fala sobre a situação política e social da Argentina. E antes da Copa existiam muitos meios de comunicação bem críticos, a exemplo de *Cuadernos para el Diálogo*, *Diario 16* ou até mesmo do *Tele/eXpress*, nos quais se haviam publicado artigos contando o que ocorria", relata Banyeres.

Outra coisa muito distinta foi o que aquela equipe viveu durante o campeonato. "Estávamos concentrados em La Martona, um local afastado de tudo, praticamente sem contato com jornalistas ou com a família. Aquele lugar, um desastre com as paredes úmidas e onde fazia um frio terrível, era o nada: se você levantasse a cabeça e olhasse ao redor, poderia dizer que estava na Argentina ou em outra parte qualquer do mundo. Vivi alguns Mundiais de forma mais intensa do que aquele estando na minha casa", diz Rexach, em uma opinião compartilhada por Cardeñosa. "Era como um campo de concentração", lembra o ex-meio-campista do Real Betis. Para ser exato, diz-se que, antes de receber a seleção espanhola, aquele hotel funcionava como um bordel.

Esse isolamento, que também foi imposto a outras seleções, talvez tenha sido um expediente da Junta Militar para manter os jogadores alheios a tudo. Mas não havia como não perceber as medidas de segurança extremas e a ostensiva presença de militares por todos os cantos. "Nosso ônibus andava por estradas estreitas, de duas mãos, ocupando as duas pistas, e os carros que vinham no sentido contrário eram obrigados a sair da estrada. Nós éramos sempre acompanhados por muitos motoristas, e havia militares por todo lado", recorda-se Rexach.

O ex-jogador hoje se considera um homem de centro, embora acredite que em 1978 "era muito mais de esquerda do que agora". O *Loiro de Pedralbes*[28], a quem se atribui presença quase obrigatória nos concertos de Raimon[29], recorda-se dos tempos em que "saíamos do colégio e muitas vezes tínhamos que começar a correr porque havia confusão com os *grises*". Foi um dos poucos esportistas espanhóis que participaram de campanhas de promoção do voto nas primeiras eleições [após a ditadura franquista]. Porém, quando relembra o que sabia da Argentina em 1978, reconhece que pecou pela ignorância. "Quando depois ficou-se sabendo o que acontecia por lá, parece-me simplesmente inacreditável. Que essas coisas tenham acontecido e tenham ficado escondidas durante tantos anos... Não sei se foi por causa da censura ou porque muita gente se calou... Não sei, você nunca consegue imaginar", diz.

Para encerrar a conversa, pergunto: se ele tivesse sabido o que ocorria na Argentina, teria cogitado não par-

---

28 O apelido de Carles Rexach, *Rubio de Pedralbes*, faz referência a um bairro abastado de Barcelona. Rexach é uma referência do Barça: jogou cinco anos nas divisões de base e dezessete no time principal e chegou a treinar o clube por dois anos, depois de ter sido auxiliar técnico de Johan Cruyff por oito anos. [N.T.]

29 Nome artístico de Ramón Pelegero Sanchis (1940-), cantor e compositor valenciano, expoente do movimento catalão Nova Cançó. [N.T.]

ticipar da Copa? "É difícil dizer porque aquele era um Mundial importante, fazia muitos anos que a seleção não participava [a última presença tinha sido na Inglaterra, em 1966]... Mas acho que não teria ido. E não digo isso a você para ficar bem ou para me fazer de herói, digo que simplesmente teria me recusado por medo. Num lugar em que aconteciam coisas como essas, o que poderia acontecer com você?", questiona.

Aquele que, ao ser torturado, era chamado de *Arqueiro*

A mãe está deitada no chão. Chora. Grita que seu filho não sabe nada de política, que ela não entende o que está acontecendo. Os militares, vestidos à paisana, continuam a interrogá-la. Um deles ameaça ir buscar sua outra filha na escola: "Ou você sacrifica a sua filha, ou o terrorista do seu filho".

O filho mencionado nessa cena, ocorrida por volta de 1977, é Claudio Tamburrini, goleiro do Club Atlético Almagro, da Segunda Divisão argentina. Ele tinha então 22 anos e havia estreado dois anos antes na equipe principal, depois de frequentar as categorias de base do Vélez Sarsfield. Era profissional do futebol, mas à noite estudava filosofia. Militava na esquerda. Tano, um conhecido da universidade, também militante, o delatou para proteger os que lhe eram mais próximos. O nome de Tamburrini estava anotado em sua agenda de telefones. Era o suficiente.

"Você é jogador do Almagro?", pergunta-lhe um torturador. "Sim", responde. "E para que um arqueiro precisa de um mimeógrafo?", ladra o militar. Mesmo que ali não houvesse nenhuma máquina para impressão, daria na mesma. Em seguida, outro militar o questiona: "Então você é goleiro?". Claudio assente. "Então segura esta", e lhe dá um soco no estômago.

Descontada a parte futebolística do assunto, esse tipo de cena era habitual na Argentina depois do golpe de Estado de 1976. A cena, concretamente, ocorreu em 23 de novembro de 1977 e envolve um dos encontros mais amargos e diretos entre ditadura e futebol. Claudio Tamburrini se converteria em um dos símbolos futebolísticos da época da repressão.

Se a atividade política na universidade era intensa naquele momento, era ainda mais importante na faculdade de filosofia, de tradição contestadora. Já o futebol era a apatia apolítica que segue sendo ainda hoje. Tamburrini conta como inexistia um ambiente contestador no futebol argentino de meados dos anos 1970. "Não havia absolutamente nenhum vínculo com a esquerda. Fui colocado à disposição no Vélez Sarsfield por causa de um conflito com o treinador, por questionar uma punição coletiva a toda a equipe. Trinta anos depois me encontrei novamente com um companheiro de time daquele tempo que me lembrou de uma ou outra conversa política que tivemos então. Mas, além disso, os jogadores não tinham nenhum tipo de postura política, nem pessoal nem coletivamente", afirma.

Tamburrini, encapuzado, é levado à Mansión Seré, um dos centros de tortura mais conhecidos do governo da Junta. Os militares referem-se ao local como "Atila". Trata-se de uma mansão, de propriedade pública, na província de Buenos Aires. Ali ele mal vive, mal come e mal dorme. Ele é o *Arqueiro* ou *Almagro*. Torturam-no todos os dias, tentando arrancar-lhe uma confissão que nunca conseguem, apesar do terror e dos severos maus-tratos psicológicos. Batem nele e afogam-no em uma banheira. Levam-no ao limite. A loucura de seus captores se manifesta em cada pequena coisa. Levam-no para rezar em um corredor, ajoelhado como o restante de seus companheiros. "Gritem bem alto, para que Deus ouça vocês!", lhes dizem. Um dos torturadores, de nome Lucas, obriga-os a agradecerem por tudo, anulando sua estima em cada gesto.

O sequestro de Tamburrini é apenas um entre as dezenas de milhares que ocorreram por toda a Argentina, mas tem uma peculiaridade: ele é o único jogador de futebol profissional sequestrado pela ditadura que hoje pode contar sua história. E ele só pode fazê-lo porque protagonizou uma jornada singular.

Um dos companheiros de prisão, Guillermo Fernández, o Guille, decide que é preciso fugir. Cláudio logo se junta a ele. No 121º dia de seu cativeiro, os dois descem por uma janela pendurados em lençóis e conseguem escapar. Fernández não consegue resistir e, antes de ir, deixa escrito em uma parede: "Obrigado, Lucas".

Junto com outros dois presos (Daniel Rusomano e Carlos García), Guille e Claudio escaparam da Mansión Seré, na única fuga registrada em todos aqueles anos.

Depois de fugir do centro de torturas, o goleiro refugiou-se "em casa de conhecidos ou gente ligada a meus amigos e companheiros de militância que solidariamente me abrigaram até que a situação se acalmasse e eu pudesse sair na rua", como conta em entrevista concedida para a produção deste livro. Naqueles dias em que ficou escondido, era disputada a Copa do Mundo, a grande vitrine da Junta Militar no exterior. "Eu via os jogos pela televisão e torci para que a seleção ganhasse o Mundial. Como é possível, considerando a experiência que eu acabara de viver?"

Da Argentina ele fugiu para a Suécia, onde hoje é professor de filosofia na Universidade de Estocolmo. Em 1985, voltou à Argentina para prestar depoimento no *Juicio a las Juntas*, um processo de dezessete semanas no qual foram condenados muitos dos protagonistas dos governos de 1976 a 1983, entre eles Videla (prisão perpétua), Emilio Massera (prisão perpétua), Roberto Viola (dezessete anos de prisão) e Orlando Agosti (quatro anos). Teve carreira de sucesso como pesquisador, aplicando seus conhecimentos ao esporte. Deu conferências por todo o mundo e é autor de ¿*La Mano de Dios? Una versión distinta del deporte* (2000), livro no qual questiona se o esporte de elite abole as normas éticas. Sua fuga heroica, ele a registrou no livro *Pase libre*, de cuja adaptação nasceu o filme *Crónica de una fuga*, dirigido por Adrián Caetano em 2006. O filme também traz a participação de Guillermo Fernández, outro dos fugitivos, que faz o papel de um torturador que ameaça o personagem baseado nele mesmo. Fernández mudou-se para a França e tornou-se ator e titeriteiro, reconstruindo sua vida.

Pase libre veio a público em 2001, quase 25 anos depois da façanha. Até então, o grande público pouco sabia de Tamburrini e de seus colegas. Por quê? "Talvez por pudor, pelas famílias dos desaparecidos. O nosso foi um final feliz, nós os ferramos, escapamos e tiveram que fechar aquele centro clandestino depois da nossa fuga. Mas sempre me pareceu que falar disso era mexer na ferida das pessoas que buscavam seus desaparecidos", declarou em 2006 Guillermo Fernández.

Ao fugir para a Suécia, Tamburrini, como Fernández, também foi arrancado de seu ambiente e obrigado a se refazer a milhares de quilômetros, em um país muito diferente do seu. Apesar do impacto físico e moral de seu sequestro, ele se recompôs na nova casa e até tentou retomar a antiga carreira. "Voltei a jogar futebol na Suécia em 1980, em uma equipe da Quarta Divisão, mas somente por alguns meses. Fiquei muito decepcionado com o caráter amador do futebol sueco naquela época, com a dificuldade de progredir e poder conseguir um contrato profissional, com o caráter rudimentar dos treinamentos... Abandonei o esporte em abril de 1980", relembra. Tinha 25 anos. O terror o havia privado de sua casa, de sua carreira no futebol e de 121 dias, além de muitas outras noites de vigília na rememoração de seu calvário.

    Mas ele pôde contá-lo, porque nunca lhe tiraram a vida, nem seus ideais ou sua dignidade. E muito menos o futebol. "Faz pouco tempo, uns dez anos, retomei as atividades em uma equipe amadora que participa da Liga Sueca, na região de Estocolmo. Ainda jogo, sempre como goleiro, depois de uma incursão de alguns anos como meio-campista, em uma equipe de amadores que fundei junto com amigos", conta. Hoje a Mansión Seré é um centro de recuperação da memória histórica, o primeiro de toda a América Latina. O que se faz ali e a imagem de Tamburrini agarrando uma bola em um modesto campo de Estocolmo são a melhor metáfora de seu triunfo.

Rivada, jogador de futebol e mártir

Em uma maciça operação para suprimir qualquer sinal de oposição, era evidente que a repressão da Junta Militar de Videla também iria estender suas macabras garras sobre o esporte. No entanto, naquele que mais claramente é ligado às classes populares, o futebol, apenas um nome de jogador profissional figura na lista dos desaparecidos.

Em comparação, os assassinatos no mundo do rúgbi foram muito mais numerosos. Na Argentina, os rapazes da bola oval são identificados com as classes altas: trata-se de um esporte de elite social e intelectual. Está documentada a morte de cerca de vinte membros do Club La Plata, por pertencerem a grupos de esquerda, participarem da luta armada ou, simplesmente, trabalharem em bairros populares. O caso do esportista argentino assassinado mais conhecido no país é o do corredor e poeta Miguel Sánchez, que hoje é homenageado em uma corrida anual, a *Carrera de Miguel, corremos para no olvidar*. O tenista, advogado e militante peronista Daniel Schapira também foi morto pela ditadura, tendo recebido três tiros depois de ser torturado.

Outro dos esportes coletivos que sofreu com a repressão foi o hóquei sobre grama. Uma de suas jogadoras, Adriana Acosta, integrante da seleção nacional, foi sequestrada aos 22 anos e, acredita-se, lançada ao mar em um dos célebres voos da morte. Foi a primeira esportista vitimada pelo regime militar.

No futebol, as vítimas não estavam entre os protagonistas do esporte, como se vê nos casos de Ángel Cappa (ao qual é dedicado o próximo capítulo), de Claudio Tamburrini ou do assassinato do irmão mais novo de Claudio Morresi, jogador do Huracán e do River Plate na década de 1970 que posteriormente faria carreira política no peronismo até ser ministro no governo de Cristina Fernández de Kirchner. O único jogador de futebol de certo nível que figura entre os presos e desaparecidos da Junta Militar é Carlos Alberto Rivada, e sua história é bem peculiar.

Na história de Carlos Alberto Rivada, todos se chamam Videla. Aquele que informou à sua família que ele havia desaparecido, aquele que o identificou para que o sequestrassem e, claro, aquele que era o maior responsável por sua morte, o presidente da nação.

Às três da madrugada de 4 de fevereiro de 1977, um motorista de ambulância, Rubén Videla, tocou a campainha da casa do senhor Héctor Rivada, dono da Los Mellizos Rivada, a loja de material esportivo mais famosa de Tres Arroyos (pequena cidade da província de Buenos Aires que tinha então cerca de 25 mil habitantes). No hospital em que Rubén trabalhava haviam sido encontradas duas crianças sozinhas, de 3 anos e alguns meses, que poderiam ser netas de Héctor. E de fato eram. Alarmado, o avô correu até a casa de seu filho, Carlos Alberto, e de sua nora, María Beatriz Loperena, contígua à loja da família, à qual se conectava por uma porta interna. Entrou: estava tudo revirado e sem um único sinal de roubo. O sequestro era a única explicação, mas, mesmo em um país em que já se ouviam rumores sobre o papel do exército no desaparecimento de opositores ideológicos, ninguém conseguia imaginar por que motivo Rivada podia ter sido alvo dos militares.

Carlos Alberto era um paradoxo no esporte profissional. Jogava nos times de futebol e de basquete do Huracán de Tres Arroyos, e em ambos era um dos melhores atletas da região. Nos gramados, atuava com a camisa 7, como ponta, e era tão rápido e habilidoso que a imprensa local o considerava, aos 27 anos, um dos melhores da posição. Alternando-se entre os dois esportes, havia pagado seus estudos de engenharia elétrica e, no momento em que o capturaram, mantinha sua família com o futebol, o basquete e uma pequena empresa de instalações elétricas. Tudo isso somado, conseguia dar uma vida digna às crianças, Diego e Josefina, e à mulher, que se dedicava a cuidar da casa, e era dono de um furgão Fiat que o ajudava em seus afazeres.

Na noite de seu desaparecimento, no verão austral, ele havia jogado uma partida de futebol. Perdera para o Estación Quequén, campeão regional, por 3 a 2. Rivada estava, talvez, no melhor momento de sua carreira.

Don Héctor começou então a perseguição a fantasmas que é comum nas histórias de familiares desaparecidos por obra da Junta Militar. Dirigiu-se ao militar de mais alta patente de sua área, o comandante do V Corpo do Exército de Bahía Blanca, Osvaldo René Aizpitarte. Este prometeu que o ajudaria e lhe deu sua palavra: poucas coisas mais mal-intencionadas poderiam haver do que a palavra de um militar da época. *Don* Héctor se dirigia, sem saber, a um dos sequestradores, que lhe sorria e o consolava.

A mesma coisa, sorrisos e consolos, recebeu do capitão de navio Zenón Saúl Bolino, com quem também se reuniu. Obteve menos do presidente da Conferência Episcopal argentina, o cardeal Raúl Primatesta, que só lhe respondeu por carta e muito formalmente, escrevendo que "na desgraçadamente exígua medida de minhas possibilidades, procurarei me informar sobre seu angustioso problema" e desejando que "o Senhor o abençoe e fortaleça". Naquela época, o Senhor parecia não estar muito ao lado das famílias das vítimas.

Mas por que haviam levado Rivada, se ele não tinha militância política conhecida desde que regressara a sua cidade, um ano e meio antes? A explicação segue por duas vertentes. Ao frequentar a universidade em Bahía Blanca, ele havia participado do movimento político estudantil, uma atividade da qual foi se distanciando ao longo dos anos. Embora o perigo "subversivo" de Rivada fosse insignificante, sua menção na agenda telefônica de um antigo colega o tornava passível de um sequestro. O companheiro em questão era José Antonio Garza, com quem Rivada havia estudado na faculdade em Bahía Blanca, embora fossem de cursos diferentes. Garza apareceu morto naquela mesma época na província de Entre Ríos (na fronteira com o Uruguai), claro está que pelas mãos dos militares.

Então, o pai de Carlos Alberto começou a juntar as peças. Apenas quinze dias antes do desaparecimento do filho, Julio César Videla, um vizinho de Tres Arroyos, insistira muito, e de um modo estranho, em comparecer a um jantar da equipe de basquete do Huracán, que havia ganhado o campeonato local. Acompanhado de outro homem, Videla conseguiu tomar parte na comemoração e tirou fotos de Rivada. O vizinho era um informante da polícia local, militante político de ultradireita, e seu acompanhante integrava o serviço de inteligência da Marinha. O flash daquela câmera assinou a luminosa sentença de morte de Rivada.

A história acaba um ano e meio depois do sequestro, com *don* Héctor enviando uma carta ao almirante Emilio

Eduardo Massera, personagem decisivo da Junta Militar, braço direito do terceiro Videla deste relato, Jorge Rafael, presidente da nação. A carta que o pai escreve a Massera, um relato intitulado "Com desespero", demonstra a esquizofrenia que na época marcava a relação entre os familiares das vítimas e os militares. O absoluto desconhecimento do que se passava fez que, por exemplo, *don* Héctor escrevesse a Massera frases como "creio no senhor, a quem recorro em busca da verdade".

O senhor Rivada fala de sua desilusão com o governo: "Pessoalmente, acho que é pior não saber nada do que aconteceu com meu filho e sua esposa do que ter a prova de que ambos morreram", diz. E acrescenta: "Essa incerteza desgasta e mata os pais e familiares dos que, se tinham culpa por alguma coisa, deveriam ter sido julgados e condenados. E se o foram sumariamente, por quem se acreditou investido de alguma autoridade superior que lhe permitia fazê-lo, mesmo nesse caso, como na guerra ocorre com os traidores da pátria, ainda assim – eu o repito, Almirante —, esses fatos deveriam ser comunicados aos que continuamos vivendo, se é isso o que estamos fazendo, ou morrendo lentamente".

Don Héctor termina assim: "Todos parecem querer me fazer entender que devo aceitar as circunstâncias e me resignar. Mas jamais deixarei de perseverar em meu propósito de encontrar meus filhos. O que o senhor faria se fosse eu, Almirante?". Nunca obteve resposta, pois morreu em julho de 1982, de parada cardíaca, sem saber o que aconteceu com seu filho e sua nora. Nunca se soube. São os dois únicos desaparecidos de Tres Arroyos, e permanecem nessa condição, pois seus cadáveres jamais foram encontrados. Mais um caso entre milhares na loucura da Junta Militar, mas único na história do futebol argentino.

O EXÍLIO DO DIGNO SENHOR

A realidade tornou Ángel Cappa novamente moderno. Não estamos falando do futebol, pelo qual nunca se deixou levar, e dentro do qual manteve suas crenças e sobreviveu ao pragmatismo, aferrado a uma ideia e viajando pelo mundo para transmiti-la. Estamos falando da política, esse terreno em que uma crise desconcertante acabou por dispensar qualquer retoque na retórica: o pensamento de um sujeito que lutava contra a ditadura militar no fim dos anos 1970 volta a ser o lógico, o humano. Basta trocar militares por mercados financeiros, fuzis por juros e dividendos, e chegamos lá. É a resposta ao ataque. E, na linha de frente do combate dialético, está Ángel Cappa, possivelmente a figura mais digna do futebol mundial.

A história de Cappa é a de um jogador de futebol modesto ("eu tinha apenas o necessário para sobreviver"), nascido e criado em Bahía Blanca, militante de esquerda, "corrompido" na universidade, que se aposentou aos 27 anos porque os joelhos o torturavam. O futebol lhe deu pouco em termos materiais, mas lhe salvou a vida, algo que não pode ser dito por muitos jogadores cuja conta corrente engordou graças à habilidade e às jogadas de efeito.

Sujeito típico da periferia, e isso na Argentina é dizer o bastante, Cappa nunca viveu alienado da realidade, embora seu despertar para ela tenha se dado da forma mais ingênua. A chave foi "minha avó, que me contava coisas da sua vida. Nada a ver com a política, mas com o que ela havia vivido. Ela me contava com toda a naturalidade, e eu fui descobrindo a realidade a partir daquele relato. Depois, o estudo me mostrou as razões pelas quais minha avó tinha passado por tudo o que tinha passado", conta.

Da consciência passou à militância. Ángel Cappa era membro de um grupo chamado Peronismo de Base, a ala esquerda desse movimento tão incompreensível para um europeu, o peronismo, que parece acolher sob seu manto todas as tendências políticas em um microcosmo surrealista. "Estávamos ao lado da classe operária, trabalhávamos em suas áreas, mas não queríamos a liderança de Perón", explica Cappa. "Uma vez, no México, eu disse onde militava e no dia seguinte saiu na entrevista que eu estava no 'terrorismo de base'. Quase morri quando li o jornal", lembra-se, rindo. Assim chegamos ao ano de 1976. Cappa, militante apenas na ala intelectual da esquerda argentina, tratava de lutar, papel contra fuzil, frente a uma ditadura que havia sido instalada no país depois do golpe de Estado. E militava, claro, porque quem estivesse ali e dispusesse de um mínimo de consciência não teria outra alternativa: "A Argentina viveu praticamente, desde que eu era pequeno, sob golpes militares constantemente. Primeiro, sente-se temor, acima de tudo. Depois, sabe-se que os golpes militares sempre são dados para impor medidas econômicas em prejuízo da classe trabalhadora. E então, depois do medo vem a fome e a repressão. Eu me recordo do primeiro golpe militar que vivi; embora fosse muito pequeno, me lembro [1955, Ángel Cappa tinha então 9 anos]. Foi quando derrubaram Perón. Vieram a repressão e a fome. Os militares são, digamos assim, os representantes dos grupos econômicos e impõem suas medidas contra os trabalhadores e em favor do grande capital, dos grandes empresários", assinala, com uma retórica esquerdista dos anos 1970 que, graças à atual crise global, não parece anacrônica.

Então, em 24 de março de 1976, depois que a Junta Militar se lançou sobre os argentinos, Ángel Cappa, o ex-jogador de futebol de Bahía Blanca, sentiu temor. Muito. Como militante, estava marcado, embora não fosse preciso muito para se transformar em um alvo: "Eu militava politicamente em um grupo e depois do golpe continuamos militando do mesmo modo, fazendo panfletos, revistas, esse tipo de coisa. Mas, de todo jeito, quando há um golpe militar, qualquer coisa é absolutamente perigosa. Você não precisava ter militado em nenhum partido; bastava que tivesse comparecido a uma manifestação, que tivesse sido visto... A repressão era terrível", relata Cappa.

Meses depois do golpe ocorreria um episódio que marcaria para sempre a vida daquele trintão clandestino. Eram quatro da manhã e ele vinha da casa de um companheiro com quem havia feito panfletos, que agora sobrecarregavam o porta-malas de um Citroën 2CV (ou 3CV, como eram chamados na Argentina). "Eu estava indo para a minha casa e bloquearam a rua, como faziam sempre. Bloquearam na frente e atrás, e todos os que estavam dentro da barreira eram revistados. Então, o militar que veio fazer o meu controle me pede os documentos e vê meu nome. Eu era conhecido em Bahía Blanca por ter jogado futebol, e ele me diz: 'Você é o Cappa, aquele que jogava futebol?'. Eu respondo: 'Sim. O que está havendo? Algum problema?'. 'Não, só rotina. Pode ir, pode ir', me disse, e me deixou passar, sem me revistar", relata o protagonista. Esteve a centímetros de seu algoz e de sua sentença de morte. Salvou-se graças ao que havia sido.

De todo modo, trata-se de uma experiência que leva ao limite qualquer ser humano. Cappa não era bobo e sabia o que teria ocorrido se o milico gostasse mais de polo aquático, tênis ou basquete do que de futebol. "Sempre me lembro, porque ainda me chama a atenção, da absoluta serenidade que eu tive. Nunca na minha vida estive mais sereno, mais tranquilo, mais relaxado, mais lúcido, que naquela hora, nunca, e não sei por quê. Quando passei minhas pernas tremiam, eu não conseguia dirigir, tive de parar duas ruas adiante porque estava morrendo de medo. Mas naquele momento tive uma serenidade que jamais voltei a sentir", diz Cappa.

O porquê daquela serenidade que lhe sobreveio parece matéria de análise de um psicólogo ou de um parapsicólogo, nada de chave política nem evidentemente futebolística. Um ser humano escapa da morte por ter o sobrenome reconhecido, por ser alguém que chuta uma bola em um minúsculo time de uma cidade qualquer. Esse reconhecimento, claro, era de mão dupla: aquele militar conhecia apenas o lado futebolístico de Cappa, mas muitos o reconheciam e o apontavam como elemento subversivo, para utilizar o jargão da época. Era então o momento de fugir para Buenos Aires, onde passaria despercebido e poderia viver no anonimato necessário para continuar trabalhando contra Videla.

Então teria outro golpe de sorte, outro enfrentamento vitorioso contra a morte. "Quando saio de Bahía Blanca no ônibus para a Capital Federal, estavam fazendo outro comando na saída da cidade. E quando chega a vez do meu ônibus eles suspendem o comando! Só podia ser o destino. Eu tinha que sair dali", conta Ángel, com um sorriso.

Em Buenos Aires, chega ao fim o sonho da oposição. "Já não fazia sentido seguir na militância. Algum companheiro sempre aparecia morto, ou preso ou... Já estávamos todos dispersos. Quem podia salvar a vida, a salvava", resume, explicando sua viagem para o exílio político. Com 200 dólares no bolso e o vazio de quem é expulso de casa, Ángel Cappa vê-se na Espanha de 1976, o cadáver de Francisco Franco ainda quente, a esperança agitando-se em cada esquina (pelo menos era o que diziam).

Desse país esperançoso, um imigrante perdido e angustiado não podia desfrutar muito. "Eu me sentia muito mal. Você não só se afasta de toda a família e dos afetos, como também das suas coisas mais importantes e se vê sozinho em um lugar. Bahía Blanca é uma cidade pequena, quase familiar. Todo mundo me conhecia, e não porque eu jogava futebol. E aqui você se encontra absolutamente anônimo, sem dinheiro e com a ideia de que precisa trabalhar em qualquer coisa para ver o que acontece, não é? Você vive apenas para sobreviver. Isso dá uma angústia muito, muito profunda", relata.

Em Madri, Cappa continuou militando em um grupo de argentinos contra a ditadura, fazendo campanha pelo boicote à Copa de 1978, sem querer que deixasse de ser disputada, experimentando a vontade de ganhar aquele torneio longe e com a consciência dividida, como tantos outros argentinos. Viu uma Espanha que dizia adeus ao franquismo parcialmente: "O franquismo estava indo embora, mas com algumas condições. Não estava indo embora de todo. E a esquerda aparecia, mas também com algumas condições. Aparecia respeitando o sistema. Aqui a esquerda nunca foi esquerda, sempre foi, digamos, o meio para tornar decente e aceitável o capitalismo".

Depois que a vida de Ángel se normalizou, ele conheceu uma mulher e se radicou na Espanha, obtendo reconhecido sucesso como treinador[30] nos campos de

---

30 Ángel Cappa foi assistente de César Luís Menotti na seleção argentina que disputou o Mundial de 1982 e depois no Barcelona. Após a redemocratização, voltou à Argentina, onde dirigiu clubes como o Banfield e o Huracán. Retornou à Espanha em 1991, tendo passado por clubes como o Real Madrid, o Las Palmas e o Tenerife. Em 2010, esteve no River Plate da Argentina. [N.T.]

jogo e diante dos microfones, explicando o futebol como quase ninguém em língua espanhola.

Com todo o seu brilho, ele reconhece que jamais fala de política com seus jogadores, mas lamenta o desenraizamento que, no fundo, muitos deles acabam experimentando. "Eles são postos diante de uma armadilha. São levados a viver a ilusão de uma ascensão social, quando na realidade não é assim. São retirados de sua classe social e deixados no ar, são conscientemente apartados da realidade. Eles não se esquecem de onde vêm, mas se alienam. Adotam os costumes, o modo de falar, os restaurantes, os perfumes, a roupa do opressor. Ou digamos que de outra classe social, para não ser tão extremo. E ficam deslocados, perdidos, porque jamais são admitidos nessa elite à qual ilusoriamente são levados a acreditar que pertencem. As pessoas só se aproximam deles por causa da fama, e depois de seus quinze minutos eles ficam novamente no ar, não são nem do local de onde vieram nem da alta sociedade", diz.

Passaram-se trinta anos, um exílio, uma vida na Espanha com viagens a outros países, sobretudo o seu, para cumprir com o dever de um treinador, assumir equipes que lhe ofereçam. Uma vida que embranqueceu o bigode *esquerdoso* e que rendeu anos e quilômetros às pernas castigadas de ex-jogador de futebol. Mas a essência de Ángel Cappa permanece intacta. "Sou um homem de esquerda", diz, de um jeito tão caracteristicamente argentino. E de repente as palavras vão se atropelando. Ele fala sem pausa, porque não quer, nem talvez possa, se calar: "Eu me definiria como a favor da justiça. Parece-me absolutamente injusto que tenhamos um governo das multinacionais, por exemplo, nas quais ninguém vota. Parece-me absolutamente injusto que se destrua o planeta porque a economia tem de funcionar. Parece-me um desatino completo um sistema econômico como o capitalismo, no qual nem todo mundo pode aspirar a ter o mesmo nível de bem-estar, porque o mundo seria destruído em cinco minutos, o planeta explodiria se todo mundo tivesse carro e consumisse o que consumimos aqui, no Primeiro Mundo. A mim me parece uma insensatez que George Bush tenha retirado o apoio dos Estados Unidos ao Tratado de Kyoto porque a economia precisa continuar andando; isso é o mesmo que dizer: 'Que se dane o mundo, não ligo a mínima, mas a economia não pode parar'. Parece-me uma insensatez, parece-me totalmente injusto que se dê dinheiro para que os bancos continuem funcionando, que se dê dinheiro às pessoas que provocaram esse colapso. Li que com o dinheiro que foi dado aos bancos e a toda essa gente que produziu esse desastre, a fome seria erradicada do mundo por cinquenta anos. Parece-me terrível, parece-me de uma injustiça que ninguém pode negar! Dizer isso é definir-se de esquerda, não? Acho que sim", e seu rosto se enche de novo de pura dignidade, assumindo a expressão bonachona, que não saberia dissimular mesmo que quisesse.

 Alguns anos depois dessa entrevista me lembrei de um episódio marcante com Ángel Cappa. Eu trabalhava no programa *Asuntos Propios*, da Radio Nacional. Toni

Garrido, o diretor e apresentador, havia se convertido, de certo modo, em uma das vozes do descontentamento das pessoas com a crise econômica. Atacava sem trégua os mercados, as empresas e os órgãos reguladores. Criticava os políticos pelo que era preciso criticá-los. Entre uma determinada classe de pessoas, uma pequena massa ilustrada farta da crise até o último fio de cabelo, Garrido era uma voz determinante. Algo confirmado pelo EGM (Estudio General de Medios, a pesquisa que determina, entre outros parâmetros, a audiência dos programas de rádio).

No *Asuntos Propios* era comum que o público entrasse no ar para fazer comentários acerca do momento atual. Naquele dia, o assunto era a nacionalização por parte do governo argentino da petroleira YPF, medida que, embora a empresa estivesse em mãos do capital estrangeiro, havia sido tratada por certa parte da imprensa espanhola como um ataque à pátria. Minha tarefa era atender as chamadas dos ouvintes quando entrou a de um argentino. "Porra, como a voz desse sujeito se parece com a de Cappa. Mas, claro, todos os argentinos têm o mesmo sotaque", pensei. Quando ele acabou o discurso, perguntei-lhe o nome e lhe pedi o número de telefone para que o colocasse no ar. "Ángel", me disse. "Ángel Cappa!", eu respondi. Era ele que ligava como ouvinte anônimo para expressar sua opinião.

Ele entrou no ar, Garrido o apresentou com nome e sobrenome e Cappa deu suas opiniões. Pode parecer uma bobagem, mas me deu uma tremenda alegria que Ángel Cappa, o do digno bigode, o que não se cala nesse mundinho em que todos se escondem, escutasse nosso programa. Pensei, como se nossos outros 400 mil ouvintes não valessem nada, que só por esse momento tudo aquilo que fazíamos valia a pena.

O HOMEM QUE NÃO ESTENDEU
A MÃO A PINOCHET

"Salvador Allende foi o primeiro presidente socialista eleito democraticamente. Só queria fazer o bem para as classes menos favorecidas. Nunca tive relação pessoal com ele, mas o apoiava, sim. Simplesmente não gosto de ditaduras. Nem eu nem 90% das pessoas. Mas parece que nem todo mundo tem a mesma opinião. Paguei por minhas ideias e ainda hoje continuo pagando." Com a palavra, Carlos Humberto Caszely, ex-jogador de futebol chileno. Passaram-se 26 anos desde o fim de sua carreira. Uma eternidade que não diminui a lenda de um dos mais proeminentes e comprometidos homens de esquerda que já calçaram chuteiras.

Caszely é um dos expoentes da história do Colo-Colo e um dos maiores goleadores da seleção chilena. Conhecido no Chile como *O Rei do Metro Quadrado*, um soberano da pequena área, ele é sem dúvida uma figura referencial ineludível em seu país. Mas em 1973, ano em que foi o artilheiro da Copa Libertadores, sua carreira ficaria marcada por um rótulo: o de "vermelho", que ele carregaria para sempre. Nas eleições de março daquele ano, Caszely apoia explicitamente o Partido Comunista da professora Gladys Marín e do advogado e escritor Volodia Teitelboim, os dois maiores nomes do comunismo chileno no último terço do século xx. Marín dirá que Caszely é "um exemplo para a juventude e os trabalhadores, que não é apenas um grande esportista, mas um jovem que entende o processo revolucionário vivido por seu país. Caszely considera que no Chile [...] é preciso derrotar os inimigos do país e lutar para que haja justiça e liberdade".

Seis meses depois de sua mais clara incursão na política, as bombas dos militares liderados por Pinochet destroem o Palacio de La Moneda, por onde Caszely havia tão prazerosamente passeado, e seu admirado Salvador Allende se suicida. O jogador acabava de assinar contrato com o Levante, time da Segunda Divisão espanhola, destino que teoricamente não estava à altura do craque mais popular do Chile. "Antes, o Real Madrid havia se interessado por mim. Mas quando ficaram sabendo que eu apoiava Allende, desistiram. Sempre fui um homem do povo", declararia, mais de trinta anos depois, ao jornal *Levante*, de Valência.

Depois do bombardeio de La Moneda, em 11 de setembro de 1973, o Colo-Colo, clube em que o jogador comunista era reverenciado, vive um processo curioso. Nomeia Augusto Pinochet como seu presidente de honra, a fim de se blindar contra a previsível perseguição do regime. Esse movimento se torna habitual na América do Sul das ditaduras militares: o Olimpia do Paraguai também escolhe como presidente de honra um ditador, o general Alfredo Stroessner; no Uruguai, a Junta apoia mais que veladamente o Peñarol e, no Equador, o Exército tem o seu próprio time, El Nacional. Caszely havia deixado o país na hora certa.

Nesse ambiente, o atacante decide mostrar sem rodeios a Augusto Pinochet o que pensa a seu respeito. O general recebia a seleção nacional, que iria viajar a Moscou, onde jogaria a partida de ida de uma das Eliminatórias mais politizadas de toda a história. O objetivo de Caszely era demonstrar seu desprezo pelo general, e ali, no campo do adversário, onde os grandes esportistas se agigantam, Carlos Caszely faria – vamos escrever como se o narrador fosse Víctor Hugo Morales[31] – "o gesto de todos os tempos". Contra Pinochet, não jogaria com os pés. Haveria de desafiá-lo com as mãos.

"Pinochet não era bobo, já sabia que eu não ia cumprimentá-lo. Então passou diante da equipe e todos lhe davam a mão, mas eu fiquei com as minhas nas costas. Passou por mim e deu um meio sorriso. Houve outras recepções, e eu nunca estendi a mão a ele. Ele sempre vinha falar comigo, mas apenas de futebol. Eu respondia. Nada mais", conta. Segundo uma lenda, Pinochet perguntava como era possível que esse sujeito, totalmente destro, fosse tão de esquerda. Caszely nunca levou isso em consideração.

O caso era que, alguns meses antes, em um confronto dramático contra o Peru (partida de desempate incluída), o Chile havia se classificado para disputar na repescagem com a URSS uma vaga para a Copa de 1974. No Estádio Lênin, em Moscou, diante de 60 mil espectadores, o time chileno conseguiu um heroico empate sem gols, naquela que ficou conhecida como a "Partida dos Valentes".

---

31 Jornalista e narrador uruguaio (1947-) que se radicou na Argentina e que por muitos é considerado o grande nome da narração esportiva em língua espanhola. [N. T.]

Era 26 de setembro de 1973, apenas quinze dias depois do golpe de Estado. Ou dez dias depois que, no Estádio Nacional de Santiago, o cantor e compositor Víctor Jara fora torturado até a morte pelos militares. E só seis dias depois, menos de uma semana, do assassinato do jornalista norte-americano Charles Horman no mesmo local.

O Estádio Nacional devia receber a partida de volta no dia 21 de novembro de 1973, duas semanas depois que os militares haviam decidido que deixasse de ser um campo de concentração. Até o dia 7 de novembro, opositores do regime eram presos, torturados e mortos sob as arquibancadas do estádio. Dizer que o local ainda estava manchado de sangue não era uma metáfora.

A União Soviética, depois de pedir à Fifa que o jogo de volta fosse disputado em um campo neutro, decidiu não comparecer. Ainda assim, o Chile monta um simulacro de partida no qual, em imagens que provocariam riso se não significassem o que significavam, os jogadores tocam a bola sem ter rival e a empurram para o gol vazio. Entre eles estava Caszely, o "vermelho", morrendo de vergonha, que desistira de se incorporar ao Levante, com o qual havia assinado contrato em agosto, mas reconsiderou depois desse encontro de terrível recordação. O falso gol é marcado pelo capitão Héctor *Chamaco* Valdés diante de 15 mil torcedores que povoavam as arquibancadas abaixo das quais, até duas semanas, havia presos e torturas.

O que pouca gente sabia era que um mês antes Valdés havia visitado esse mesmo estádio, mas para algo não relacionado ao futebol. No início de outubro, ele fica sabendo que Hugo *Chueco* Lepe, ex-defensor do Colo-Colo que trabalhava no Ministério de Obras Públicas da administração Allende, estava preso. Por meio de um diretor do Colo-Colo, *Chamaco* consegue uma audiência com Pinochet. Este dá a Valdés um papel assinado para que se liberte *Chueco*, mas sem dizer onde ele está nem garantir sequer que esteja vivo. "Ele não é um ativista", diz Valdés ao tirano. "Tomara que não seja", é a resposta. A família de *Chueco* o definia como "um homem com sensibilidade de esquerda, mas longe de ser um ativista".

Após dias de busca, visitando mais de dez delegacias e centros de detenção, Valdés consegue encontrar *Chueco*, que estava detido havia um número indeterminado de semanas, embora seu colega acreditasse que ele fora preso pouco depois do golpe de Estado. *Chamaco* vê por dentro os centros de detenção, escuta as torturas e as execuções simuladas. Em muitos momentos crê que não encontrará seu amigo vivo. Mas o encontra.

Passa-se um mês entre a libertação de Lepe e a partida-farsa contra a URSS. Os dois momentos são vividos por Valdés no mesmo cenário. Quando pisa o gramado, olha a arquibancada. Ali, com o semblante sério, está seu amigo, vendo o encontro, sentado sobre o local em que os militares o mantiveram sequestrado. Lepe faleceu em 1991, depois de sofrer uma fulminante esclerose lateral amiotrófica. Foi enterrado sem jamais falar sobre o que aconteceu com ele enquanto esteve preso.

A história de Valdés e Lepe pode resumir no que o Chile havia se convertido no final de 1973. E Caszely iria pagar mais do que qualquer outro. Para ir à Copa de 1974, o jogador do Levante tem de desembolsar a passagem de avião, em uma mostra de negligência absoluta dos mandachuvas do futebol. Sua estreia na Alemanha não podia ser pior: ele se transforma no primeiro jogador da história dos Mundiais a ser expulso[32], quando, depois de aguentar uma série de pontapés do sempre belicoso Berti Vogts (o mesmo jogador que, quatro anos depois, durante a Copa de 1978, diria não entender o motivo de tanta agitação contra a ditadura de Videla porque "a Argentina é um país onde reina a ordem. Eu não vi nenhum preso político"), revoltou-se e agrediu o defensor alemão. Um fato que a mídia, agora alinhada ao oficialismo militar, não perdoa.

Nos jornais aparecem cartas ao diretor e opiniões de torcedores (ou falsos torcedores, quem sabe) que condenam o jogador. E acrescentam um motivo descabido: que Caszely cavou sua expulsão para não jogar a partida seguinte, um malfadado encontro entre o Chile e a República Democrática Alemã. "Procurou a expulsão, pois haviam ordenado a ele que não jogasse contra a equipe dos 'companheiros' da Alemanha Oriental", lia-se na imprensa. "Ele queria que o expulsassem; assim não enfrentaria seus irmãos de cabeça", escreve outro torcedor. A imprensa, além disso, critica o jogador por não manter uma postura marcial durante a execução do hino do país.

---

32 O cartão vermelho, criado pela Fifa em 1970, só seria usado pela primeira vez nos Mundiais na Copa de 1974, na Alemanha. [N.T.]

Há uma infinidade de detalhes nada engraçados na carreira de Caszely que mostram os contratempos provocados por sua filiação política. Em 1975, ele se converteu em um dos "famosos" assimilados pelo futebol espanhol pedindo a dupla nacionalidade. De fato, chegou a jogar pela seleção catalã, na primeira partida da equipe desde a Guerra Civil: contra a URSS, no Camp Nou, em junho de 1976, fazendo parte de um combinado de jogadores oriundos de equipes catalãs no qual também havia outros estrangeiros, a exemplo de Johan Cruyff e Johan Neeskens. A imprensa chilena não perde a chance de atacá-lo como traidor da pátria. (Em 1979, quando o argentino Óscar Fabbiani, que depois de três grandes anos no Club Deportivo Palestino, equipe da capital chilena, já jogava nos Estados Unidos – no Tampa Bay Rowdies –, solicitou a nacionalidade chilena, o fator sanguíneo nacional deixou de importar. O governo lhe providenciou com urgência um passaporte. A razão? Sua afinidade ideológica com o poder. Já aposentado, em 1993, ele se revelaria mais moderado, candidatando-se a deputado pela Renovación Nacional, partido de centro-direita chileno. Perdeu, mas conseguiria um cargo de conselheiro do distrito da Recoleta, em Santiago do Chile.)

Em 1977, quando Caszely cumpria seu terceiro ano no Espanyol[33], depois de uma boa temporada (duas campanhas antes ele havia sido vendido pelo Levante em um negócio excelente: o clube o comprou por 70 mil dólares

---

33 Clube tradicional de Barcelona, eterno rival do Barça. [N.T.]

e o vendeu depois de duas temporadas por 900 mil), o atacante é diretamente vetado pelo regime chileno. O general Eduardo Gordon, presidente da Associação Central de Futebol, impõe ao treinador Caupolicán Peña sem meias-palavras que o "vermelho" não seja convocado, ou pelo menos é isso o que alega o "vermelho" em questão. "Peña se borrou de medo. Um senhor da Junta, Eduardo Gordon Cañas, disse a ele que não me convocasse. Peña nunca me falou na cara. Uma coisa é clara: não me chamaram e não nos classificamos, porque eu era o grande destaque. É a coisa mais desgraçada e estúpida que vi em toda a minha vida", declara Caszely. Efetivamente, em 1978, o Chile não esteve no Mundial da Argentina. O técnico, porém, apresenta outra versão: "Ele não foi porque estava com um joelho engessado. Essa é a verdade. Não houve uma situação política nem nada. Era o jogador de que eu precisava, e não pude contar com ele".

O atacante viveu anos de intermitência na seleção por estar marcado e pela eterna suspeita acerca de tudo o que fazia e dizia, embora tenha deixado a Espanha para regressar ao Chile em 1978, a fim de voltar atuar pelo Colo-Colo. Converteu-se em um inimigo interno: o jogador que a direita odiava. Nada arrefeceu os ânimos: nem o fato de ter sido o melhor da Copa América de 1979 (o Chile perderia a final para o Paraguai por 3 a 0).

Em 1982, Caszely volta a jogar pela seleção em uma Copa: na Espanha, chuta para fora um pênalti contra a Áustria, algo que é o equivalente chileno do gol perdido pelo espanhol Cardeñosa contra o Brasil. Ainda hoje o episódio é lembrado. Embora tivesse sido o artilheiro da Liga Chilena nos últimos três anos, a imprensa se encarrega de destacar como o rendimento do comunista diminui quando ele veste a camisa (vermelha, claro está) da seleção nacional.

Em 1983, seria dada a definitiva mostra de que a militância política de Carlos Caszely lhe custara demasiadamente caro. O presidente da Associação Central, homem próximo à ditadura, veta o jogador, que havia sido convocado pelo técnico Luis Ibarra, para a Copa América daquele ano. O dirigente, que confirmará que ele mesmo proibiu sua convocação, justificará o ato por razões de idade. A suspeita de que havia algo mais, é claro, ficará para sempre. Caszely tinha 33 anos.

Aos 35, chegaria a hora de se despedir do clube de cuja história ele é personagem principal: o Colo-Colo. O último jogo de sua carreira, em 12 de outubro de 1985, reunindo uma equipe de Santiago contra estrelas da América do Sul que lhe rendiam homenagem, acabou se convertendo em um ato político contra a ditadura chilena.

Quem o explica pessoalmente é Jorge Montealegre, jornalista e poeta que no livro *Frazadas del Estadio Nacional* [Cobertores do Estádio Nacional] (2003) conta sua experiência como preso político durante a ditadura de Pinochet. No texto, no qual descreve sua experiência como espectador daquela partida, Caszely transforma-se em símbolo político, muito além de sua carreira nos gramados. "Dois anos depois de ter sido interrogado no Velódromo, volto ao Estádio Nacional [...]. Dessa vez a ocasião transcendia o esporte: Carlos Caszely se despedia do futebol. Na verdade, o protagonista era muito mais que um artilheiro. Era um ídolo popular que sentíamos como nosso, de toda a esquerda, e nele aplaudíamos tudo o que representava. Na memória estava seu apoio ao presidente Allende. Também seu respaldo militante a Gladys Marín e a Volodia Teitelboim nas últimas eleições antes do golpe de Estado. O craque ganhou o ódio da direita."

Aquele encontro foi marcado pelos gritos anti-Pinochet que partiam das arquibancadas, especialmente desde o setor norte, onde ficaram as Juventudes Comunistas, pelos enfrentamentos com a polícia e pelos incidentes fora do estádio, onde se armou uma manifestação contra o ditador.

Toda a história contada até aqui justificaria o perfil esquerdista e combativo de Caszely. Sua oposição inicial, seu exílio, sua volta repleta de dissabores, seu eterno enfrentamento com os burocratas. Mas, assim como o mundo todo, o Chile desconhecia que Carlos Humberto Caszely tinha atrás de si uma história familiar que o confrontaria, de coração e para sempre, com o homem a quem um dia se negou a estender a mão, arriscando o pescoço.

Em 1988, na campanha do plebiscito pactuado entre os militares e a oposição, no qual os chilenos decidiriam se Pinochet deveria continuar na presidência do país até 1997 ou se o processo democrático deveria ser reaberto, Caszely irromperia traumaticamente no coração dos chilenos para rasgá-lo e mostrar-lhes, com um testemunho aterrador, a mentira em que haviam vivido. O jogador foi convidado a apoiar a campanha do "não", à qual haviam aderido amplos setores de artes e espetáculos, para abolir o regime e começar um processo de transição completa. "Ao me chamar, o pessoal da campanha pergunta como eu poderia colaborar para que a democracia voltasse a este país. Disseram que me dariam uma frase para ler, mas eu respondi: 'Não, não. Se vou fazer algo, quero fazê-lo com minha mãe'", relembra o ex-jogador.

Sua aparição ocorre em um anúncio no qual se fala da tortura. Depois da intervenção do advogado pró-direitos humanos José Zalaquett, que explicava a magnitude das torturas em todos aqueles anos e pedia que se enfrentasse uma realidade dolorosa para o país, aparecia a senhora Olga Garrido. Uma mulher desconhecida dos chilenos. Pelo menos até então.

Em primeiro plano, essa mulher morena, miúda, de óculos e com a blusa branca abotoada até o pescoço fala diretamente para a câmera. Seu testemunho, construído de pura dignidade serena, causa um abalo. "Fui sequestrada na minha casa e levada com os olhos vendados a um lugar desconhecido, onde fui torturada e violada brutalmente. Foram tantos os estupros que eu nem sequer os contei, por respeito a meus filhos, a meu marido, a minha família e a mim mesma. As torturas físicas, consegui apagar, mas das morais não posso me esquecer", diz, e pede o voto para o "não", ao mesmo tempo que chama à reconciliação nacional sem nenhum rancor. Depois, vem um plano de Caszely, com o cabelo encaracolado bastante crescido, seu característico bigode e uma roupa com a qual poderia passar por um poeta de esquerda. Senta-se no braço da cadeira em que a mulher está acomodada. Também pede o voto para o "não": "Porque sua alegria, que está para chegar, é a minha alegria. Esta linda senhora é minha mãe".

Ocultada durante mais de uma década, ninguém no país conhecia essa história de como o compromisso familiar o havia levado a ter assim tão próxima, na mesma carne do ídolo, uma família destruída pelas torturas. "Quando esse leque é aberto, quando começa essa catarse através dos meios de comunicação, eu não conseguia acreditar no que estava vendo. A mãe de Caszely esteve... Foi torturada? Era muito impressionante", rememora na televisão Luis Jara, cantor e apresentador chileno, que na época tinha aí pelos 20 anos. Como ele, todo um país abre os olhos para uma realidade por vezes ignorada, não sempre de forma inconsciente, que havia chegado a ponto de afetar o grande ídolo futebolístico do Chile.

Mostrar aquela ferida voltou a prejudicar terrivelmente o dia a dia do já ex-jogador de futebol. "Ter participado da propaganda política cobrou um preço muito alto para nós. Minha casa foi invadida duas vezes. Ligavam para a casa da minha mãe xingando, porque diziam que aquilo era mentira, e acredito que ninguém possa mentir em uma coisa como essa. É muito forte", dizia Caszely na série de documentários *TV o no TV* (2008-09) do Canal 13 chileno, que recontava a história dos cinquenta anos da televisão no país.

Evidentemente ele não estava mentindo, porque as ligações para a casa da senhora Garrido tinham sido estimuladas, e bem estimuladas. A campanha pelo "sim" veiculou outro anúncio no qual supostas vizinhas da mulher afirmavam que todo o bairro sabia que ela havia sido paga para inventar aquela história. Três senhoras, na sala de uma casa, falam com raiva incontida. "Eu gostaria que ela viesse aqui e nos dissesse na cara quais são essas supostas torturas que diz ter sofrido", ladra uma delas.

Ao mesmo tempo que o regime pinochetista cedia para convocar um plebiscito sobre seu próprio fim (embora o general, agora em trajes civis, procurasse passar por um velho democrata para se perpetuar no comando de uma sociedade que, mesmo dividida, queria virar a página), utilizava os artifícios mais mafiosos para tratar de destruir o inimigo.

Caszely passou meses com o telefone grampeado, trocando de número com frequência. Mas a dor era maior e mais transcendente do que a perseguição. "Minha mãe baixou à sepultura com essa ferida aberta", reconhece o ex-jogador em uma conversa com o autor deste livro. Mas no plebiscito de 5 de outubro de 1988 o "não" ganhou com 56% dos votos. Quem sabe quantos votos foram angariados graças ao testemunho da senhora Olga Garrido.

Caszely estudou jornalismo depois de deixar o futebol e trabalhou na televisão. Além disso, abriu uma escola. No entanto, esclarece que o maior momento que ele viveu foi bem longe das câmeras e das luzes. "Um dia um mineiro de uma região do sul do meu país se aproximou de mim e disse: 'Carlitos, você é nossa voz'. Não sei como consegui segurar as lágrimas", relembra.

Mas talvez o melhor resumo para a história de Caszely com Pinochet esteja em um fato ocorrido antes que o mundo conhecesse o drama de sua mãe, embora ele, durante toda a sua vida, o levasse guardado no peito. Foi outro encontro petrificante com o tirano, como todos. Às vésperas de encerrar a carreira, o jogador se vê em um diálogo com o general e este lhe faz uma piada que, vinda de quem vinha, atormenta pelo macabro. "O senhor, sempre com a sua gravata vermelha. Nunca se separa dela", diz-lhe Pinochet. "Pois é, presidente. Eu a levo ao lado do coração", responde Caszely. "Eu cortaria essa gravata aqui", sorri tetricamente o ditador, enquanto faz com os dedos o movimento de uma tesoura. Não conseguiu cortar-lhe nada. Nem a gravata nem as asas vermelhas.

O FUTEBOL (E O MUNDO)
QUE SONHAMOS

Houve um tempo, não tão distante, em que a seleção espanhola de futebol se arrastava de fiasco em fiasco e pagávamos nossos pecados chutando bolas para fora. No Mundial do México, em 1986, novamente estávamos convencidos de que naquele ano era chegada a hora, que a seleção iria explodir, que os desastres de 1978 e 1982 ficariam no terreno das curiosidades e que os rapazes de *La Quinta de El Buitre*[34] nos tirariam do jejum. E na estreia, zás: Sócrates marcava um gol duvidoso mas legal na Espanha, e o árbitro australiano Christopher Bambridge (quem não se lembra desse nome) e seu assistente, o norte-americano David Socha, deixavam de validar o do tirambaço de Míchel, que bateu no travessão e caiu meio metro depois da linha do gol. Víctor Muñoz bate o escanteio, Antonio Maceda cabeceia no segundo pau e José Miguel González, Míchel, mata no peito, deixa a bola pingar e acerta o chute de sua vida. A imagem de Carlos todo esticado com a bola batendo dentro do gol é um fotograma a mais da desgraça da seleção. A Espanha jogou pior que o Brasil, mas o empate era o justo.

---

34 O autor se refere a cinco jogadores formados nas categorias de base do Real Madrid que tiveram sucesso nos anos 1980 e 1990: Emilio Butragueño (o mais famoso deles, cujo apelido, *El Buitre*, *O Abutre*, dá nome ao grupo), Miguel Pardeza, Manolo Sanchíz, Míchel González e Rafael Martín Vázquez. [N.T.]

Na Fifa de João Havelange, quem mandava era o Brasil, a seleção que mais vendia ingressos. Então a Espanha, a despeito de espernear e fazer a reclamação de praxe à federação, não encontrou muitos aliados. Mas um dos poucos estava do outro lado do campo. Depois da partida, Sócrates Brasileiro Sampaio de Souza Vieira de Oliveira, capitão do Brasil, se colocava diante da imprensa com sua habitual serenidade. "Por razões políticas e comerciais evidentes, todo mundo sabe que, pelo interesse geral, é preciso que as seleções do México e do Brasil prolonguem sua participação na Copa o máximo possível. As arquibancadas precisam estar cheias, e essas duas seleções cumprem esse papel. Há seleções que não encontrarão nada além de dificuldades." Bum. A Fifa abriu uma investigação sobre as declarações, embora reconhecendo em um comunicado que "muitas vezes são fruto da manipulação dos jornalistas", e o presidente da Confederação Brasileira de Futebol, Nabi Abi Chedid, apressou-se em desmentir as palavras do símbolo da sua seleção. Errou o cálculo. Sócrates voltou a falar com os jornalistas para reafirmá-las.

Naquele Mundial, Sócrates, já tendo reconhecido que lhe restava muito pouco tempo de carreira, ia a campo com faixas na cabeça nas quais se liam mensagens políticas evocando a paz ou, sem tanta sutileza e colocando-se na linha de tiro da mídia e dos políticos, exibindo orgulhosas frases contra o *apartheid* ou a favor da ajuda à Etiópia. Era um artista, um ativista político e, por acidente genético, um jogador de futebol. Antes da bola, ele corria atrás, fanaticamente, de alguns ideais puros e inegociáveis. Ao se posicionar ao lado da Espanha, desafiava os interesses comerciais da Fifa, denunciava a corrupção no futebol, estendia a mão ao igualitarismo que sempre defendeu e dava sua ajuda ao mais fraco, que nessa ópera cômica era a seleção espanhola. Na vida de Sócrates, a justiça, a liberdade e a arte sobrepujavam seus interesses pessoais, os do seu país e os do negócio. Ele se serviu de seu prodigioso dom para jogar futebol, que o convertia em um anjo desajeitado e imperial que convencia a bola a ir sempre aonde fosse melhor para ele, para fazer política, sem meias-tintas, em um tempo no qual o Brasil necessitava de todos os empurrões possíveis para conquistar uma verdadeira democracia. O futebol o tem na conta de um dos melhores jogadores de todos os tempos. E ele o foi. Mas isso, o sonho de qualquer jogador, aquilo que é alcançado por apenas algumas dezenas entre centenas de milhões, foi só um detalhe em sua biografia.

Seu pai, ao contrário dos demais, não deixava o menino Sócrates jogar futebol. Admirador da Grécia clássica, daí o nome do garoto, era o chefe de uma família constituída em Belém do Pará. Conta-se que ficou sabendo que o rapaz o desobedecia quando foi assistir a um jogo e deparou com ele de uniforme. Custou a crer que fosse verdade. Certo é que, para o desajeitado rapaz, essa proibição paterna já aproximou o futebol da rebeldia, o que deu o atrativo que completava sua paixão pela bola. Adulto, chegou a 1m91, mas calçando 37. Nunca pareceu um jogador de futebol. Entre outras coisas, porque era muito mais: formou-se em medicina e estudou filosofia, ganhando o apelido de *Doutor*, e pensava muito. Demais para o futebol e para o Brasil de então, começo dos 1980, uma época e um lugar que facilitaram a confluência de todo o necessário para que se gestasse a equipe que melhor combinou utopia e sucesso. Mas, para explicá-lo, convém saber o que era o Brasil da época.

Cerca de vinte anos antes, em 1961, João Goulart, do Partido Trabalhista Brasileiro, havia chegado à presidência do país. Promoveu uma aproximação com a União Soviética e uma maior participação do Estado na economia para levar a cabo reformas agrárias e na educação, o que lhe valeu o rótulo que significava exílio e morte na América dos militares: revolucionário. Em 1º de abril de 1964, foi deposto pelo golpe de Estado que colocou os militares no comando do Brasil. Logo em seguida, Sócrates viu seu pai, temeroso, queimando seus livros de doutrina bolchevique. Ali nasceu seu compromisso político. Depois do golpe, Goulart exilou-se no Uruguai até ser acolhido por Juan Domingo Perón na Argentina. Suspeita-se que morreu envenenado durante uma ação da Operação Condor, uma megaofensiva da ultradireita de vários países sul-americanos para eliminar os inimigos, sob os auspícios da CIA.

O Brasil se convertia assim em mais um governo autoritário militar, que duraria duas décadas. No começo dos anos de 1980 a ditadura já estava desgastada e implementava tímidas medidas de abertura. Os militares haviam tentado desde o início disfarçar seu regime de força com a celebração de eleições, mas o sistema de voto não era direto, pois o povo não votava e os eleitos passavam pelo crivo de um colégio eleitoral[35]. Assim, o triunfo de candidatos totalmente opostos aos militares era impossível. Em meio a um panorama político de subentendidos e mensagens cifradas, apareceu um jogador barbado que, de punho erguido, contribuiu para chamar a democracia por seu verdadeiro nome. E, com Sócrates, deu-se um experimento político-futebolístico sem comparação na história.

O Sport Club Corinthians Paulista havia se transformado em um time grande com pinta de zumbi: apenas dois títulos estaduais em 25 anos. No final dos anos 1970 e começo dos 1980, apesar da melhora nos resultados, o clube continuava sem fazer boa figura. Em 1981, acabava o mandato (de dez anos) do presidente Vicente Matheus, um espanhol nascido em Zamora como Vicente Mateos, empresário da construção civil naturalizado brasileiro, famoso por seu autoritarismo e por falar mal o português, embora alguns dissessem que ele o fazia de propósito, para fazer rir. Sempre buscando se perpetuar no poder, Matheus explorou as brechas do sistema para seguir comandando o Corinthians além dos mandatos regulamentares, a ponto de colocar sua esposa, Marlene, uma ex-bailarina de flamenco, à frente do clube para continuar no controle. Mas, no começo da década de 1980, o plano

---

[35] Depois do golpe de 1964, houve, com restrições e partidos proibidos, eleições diretas para prefeituras (somente em 1965), legislativo (a partir de 1974) e governo dos estados (somente em 1982). [N.E.]

era colocar um presidente fantoche: e ele escolheu Waldemar Pires, um corretor da bolsa que acabou ganhando as eleições em 1981. Logo se viu que o pupilo tinha ideias próprias e não seria uma marionete nas mãos de Matheus. Muito pelo contrário, seria um dos pilares da Democracia Corintiana, um movimento envolvente que levaria à autogestão do clube por parte de todos os seus estamentos.

Com Waldemar Pires chegou Adilson Monteiro Alves, sociólogo, o homem que instauraria o sistema de diálogo a reger o time nos anos seguintes. Acabava-se o sistema presidencialista – agora no Corinthians todos tinham voz e todos escutavam. E, nos gramados, quatro grandes jogadores se transformaram em ideólogos da revolução: Walter Casagrande, Zenon de Sousa Farias, Wladimir Rodrigues dos Santos e, claro, Sócrates.

Wladimir trabalhava ativamente com os sindicatos (e de fato, depois de abandonar o futebol, a atividade sindical foi sua principal ocupação) e era o jogador mais politizado de todos. Estava desde 1972 no time de cima, e ainda hoje é, de longe, o jogador que mais vezes vestiu a camisa do Timão. Seu poder dentro do clube como figura intocável serviu para afiançar as novas ideias que estavam se forjando. Mas sem dúvida foi Sócrates quem deu o grande passo à frente e se converteu no estandarte da revolução chamada Democracia Corintiana.

Com os jogadores assumindo amplas parcelas do poder e os ideais democráticos como bandeira, a Democracia Corintiana (termo cunhado pelo publicitário Washington Olivetto, que o escutou de passagem do jornalista Juca

Kfouri, amigo pessoal dos jogadores do Corinthians) transformou o clube em um partido político itinerante. Seu funcionamento interno era tão simples quanto revolucionário: tudo era decidido em assembleias nas quais votavam desde a estrela da equipe até o último roupeiro, e todos os votos tinham exatamente o mesmo valor. Ali se decidiam horários de treinamento e de refeições, ou se era preciso comprar bolas, mas também que jogadores deveriam ser vendidos ou contratados e se os treinadores deveriam continuar ou não, embora o trabalho do técnico fosse completamente independente. O lema era "liberdade com responsabilidade". E todos a exerciam, cada um à sua maneira. Por exemplo: Sócrates era inimigo absoluto das concentrações. "Só servem para prender você. E quando você está preso só sonha com a liberdade, quer dizer, com que o jogo acabe. Você fica esperando que o árbitro apite para poder ir beber alguma coisa. Se você não está preso, tudo se centra na partida. Em nenhum lugar você come e dorme como em sua própria casa, e além disso é melhor para render em campo", dizia. No entanto, nem todos na equipe partilhavam dessa opinião. Assim, votou-se que a concentração seria facultativa: parte do elenco a cumpria, parte não. Quem ficava sempre na oposição era o goleiro Emerson Leão, que, dizia-se, era simpatizante do regime militar. Leão se abstinha nas votações e considerava que a equipe vivia sob os caprichos dos quatro "vermelhos". Muitos davam ouvidos a ele nos vestiários. Foi uma das razões do final da Democracia.

Fora do clube, Sócrates preferia levar uma vida bem à margem do futebol. Seu círculo de amizades estava mais centrado no mundo da cultura e da arte. E à noite ele bebia, fumava e era um mulherengo obstinado. Não gostava de treinar e nunca o escondeu. Odiava correr, e no campo só fazia o estritamente necessário. Seu dom para o futebol o protegia das maldades da obrigação. A máxima expressão de seu futebol foi vista na Espanha. A Copa de 1982 abrigou aquela que para muitos era a melhor seleção de qualquer país e em qualquer época da história do futebol, e seguramente a melhor equipe que participou de um Mundial sem ganhá-lo: o conjunto que Sócrates comandava juntamente com Zico (Arthur Antunes Coimbra), Éder (Éder Aleixo de Assis), Falcão (Paulo Roberto Falcão) e Júnior (Leovegildo Lins da Gama Júnior). Sócrates marcou dois gols, um na URSS e outro na Itália, naquela partida das quartas de final perdida por 3 a 2 para a *Azzurra* de Paolo Rossi, que com um *hat trick* à base de rebotes e jogadas de bola parada derrubou o favorito naquela que ainda hoje é conhecida como a Tragédia do Sarriá. Depois da queda, ninguém mais tranquilo que Sócrates: "Má sorte, pior para o futebol", declarou.

 O Corinthians, por sua vez, colhia sucessos esportivos (ganhou o Campeonato Paulista de 1982), orgulhava-se de uma gestão econômica exemplar (nos anos da Democracia Corintiana apresentou superávit, algo impensável no futebol brasileiro da época) e pouco a pouco ia avançando em seu objetivo de se converter em uma força política de chuteiras. O clube apoiou, por exemplo, a primeira candidatura a governador de São Paulo de um reconhecido torcedor do Timão: Luiz Inácio Lula da Silva.

O Corinthians ia a campo levando na camisa mensagens que eram um passaporte à provocação no Brasil da época: os jogadores traziam no peito "Democracia Corintiana" e "Dia 15 Vote" (nas eleições para governador). Mas foi em 1983 que a equipe decidiu dar o salto definitivo em seu ativismo quando o senador Teotônio Vilela lançou a campanha "Diretas Já", que buscava um sufrágio universal e direto para eleger o presidente em um Brasil ainda sob o controle dos militares. Sócrates, Wladimir, Zenon e Casagrande participaram das manifestações populares. Subiram no palanque em um comício que reuniu cerca de 1 milhão de pessoas pedindo eleições livres.

Mas a imagem que fica para sempre na história do futebol, a que define esse louco experimento de triunfos e ativismo, é a da final do Campeonato Paulista de 1983: Corinthians *versus* São Paulo. O Timão foi a campo com uma faixa que dizia: "Ganhar ou perder, mas sempre com Democracia". A torcida enlouqueceu. Os gritos a favor das eleições diretas fizeram o campo tremer. E nele a equipe de Sócrates ganhou com gol do *Doutor*, que o celebrou, claro, como fazia sempre, com o punho direito erguido. Naquele ano, foi eleito o melhor jogador da América do Sul.

Em 1984, Sócrates declarou que iria embora do país se o Congresso não aprovasse as eleições diretas na sessão convocada para tomar a decisão. A proposta obteve maioria, mas não a suficiente. E o jogador cumpriu sua promessa: transferiu-se para a Fiorentina, da Itália. Era o fim da Democracia Corintiana, que sobrevivera apenas dois anos, mas que podem ser classificados como gloriosos.

Sócrates passaria só alguns meses na Itália (muitos treinamentos, muita seriedade, muito frio) para regressar ao Brasil, onde não voltaria mais a vestir a camisa corintiana. Depois do Mundial do México, em 1986, jogou (pouco) no Flamengo, no Santos e no clube em que começou, o Botafogo [de Ribeirão Preto], pelo qual se aposentou no meio da temporada, porque era reserva e estava entediado. Curiosamente, voltaria anos depois a jogar uma partida por uma equipe amadora inglesa.

Sócrates trouxe imaginação, verticalidade e virtuosismo ao futebol. Reinventou o calcanhar como recurso de jogo, e a precisão de seus passes utilizando-se desse expediente tornou-se uma marca indissociavelmente sua. Ele até batia pênaltis assim, informalmente. Sobretudo, Sócrates redefiniu o conceito de jogador de futebol, pois foi um verdadeiro intelectual de chuteiras: "O futebol se dá ao luxo de permitir que o pior ganhe. Não há nada mais marxista ou gramsciano que o futebol", disse uma vez. "Nós, jogadores, somos artistas, e os artistas são os únicos trabalhadores que têm mais poder que seus chefes", refletia. "Se as pessoas não têm o poder de dizer as coisas, então eu as direi por elas", proclamava. "Meu ideal é um socialismo perfeito, no qual todos os homens tenham os mesmos direitos e deveres, uma concepção do mundo sem poder", resumia.

A identificação que se lia em sua caixa de correio, inclusive na época de jogador, "Sócrates Souza. Médico", pôde por fim ser uma realidade depois que ele encerrou a carreira nos gramados. Em 1992, investiu suas economias no Medicine Sócrates Center, uma clínica na cidade de Ribeirão Preto, cerca de 300 quilômetros ao norte de São Paulo. A medicina era a sua paixão, mas não a única: foi produtor de uma peça de teatro, apareceu junto com Zico em uma telenovela, cantou em um disco, participou da gravação do célebre disco *Aquarela*, de Toquinho, em 1983. Escreveu um livro a quatro mãos com o jornalista Ricardo Gozzi, chamado *Democracia Corintiana: A utopia em jogo* (2002). E, sobretudo, foi um brilhante articulista, nem sempre se atendo ao esporte, mas como mordaz colunista de esquerda que criticou Lula, o homem que ele tanto ajudara no começo de sua carreira, quando este se desviou da ortodoxia. Batizou um filho com o nome de Fidel, em homenagem à Revolução Cubana que sempre admirou, e planejava trabalhar para Hugo Chávez na área esportiva do governo venezuelano. Mas não houve tempo.

Dizia Juca Kfouri, o jornalista que sem querer batizou a Democracia Corintiana e que conhecia bem os hábitos noturnos daqueles jogadores, que Sócrates acrescentava à sua prodigiosa habilidade com a bola outra não tão saudável: "Podia beber muito e nunca caía de bêbado". O *Doutor* jamais deixou de beber. E muito. Quando um de seus colegas, um de avental branco, o informou que ele tinha um problema e teria de parar de beber ou morreria, já era muito tarde.

Sócrates, através de uma conta no Twitter que continuou ativa (@SocratesBRA), estava em contato com as novas gerações. Graças a seus artigos continuava sendo um sujeito influente na esquerda. Fazia o que gostava, o que tinha vontade. Mas bebia muito. Duas passagens pelo hospital deram pistas do pior, até que a cirrose levou a uma infecção que se alastrou pelo corpo, matando Sócrates no dia 4 de dezembro de 2011, no Hospital Israelita Albert Einstein, em São Paulo. Em 1983, o jogador tinha declarado que queria morrer em um domingo com o Corinthians campeão, e magicamente aquele dia de tristeza e morte caiu em um domingo e, naquela mesma tarde, o Timão ganhou o título brasileiro. Magia. Nesse dia, os jogadores de uma equipe muito afastada dos valores da Democracia Corintiana (em 2007 tornaram-se públicas as ligações do clube com a máfia russa, algo muito distante dos ideais de "somos o time do povo e o povo é quem vai fazer o time", como queria, e assim deixou escrito o primeiro presidente, Miguel Battaglia, há um século) levantaram o punho ao céu durante o minuto de silêncio que precedeu a partida. A arquibancada, que sempre adorou o *Doutor*, não parou de cantar seu nome.

Esse final tão cabalístico, essa profecia cumprida de modo tão incrível, ainda revestiu a morte de Sócrates de um halo mais telúrico – se é que isso é possível –, que o que representava a desaparição de sua figura. Sócrates, epicurista e dionisíaco, nunca quis que o chorássemos. Permitiu-se lutar por seus ideais fazendo arte no campo e provocando sorrisos e diversão em quem o assistia. E, quem sabe, talvez tenha deixado outra premonição. Em uma entrevista a um site brasileiro, a *GazetaEsportiva. net*, declarou: "A Copa de 2014 será uma vergonha em termos de organização, e a final será Argentina 2, Brasil 0, com dois gols de Lionel Messi. Eu vou escrever um livro sobre isso". A história foi outra, mas ele já não pôde testemunhá-la. Antes, deu seu último suspiro, e morreu sem saber que, nisso, sua previsão estava errada.

E ANTES DE SÓCRATES –
NANDO, REINALDO E AFONSINHO

A ditadura militar brasileira viveu seus anos de chumbo entre 1969 e 1975. Em um país que tem o futebol como um de seus alicerces, os profissionais da bola não escaparam da repressão, embora os escudos de seus times também tenham lhes ajudado a conter as agressões. Um pouco mais tarde, Sócrates iria se imortalizar como a figura de frente do futebol à esquerda no Brasil, mas, antes dele, nos anos de chumbo, três jogadores estiveram na linha de tiro. Somente um resistiu e venceu.

Nando, o irmão de Zico

Nando (Fernando Antunes Coimbra) era bom. Muito bom. Como seus irmãos, o mítico Zico (Arthur Antunes Coimbra) e Edu (Eduardo Antunes Coimbra), também era jogador profissional. Mas Nando teve que abandonar o futebol aos 26 anos. Embora jogasse bem, embora tivesse talento. A razão é inusitada.

Em 1963, aos 18 anos, ele acabava de começar a estudar filosofia e decidiu ser voluntário do Plano Nacional de Alfabetização, uma campanha organizada por vários movimentos sociais e religiosos vinculados à Igreja católica, que conseguiu alfabetizar 5 milhões de brasileiros em dois anos, até ser enterrado pelo golpe militar de 1964. Com a chegada da ditadura, Nando passou a fazer parte das listas de subversivos, um carimbo do qual não se livrou nem como jogador de futebol.

Formado nas categorias de base do Fluminense, em 1966 já era profissional no Santos do Espírito Santo. Tudo parecia correr bem até que houve uma mudança de treinador. O novo era capitão do Exército. Na semana seguinte, o presidente o chamou para dizer que, lamentavelmente, estava despedido. Dali ele foi para o Madureira, de onde também o tiraram em circunstâncias estranhas. "Eu não queria pensar na relação política, mas não havia outra explicação", diz Nando.

Em sua equipe seguinte, o Ceará Sporting Club, jogou bem o bastante para que fosse convidado a se transferir para o Belenenses, um clube português. Era 1968, e Portugal também estava nas mãos dos militares. A ditadura de Salazar logo ficou sabendo quem era Nando. "Quando cheguei, queriam me pagar metade do que havíamos acertado. Protestei, e a polícia política portuguesa veio ao hotel e começou a me explicar que eu havia levado a cabo atitudes subversivas no Brasil. Me separaram da equipe e me confiscaram o passaporte. Eu tinha 22 anos, não parava de chorar. Tudo eram ameaças e pressões", relata. Finalmente, conseguiu deixar a Europa rumo ao Brasil graças à ajuda econômica do lendário Eusébio, o melhor jogador português da história. Nando estendeu sua carreira por mais quatro anos, regressando outra vez a Portugal, para jogar no Gil Vicente. Mas a pressão era asfixiante. E não afetava apenas ele.

A família Antunes acredita que Edu não foi à Copa de 1970 por ser irmão de um jogador subversivo. Não se sabe se tinha lugar na equipe, mas certamente os militares controlaram o processo. Depois das partidas das Eliminatórias para o Mundial, o treinador João Saldanha, reconhecido comunista, foi destituído do cargo em março de 1970, a poucos meses do torneio. Saldanha disse que o general Emílio Garrastazu Médici, então presidente do país, exigira que ele convocasse Dario (Dario José dos Santos, o Dadá Maravilha), jogador do Clube Atlético Mineiro de quem Médici era fã. Saldanha se negou, contra o conselho do presidente da então Confederação Brasileira de Desportos (CBD), João Havelange, sempre muito próximo do poder. A imprensa, controlada pelo regime, disse que Saldanha havia sido demitido porque pretendia deixar fora do time o gênio Pelé por causa de um problema de visão. Saldanha sempre negou essa história. Mario Jorge Lobo Zagallo assumiu o comando da equipe. Convocou Dario. E a seleção canarinho ganhou o Mundial do México.

O outro irmão de Nando, o jovem Zico, viu como em 1972, surpreendentemente, acabou ficando fora dos Jogos Olímpicos de Munique, em uma decisão que quase o fez abandonar o futebol. Percebendo o que estava ocorrendo com seus irmãos, Nando decidiu "se afastar para não os prejudicar". Naquele mesmo ano de 1972, com apenas 26 anos, abandonou o futebol profissional e começou a trabalhar como vendedor. Em 1988, foi reintegrado em seu posto no Ministério da Educação. Em 2003, no processo de reconhecimento e reparação, solicitou ser incluído na lista de vítimas da ditadura. A comissão provou que ele havia sido preso e que tivera de abandonar a carreira devido à repressão dos militares. Em 2010, foi indenizado, convertendo-se no único esportista brasileiro que obteve essa condição.

Reinaldo, o do punho erguido

Reinaldo era atrevido. Muito atrevido. Poucos anos antes de Sócrates popularizar sua comemoração de gols com o punho direito erguido, esse centroavante já fazia o mesmo. José Reinaldo Lima jogava no Atlético Mineiro (e ainda hoje continua como o maior artilheiro da história do clube, com 255 gols) e era chamado pelos torcedores de *Rei*, uma abreviação que tornava soberano o seu nome. Tinha sido o goleador do Campeonato Brasileiro de 1977, e em 1978 era uma das jovens esperanças de uma seleção brasileira que vinha do fracasso e da traição ao futebol-arte no Mundial da Alemanha, em 1974. Um ano antes de explodir como centroavante, Reinaldo tinha concedido uma entrevista ao jornal *Movimento* [1978], na qual defendia a saída dos generais da vida política, a anistia para os presos políticos e a instauração da democracia. "Erguer o punho era um gesto revolucionário. Eu usava o futebol como tribuna, e sabia que os militares não podiam me agredir fisicamente porque seria dar um tiro no pé", dizia.

Mas um dia ele teve medo. Muito. Foi na recepção da seleção que iria à Copa de 1978, no Palácio Piratini, em Porto Alegre, com o general Ernesto Geisel, presidente da nação e um dos responsáveis pela abertura do regime militar, embora doze meses antes houvesse promulgado uma brutal lei de censura. Um sujeito de uniforme agarrou Reinaldo e o fez entrar em outra sala. Ali estava Geisel. "Este é o rapaz", o militar disse ao presidente. "Filho, dedique-se a jogar futebol. Só isso. A política, você pode deixar para nós", disse o chefe de Estado em tom brusco ao jogador. "Sim, senhor general", respondeu o atemorizado Reinaldo. Mas não cumpriu sua palavra: em 3 de junho de 1978, ergueu o punho ao marcar o gol contra a Suécia, em Mar del Plata. Reinaldo conta que o presidente da Confederação Brasileira de Desportos, o almirante Heleno Nunes, exigiu que ele fosse sacado da equipe titular juntamente com Zico (sim, o irmão de Nando) depois do empate em 0 a 0 com a Espanha, no encontro que ficou marcado pelo célebre gol perdido por Julio Cardeñosa. Zico não jogou mais nenhuma partida inteira, e, exceto a última, contra a Itália, na decisão do terceiro lugar, em que entrou no segundo tempo, Reinaldo não jogou nem um minuto a mais. O Brasil deixou de ir à final por causa do maior saldo de gols da Argentina, depois do famoso, e suspeito, 6 a 0 contra o Peru.

 Na volta da Copa, o centroavante enfrentou uma brutal campanha da imprensa. "Um jornalista reacionário, filho da puta, começou a escrever que eu era veado e bêbado", conta Reinaldo, que continua hoje sem papas na língua.

Afonsinho, o da barba proibida

Afonso Celso Garcia Reis, o Afonsinho, era suspeito. Muito suspeito. Isso porque tinha duas características consideradas pecaminosas no futebol brasileiro do final dos anos 1960, início dos 1970: usava cabelo comprido e barba, e além disso estudava. Medicina, como Sócrates. Os cartolas dos clubes queriam que seus rapazes se dedicassem apenas a chutar uma bola. Caso contrário, poderiam pensar demais.

Em 1970, Afonsinho era o dono indiscutível da camisa 8 do Botafogo. Dois anos antes, já levava a braçadeira de capitão do time, com apenas 21 anos, na vitória sobre o Fortaleza nas finais da Taça Brasil. Foi campeão carioca duas vezes. Desde 1965, seguia nos estudos de medicina, hospedava em sua casa Valtinho, um menino de 4 anos de idade que recolhera na rua, e além disso era um reconhecido opositor do regime militar, reunindo-se com militantes de esquerda e participando de atos políticos considerados subversivos. Na ficha dos serviços de informação, era classificado como "comunista de carteirinha". Embora a polícia possa ter se equivocado quanto a outros jogadores (alguns anos atrás apareceram informes dos serviços secretos dando conta de que o mítico Jairzinho (Jair Ventura Filho) colaborara com a ditadura; Afonsinho, amigo dele, o negou: "Se ele tivesse colaborado, eu teria sabido"), a questão é que no caso do meia do Botafogo não havia erro: ele era, efetivamente, um comunista de carteirinha que citava o poeta, dramaturgo, ensaísta e então esquerdista Ferreira Gullar: "Não vejo sentido na vida se não lutarmos juntos por um mundo melhor". Ele decidiu que lutaria de dentro do futebol: "Eu estava em uma fronteira, protegido da repressão mais dura pela visibilidade do esporte. Mas colegas meus foram presos e torturados. Eu estava chegando ao refeitório quando mataram o Edson", dizia, referindo-se ao assassinato, pelas mãos da Polícia Militar, do estudante Edson Luís de Lima Souto no centro de Rio de Janeiro.

O fato é que em 1970 Afonsinho foi cedido ao Olaria Atlético Clube porque não se dava com Zagallo, o técnico que acabara de ganhar o Mundial do México com a aprovação dos militares. Além disso, o vice-presidente, Xisto Toniato, um empresário do ramo das carnes (para não dizer um carniceiro), havia decidido que não queria jogadores que estudavam: Alexandre da Silva, Chiquinho e Dimas foram cedidos à Portuguesa carioca e Humberto foi vendido ao Olaria quando do empréstimo de Afonsinho. Sua nova equipe viajou à Europa para uma excursão, e o jogador decidiu passar um tempo a mais na França, para conhecer toda a cultura e a efervescência que o país oferecia na época. Na volta, tinha de se reincorporar ao Botafogo, mas foi punido e suspenderam o pagamento de seu salário, castigo que terminaria quando fosse reintegrado à equipe. Quando ele voltou, Zagallo o chamou de lado em um treino: "Ele me disse que eu parecia um cantor, que não podia ser diferente dos outros. Que eu tinha de tirar a barba e cortar o cabelo", contava o meio-campista, que havia deixado o cabelo crescer durante a viagem. Xisto Toniato foi mais explícito: "Se não cortar o cabelo e a barba, não daremos um uniforme a ele. São as regras. Afinal, quem paga é o Botafogo". Desde o primeiro momento, Afonsinho considerou a questão estética de seus excessos capilares como uma desculpa para censurar sua atividade política. E possivelmente tinha razão. Mas o que estava claro era que não voltaria a vestir a camisa do clube: punido, ficou sem jogar nem treinar. Então começaram a chegar ofertas: a melhor delas vinda do Santos de Pelé. Mas o Botafogo decidiu que não o negociaria nem com o Santos nem com ninguém. Que não jogaria, e que o faria pagar pela rebeldia.

Naquela hora, o normal teria sido não lutar. Ou abaixar a cabeça. Ou deixar estar. Havia a carreira de médico. Mas Afonsinho era bom, e queria continuar jogando e, sobretudo, utilizando o futebol para combater. Então, ajudado por seu pai, um antigo ferroviário, e por dois advogados, Rui Piva e Rafael de Almeida Magalhães (que havia sido jogador de alto nível no futebol de praia), foi ao Superior Tribunal de Justiça Desportiva para obter o passe livre: o direito do jogador de decidir seu futuro após o término de seu contrato com um clube. Na prática, nem isso ocorria nem o jogador podia, em nenhum caso, decidir onde queria atuar. Depois de uma batalha de um ano, ganhou. Foi o primeiro a consegui-lo. "Conheço apenas um homem livre no futebol: Afonsinho. Ele pode dizer sem medo que gritou 'independência ou morte'", disse Pelé, o homem que, como ministro dos Esportes, reformaria a legislação em 1998 para dar mais autonomia aos jogadores, por meio da famosa Lei Pelé.

Reza a lenda que Afonsinho não foi à Copa de 1970 por causa de sua atividade política. "Não acredito nisso: simplesmente, eu não tinha lugar naquela equipe de craques", contesta o próprio jogador. Mas ele mesmo reforça outro argumento: "Mas é verdade que, por causa da batalha judicial, eu fui vetado para a seleção". Em 1971, com o passe livre no bolso, ele assinou com o Santos de Pelé. Apresentou-se de cabelo curto e com a barba feita sem que ninguém lhe pedisse: "Era apenas um símbolo", explicou. Foi titular ao lado do maior, assim como fora no Botafogo. E também o foi no Flamengo e no Atlético Mineiro, até sua aposentadoria, em 1982, no Fluminense. Todos os clubes que o contratavam sabiam que a condição era que ele tinha passe livre, o que nem sempre era fácil: seus companheiros, invejosos da situação, mantinham-se na condição trabalhista anterior sem ir à Justiça para buscar a liberdade como ele. Em todo esse tempo, nunca foi chamado para a seleção.

A história da luta de Afonsinho foi levada ao cinema no documentário *Passe livre* (1974), de Oswaldo Caldeira. Em 1973, um dos artistas mais importantes da história do país, Gilberto Gil (que seria ministro da Cultura no governo de Luiz Inácio Lula da Silva entre 2003 e 2008), dedicou a ele a canção *Meio de campo*, que começava com um verso que ficou célebre, "Prezado amigo Afonsinho", e que o estimulava a não se render: "Fazer um gol nessa partida não é fácil, meu irmão", cantava Gil. *Prezado amigo Afonsinho* (1998) seria precisamente o título da biografia do jogador escrita por Kleber Mazziero de Souza.

Depois de encerrar a carreira, o doutor Afonso Celso Garcia Reis tomou posse do lugar que havia criado para si mesmo. Durante trinta anos trabalhou como fisiatra no Instituto Philippe Pinel (Botafogo) e inovou no trabalho com seus pacientes, alternando o hospital e terapias ministradas no campo de futebol. Também treinou equipes de crianças carentes. Nunca abandonou as causas sociais que sempre defendeu. Em 1988 foi candidato a deputado pelo Partido Socialista Brasileiro, no momento em que este voltava a ser legalizado, depois de 24 anos na clandestinidade.

"Hoje, mais do que nunca, não paro de lutar contra a injustiça e a perversidade de um sistema que já se acabou, mantido vivo apenas pelos que se beneficiam dele. Não consigo aceitar a fome e a existência de meninos de rua, principalmente neste país, que é rico em tudo. Essa democracia nos sufoca e serve apenas para que uma minoria passe por cima de 90% do povo brasileiro", declarava em 2002, pouco antes de Lula chegar à presidência. Hoje tem quase 70 anos. E continua de barba.

O OPERÁRIO *ABERTZALE* QUE
UM DIA FEZ "O GOL"

O Athletic de Bilbao vinha sondando Endika Guarrotxena, atacante de 16 anos do time de sua cidade (Getxo), quando o clube alvirrubro teve uma surpresa: recebeu do rapaz uma carta anunciando que estava abandonando o futebol e que nunca aceitaria ser contratado por eles. "A linguagem com que devo ter escrito aquilo... Com certeza hoje eu daria risada. Mas o que eu dizia a eles era que o futebol é uma máfia e um comércio, e que eu não faria parte daquilo. Queria me dedicar ao atletismo", afirma hoje com um sorriso.

Era fim dos anos 1970, tempos conturbados, e Endika era o filho de um marinheiro que vivia no bairro de Neguri Langile (*neguri* é uma combinação de *negua*, inverno, e *hiri*, cidade, e *langile* significa operário em *euskera*). Nas palavras do ex-jogador, "era o bairro dos pobres, colado onde morava a oligarquia do Estado espanhol". Sua mãe, diante das longas ausências do pai, tomava conta da casa, "e dela herdei meu compromisso com o social", assinala. Eram tempos de imigrantes andaluzes, galegos ou estremenhos, que muitos tachavam de *maketos* (imigrantes procedentes de outra região espanhola que não conhecem nem falam o *euskera*) marginalizados, mas nem todos os viam assim. "Minha mãe sempre teve um grande compromisso com os mais pobres, que eram eles. Trabalhava em associações de moradores, ajudou a fundar o *euskaltegi* [escola de *euskera* para adultos]... Foi daí que herdei meu compromisso com o social e tomei consciência do problema nacional deste país", diz Endika.

Ali nasceu um *abertzale* assumido, que com 16 anos dizia não ao maná do futebol. "Felizmente vieram a minha casa dois diretores, [Agustín] *Piru* Gaínza e José Luis Artetxe, e me convenceram. Disseram que dentro do futebol também era possível defender ideias", declara Endika.

O fato é que, em sua carreira no Athletic, Endika não levantou a voz. "Os sócios do Athletic são majoritariamente nacionalistas, mas sem dúvida é uma instituição que une muito os vizcaínos, e no Athletic tem gente de todo tipo. Como jogador, você precisa respeitar todo mundo. Não se considera conveniente você se posicionar claramente, para não quebrar essa unidade que há dentro do clube. Embora alguns não queiram admitir, o clube por si é um espelho da sociedade basca, pois contrata apenas jogadores das sete províncias. O Athletic, em seu desenho institucional, já sustenta isso. Portanto, quando estive na ativa não me posicionei muito, mas de qualquer modo participava de manifestações e assembleias. Talvez naquela época eu não concedesse a você esta entrevista falando nesses termos. Na sociedade basca, se você se manifesta pode se prejudicar ou prejudicar os outros", reconhece.

Endika, que jogou no Athletic, no Hércules, no Valladolid, no Mallorca e no Benidorm, esteve também um ano no Ceuta. A razão foi sua passagem obrigatória pelo serviço militar. Prestar exército era uma coisa realmente difícil para qualquer um, mas muito mais para um sujeito que na intimidade procurava não se esconder. E continuou agindo assim no exército, sem dúvida. "Quando cheguei, um militar me disse que ali eu não me chamava Endika, que eu me chamava Enrique. Você já pode imaginar como foi... Você procura passar despercebido e sabe que, pelo fato de jogar futebol, consegue se livrar de muitas coisas", reconhece. Além disso, faz uma afirmação curiosa: "Não vou dizer que fiquei feliz por ter prestado exército, mas teve muita coisa boa".

Para um rapaz basco, que vive muitas situações dentro de uma sociedade fechada, sair foi importante. "Fiz muitos bons amigos, principalmente asturianos e catalães, se bem que também um ou outro madrilenho. Era o ano de 1981, uma época de boas expectativas, na qual todo o Estado espanhol vivia com alegria as mudanças, embora o ruído dos sabres estivesse ali. No serviço militar também era possível sentir isso."

Depois fez "O gol". Foi no Bernabéu, na final da Copa do Rei de 1984 contra o Barcelona, num 25 de maio lembrado por ter sido o do último título conquistado pelo Athletic e por ter registrado uma das mais brutais brigas generalizadas entre duas equipes de que se tem lembrança. Diego Armando Maradona desencadeou uma batalha na qual ainda pesava a entrada que recebera de Andoni Goikoetxea no Camp Nou oito meses antes, talvez a mais arrepiante da história recente do futebol espanhol, pela qual o defensor alvirrubro pegou dezoito partidas de punição. Tão brutal quanto a voadora de Maradona em Miguel Ángel Solá na "Batalha do Bernabéu", que rendeu quatro meses de suspensão ao argentino (o jogo contra o Athletic de Bilbao seria sua última partida *azulgrana*. Mas ninguém tira de Endika (na época, Endica) que aos 11 minutos de jogo, 80 antes da explosão de violência, marcou o gol pelo qual é lembrado por todos.

    Hoje em dia, Guarrotxena é conhecido como o porta-bandeira do Esait (Euskal Selekzionaren Aldeko Iritzi Taldea, Grupo de Opinião em Favor da Seleção Basca), a plataforma que promove a causa das seleções nacionais do País Basco. Paradoxalmente, jogou na seleção espanhola nas categorias de base. "Nunca tive um só conflito. Nem mesmo interior. Você vai para jogar futebol, e eu nunca fiquei pensando no que representava, não dei importância a isso. Eles, sim, usam o fato de bascos e catalães jogarem na seleção para criar uma imagem de um país unido, mas é uma coisa inconsistente, que vai cair por si só", diz ele. Mas é inegável que também lhe serviu para ver colocado em prática o modelo de convivência que defende. "Sempre que terminava a partida, eu trocava tudo com o time adversário, até as meias. Uma vez estávamos no México e Emilio Butragueño, companheiro de equipe, perguntou-me por que eu nunca ficava com nenhuma lembrança. Respondi que, para mim, aquela camisa não dizia nada, e falamos normalmente sobre isso. Há pouco tempo, quase trinta anos depois, nos encontramos num hotel e ele veio me cumprimentar. Conversamos como velhos conhecidos. Eu, um *abertzale*, e ele, um espanhol que acredito ser bastante conservador. Deveria ser sempre assim", conclui.

A carreira política de Endika é bastante sinuosa. Em 1998, prenderam a Direção Nacional da Herri Batasuna e o ex-jogador, que já era vereador de Sopelana pela corrente *abertzale*, foi convidado a ocupar um cargo nacional. "Eu não estava preparado, não era meu perfil. Sou mais da política de lugares pequenos, mais próxima das pessoas. Não tenho o conhecimento necessário para estar ali. Mas me foi pedido e tive que aceitar", diz.

Daquela Direção Nacional, formada por 25 pessoas, podem-se contar nos dedos de uma mão as que não foram processadas ou passaram pela prisão. Uma delas, Endika. "Essa gente está na prisão por fazer política. Confunde-se a esquerda *abertzale* com o ETA, e isso não é assim. Existem objetivos comuns: o modelo social, a autodeterminação... Mas é só. Você não está falando com alguém do ETA, e quando se fala de mim nesses termos eu acabo dando risada. Nem o Esait é do ETA, nem os jogadores de futebol que nos apoiam são do ETA. Quando fundamos o Esait num escritório de Anoeta[36], muitos dos que estávamos ali nem nos conhecíamos", diz.

Chega a hora de falar do ETA, claro. "Eu sinto pelas pessoas ameaçadas, pelas que andam com escolta, pelos mortos. Claro que sinto por isso. Assim como pelos torturados ou por quem está na prisão por causa de suas ideias. É duro que haja gente que mata e gente que morre. É difícil de aceitar e de explicar. Sofri com a morte na minha

---

36 Estádio de San Sebástian, no País Basco, onde a Real Sociedade manda seus jogos. [N.E.]

família, então, como poderia querer a mesma coisa para os outros?", diz.

Essa morte na família se chamava Xabier Galdeano. Era o pai de sua companheira, Begoña Galdeano. Era jornalista no periódico *Egin* quando, ao voltar de uma cobertura em 30 de março de 1985, dois mercenários do GAL (os autodenominados Grupos Antiterroristas de Libertação) o assassinaram na porta de sua casa, no País Basco francês. Os que o mataram seriam posteriormente condenados a vinte anos de prisão pela justiça francesa. Endika estava nessa hora no Vicente Calderón, jogando uma partida contra o Atlético de Madrid. "São coisas que marcam a gente", consegue dizer Guarrotxena.

Sua companheira, Begoña Galdeano, militante da HB como ele, foi eleita deputada nas Cortes de Madri por Vizcaya em uma das eleições gerais de 1995. Foi o último gesto da corrente *abertzale* na política nacional. O partido elegeu como cabeças de chapa a mãe de Joxean Lasa, também assassinado pelo GAL, e Galdeano para denunciarem o terrorismo de Estado. Não chegaram a assumir.

A conversa com Endika passou por sua infância, sua juventude, suas ideias políticas, seu trabalho no Esait, sua vida familiar, seu ambiente. Admite que aos 20 anos não teria me concedido esta entrevista, "mas com 47 a maturidade é outra", e que menos ainda o teria feito sem me conhecer e por telefone. Então eu lhe digo: "Endika, já que você pensa assim, por que não condena a violência?". Seu silêncio dura pouco. "Talvez seja o próximo passo a ser dado. Talvez seja uma saída e é preciso pensar sobre isso. Talvez assim as coisas mudem", responde.

Três anos depois daquela ligação a Endika Guarrotxena, estou comendo em frente ao velho Estádio de San Mamés, em um bar chamado La Catedral. Apesar de seu nome imponente e de suas paredes com velhas lendas do Athletic e La Gabarra sulcando a *Ría*, o lugar tem tudo menos autenticidade. É um estabelecimento patrocinado por uma multinacional de cerveja, que serve hambúrgueres e petiscos com nomes como San Mamés, Zubizarreta, Goiko ou Irureta, enquanto o rádio toca Eros Ramazotti. É o novo futebol, o mesmo que sacode um Athletic que se vê nesses tempos agitado pela saída de Javi Martínez, que agora quer seguir o mesmo caminho de Fernando Llorente (o *riojano* abandonará a disciplina alvirrubra no final da temporada e irá para a Juventus de Turim), e por tudo o que cerca o técnico argentino Marcelo Bielsa. Preciso terminar logo o hambúrguer, uma metáfora (saborosa, por que não admitir?) do novo futebol basco, pois tenho uma viagem de poucos quilômetros, mas que parece um salto para o passado. Um salto que, mesmo tentando evitar o clichê de que os tempos passados eram melhores, não posso deixar de sentir como estranhamente prazeroso.

"Ódio eterno ao futebol moderno" é uma reivindicação da esquerda futebolística. Para aliviar um pouco a pressão, não é má ideia dar uma volta pelo campo de Fadura, onde joga o C. D. Getxo, da Terceira Divisão, a equipe da cidadezinha de Endika Guarrotxena, da qual é técnico desde a última temporada. A campanha 2011–12, com Ismael Urzáiz de auxiliar (outra lenda do Athletic, que curiosamente iniciou sua carreira nas categorias de base do Real Madrid), fez o time subir para a Terceira Divisão. Na campanha atual, já sem o ex-jogador da seleção ao seu lado no banco, o time luta para não cair.

O campo é muito verde, com duas arquibancadas cobertas em uma das laterais e entre as duas um pequeno casario, que é a sede do clube. Está rodeado de árvores. E as coisas são como quando Endika jogava, quando o futebol era futebol: os jogadores têm nas costas números de 1 a 11, o zagueiro central, que é sem dúvida o zagueiro central porque é para isso que leva o 4 na camisa, parece o mais veterano, e não para de falar. Só deixo de ouvir o que diz quando um avião, voando bem baixo porque o aeroporto fica perto, inunda o campo de ruído. Não há essa história de cada gandula ter uma bola, porque não há gandula, e quando um chute mal direcionado se extravia demais, a bola se perde no bosque, e então alguém do banquinho atira outra no campo. Chove, aquela chuva sem barulho tão típica do País Basco. Os jogadores, com mais força física do que técnica, tentam trocar passes quando dá, mas não têm o menor pudor em dar um chutão quando a situação pede, ao contrário do credo moderno que parece condenar quem o faz.

Hoje vão ter que jogar contra o poderoso Gernika, que gasta em dois meses o orçamento do ano inteiro do Getxo. A partida termina 1 a 0 para o rival, com um gol feito num rebote, após um contra-ataque, e embora o visitante tenha jogado melhor, a equipe de Endika pressionou no segundo tempo e quase conseguiu o empate. No Gernika predominam as vozes em *euskera*; no Getxo, em castelhano. Incluída a do presidente do clube, que ao terminar o jogo, apesar de a equipe ter somado apenas dezoito pontos em casa, grita sorridente para o treinador: "Vamos em frente!".

Endika transmite uma serenidade impressionante. Suas pernas arqueadas delatam a condição de ex-jogador de futebol e, como bom professor de educação física que é, parece em forma. Seu filho, Markel, joga no Getxo e, embora o pai seja o treinador, não foi escalado naquele jogo e ficou 90 minutos esquentando o banco. Apesar da derrota, depois de atender os repórteres que lhe pedem umas palavras, Endika entra comigo na sala de troféus do clube, que ostenta uma foto do agora treinador quando era menino e jogava no clube, e continuamos nossa conversa. No seu agasalho (na Terceira Divisão os treinadores não sabem o que é terno) leva um broche tipo pin com os distintivos do Getxo e do Athletic. "Presente de um ex--presidente do clube", esclarece. São os distintivos do seu coração, claro. No seu celular, como fundo de tela, uma foto de Che Guevara. Agora é militante da base do Bildu, que participou ativamente das assembleias nas quais a esquerda *abertzale* decidiu pedir ao ETA que declarasse um cessar-fogo unilateral e deixasse por conta da sociedade civil toda a liderança do movimento independentista. É hora de falar de que maneira vive essa nova etapa alguém que chegou a ser membro da Direção Nacional da Herri Batasuna [Unidade Popular]. Endika mostra seu perfil mais político. "O cessar-fogo unilateral, sem negociação, significa que está se delegando todo o poder ao potencial que esse povo tem para a luta institucional e nas ruas. Foi um passo que criou muito boas expectativas nas pessoas e abriu um espaço de esperança, porque através da luta institucional e nas ruas é possível conseguir pelo menos o direito de autodeterminação, para que depois seja o povo basco quem decida. É essa expectativa que o Estado espanhol quer frustrar, impedindo-a de avançar, e inclusive fazendo-a retroceder. Querem provocar a ruptura da trégua e da unidade em torno do Bildu. Querem que as pessoas tenham a sensação de que, seja como for, é impossível avançar. Mas todos nós que estamos em torno da esquerda *abertzale* temos clareza de que o cessar-fogo é definitivo, que a luta institucional vai nos levar a um novo processo e que o Estado espanhol, por mais que tente colocar obstáculos, não vai conseguir detê-lo", analisa, e também adere ao discurso unânime entre os seus nesse momento: "Da parte da direção da esquerda *abertzale* e do ETA, o fim da violência é irreversível. Há riscos de que algumas pessoas não acreditem nisso e tomem outro caminho, mas não há mais volta atrás", enfatiza novamente.

Foi um processo longo e silencioso no qual Endika, como militante, mas com uma voz autorizada por sua trajetória, teve um papel destacado. "Quando surgiram as propostas, participamos da discussão, votamos e a conclusão foi essa. O objetivo natural da esquerda *abertzale* é a independência e o socialismo, mas isso é a longo prazo. Agora, assim como a Escócia, Quebec ou Flandres, temos o direito de decidir nosso futuro. Se essa sociedade decidir que quer uma vinculação confederada com o Estado espanhol, teremos que aceitar e continuar avançando", explica. Após toda uma vida de militância ativa, essa maquinal reivindicação de independência e socialismo está mais próxima do que nunca, o que não significa que esteja próxima. "Do jeito que estão as coisas no mundo, em princípio parece difícil, mas você vê países como a Escócia enfrentando uma Grã-Bretanha que tem maior tradição democrática do que o Estado espanhol, e conseguindo fazer respeitar seu direito de decidir. A mesma coisa no caso de Quebec em relação ao Canadá. Já não é mais coisa de países colonizados: está acontecendo no mundo ocidental. Neste mundo globalizado, os Estados perderam o poder, que passou às mãos das grandes corporações e dos bancos, e com isso os Estados pequenos podem gerir melhor seus recursos e construir sociedades mais livres e mais prósperas economicamente", sentencia.

É um discurso parecido com o que teve em sua época de jogador. Certamente. Mas já ficou claro que naquele tempo nunca teria saído publicamente a defendê-lo (pelo menos, não num livro como este). Como técnico, embora o seja num nível quase amador, não teve nenhum problema político. Claro, joga em casa. E em casa mesmo. "Este é o clube da minha cidade, aqui todos se conhecem. Na direção tem gente que simpatiza com a esquerda *abertzale* e outros com o PNV [Partido Nacionalista Vasco]. O que nos une é o Getxo e a questão nacional. Não há problemas", diz.

Falamos enquanto como meu hambúrguer diante do velho San Mamés, a um passo das obras do Novo San

Mamés, uma estrutura que acabará tomando parte do terreno do atual, como se o clube reconhecesse que é necessário um novo estádio, mas se sentisse traindo a si mesmo se seus jogadores não continuassem pisando, mesmo que fosse só um pouco, o gramado sagrado do La Catedral. O futebol mudou. Muito. E também o do Athletic. Principalmente desde aqueles primórdios dos anos 1980, quando Endika se converteu em um emblema por seu gol contra o Barça no Bernabéu. "O futebol é uma indústria muito forte, e a parte comercial ficou bem mais importante. Quando eu jogava, o Athletic eram os sócios e as ajudas internacionais. Ponto. A gente vestia Adidas ou a marca que fosse e não via um tostão. Ninguém tinha um contrato pessoal de publicidade. Hoje em dia os jogadores ganham somas que não são admissíveis, da maneira como está a sociedade", relata Endika, conduzindo, sem que ninguém lhe peça, a sua resposta para o terreno social. Isso sim: não acredita que a camisa alvirrubra tenha menos valor agora do que quando a vestiu. "Os jogadores do Athletic e a torcida continuam sentindo as cores do mesmo jeito que antes. O Athletic não é menos Athletic. Incidentalmente, este ano houve dois jogadores (Javi Martínez e Fernando Llorente) que quiseram sair por razões financeiras, mas isso sempre aconteceu: Xavier Eskurza foi para o Barça, Rafa Alkorta e Aitor Karanka, para o Real Madrid, Andoni Goikoetxea, para o Atlético de Madrid... Essas situações vão continuar ocorrendo, mas cada vez menos, porque o futebol deverá entrar em crise para acertar as dívidas que tem, principalmente nos clubes do Estado espanhol. Não é possível aceitar que haja empresas fechando por não conseguirem pagar o que devem e que os clubes tenham a dívida que têm com a Previdência Social. A Uefa (União Europeia de Associações de Futebol) e a Fifa vão tomar suas medidas e os clubes terão que colocar as contas em dia. E o que vem sendo pago terá de ser reduzido", insiste.

A carreira de Endika Guarrotxena como jogador do Athletic é paradoxal: seu gol o coloca no imaginário coletivo do clube mais tradicional, que desde que ele fuzilou Javier Urrutioechea depois de uma magnífica matada de bola naquela final da Copa do Rei não voltou a gritar tão alto um gol. No entanto, sua carreira no time alvirrubro não foi tão longa quanto ele teria desejado, e ele rodou por clubes mais modestos. Passados os anos, sua figura evoca mais uma lembrança fugaz do que um peso dentro da equipe. "Não tenho muito vínculo com o Athletic. Falo com algum diretor, como o doutor [Ángel] Gorostidi, que era o médico do time quando eu jogava. Esta manhã estive com o [José Ángel] Iribar falando de futebol, com o [José María] Amorrortu também de vez em quando, e com ex-jogadores quando a gente se encontra em algum curso para treinadores. Pouco mais que isso. Mas tenho vínculo, sim, por meio do Getxo, porque o Athletic ajuda todos os clubes da província se você precisar de algum jogador ou de auxílio médico para um atleta. Mas é a relação que tem qualquer treinador de qualquer clube vizcaíno", diz com naturalidade. O que não se lhe pode negar, no entanto, é seu amor às cores. Impossível. "Não tive ofertas. Enquanto joguei ali, existia o direito de retenção [revogado com o Real Decreto 1006/1985, pelo qual se reconhecia a liberdade dos esportistas profissionais de mudarem de equipe após o pagamento de uma indenização], não havia esse *problema*. Quando você chegava ali, sabia que chegava ao Athletic com uma certa idade e que o salário iria subindo conforme passassem as temporadas e você fosse evoluindo. É difícil dizer se eu teria saído do Athletic caso tivesse recebido uma oferta, bom... Para o Real Madrid, com certeza não! [Ele ri.] Mas acho que não. Se tivesse surgido a oportunidade de ficar no Athletic a minha carreira toda, teria ficado", destaca. Continua hoje como um torcedor a mais e tem fé no futuro: "Esta crise econômica tem que acabar favorecendo os clubes que trabalham bem as divisões de base. O Athletic voltará a ficar por cima", sentencia.

Com a mudança de cenário na política basca e a representação claramente majoritária do nacionalismo basco (nas eleições das regiões autônomas de 2012, o Partido Nacionalista Vasco e o Bildu aglutinaram quase 60% dos eleitores, 21 cadeiras mais que a soma das obtidas por PP, PSOE e UPYD), a questão das seleções nacionais volta a ser posta na mesa. O compromisso dos jogadores bascos com a oficialização está fora de qualquer questionamento. "Existe um sentimento, e isso no final vem à luz. Pense que no parlamento vascongado [sic], que acaba de ser votado, 65% de seus membros militam em partidos nacionalistas, portanto é mais ou menos essa a proporção que deve existir também entre os esportistas. PNV e Bildu defendem seleções próprias, é o normal", analisa Endika, que não tenta pressionar os jogadores bascos a renunciarem à seleção espanhola. Markel Susaeta, do Athletic, protagonizou a última polêmica ao ficar em silêncio e chamar a Espanha de "coisa" na coletiva de imprensa que antecedeu um amistoso com o Panamá, em novembro de 2012. Embora o jogador tenha pedido desculpas e depois falado sem problemas da seleção e da Espanha, o certo é que antes havia se declarado a favor das seleções bascas e participara da marcha prévia a um Catalunha-Euskadi na qual os jogadores pediam a oficialização. "O que temos que fazer, nós da sociedade civil, é buscar que haja seleções bascas ou catalãs, e que os jogadores possam decidir por qual delas querem atuar, com naturalidade e sem problemas. Mas é difícil que um jogador dê esse passo de abrir mão da seleção espanhola, porque do jeito que a coisa está hoje, é provável que a Federação Espanhola aplique uma multa, cancele sua inscrição ou algo do tipo", comenta Endika.

Seu filho, Markel, joga no Getxo, na Terceira Divisão. Pergunto que conselho lhe daria a esse respeito. "Não o fiz jogar hoje, então não acho que seria convocado [sorri], mas se estivéssemos diante dessa situação, não sei o que faria. Aconselharia que fizesse o que achasse mais conveniente. Se decidisse não ir e marcasse seu caminho, muito bem; e se escolhesse ir por pensar na sua carreira, também. É uma situação difícil porque você pode comprometer sua carreira esportiva. O Oleguer [Presas, ex-jogador do Barcelona e do Ajax de Amsterdã, que abriu mão da convocação pela seleção espanhola por suas ideias nacionalistas e vinculadas à extrema esquerda] pagou por ser tão explícito em suas declarações, não voltou a jogar pela Espanha, teve que ir para Amsterdã, e sua carreira foi interrompida." Como fundador do Esait e personalidade que acompanha muito de perto o andamento das seleções bascas, pergunto se ele acha que o melhor jogador basco da atualidade, Xabi Alonso, apoia a equipe nacional basca. "Xabi é a favor das seleções e nos dois últimos encontros fez um esforço importante para vir. Mas é difícil em sua situação. Não é a mesma coisa você se comprometer jogando no Barcelona, em que você conta com apoio institucional, do que jogando no Madrid, no qual teria muitos problemas. Mas é preciso agradecer a ele por seu compromisso", reconhece. O certo é que as seleções das regiões autônomas estão em compasso de espera. Não existe vontade política na Espanha de propor sua oficialização (pouca gente fora da Catalunha e de Euskadi seria a favor) e os organismos internacionais, Fifa e Uefa, tampouco parecem muito receptivos. Além disso, o calendário dos jogadores de futebol faz com que não haja muito espaço para que atuem. "É bem frustrante jogar apenas uma vez por ano, mas o calendário praticamente não permite nada além disso. No final, é uma questão política, e espero que algum dia o Estado espanhol ceda e permita as seleções de suas diferentes nacionalidades. Mas hoje em dia a influência do Estado nas federações é grande, como ficou comprovado na tentativa de Gibraltar de competir na Uefa, que conseguiram brecar. No presente momento, a Catalunha está mais perto do que nós de conseguir isso, está dois passos à frente, mas acho que algum dia nós também a teremos", conclui Endika.

Já é de noite, as luzes estão apagadas e no campo do Getxo quase não há mais ninguém. Endika não parece ser o cara mais comunicativo do mundo, mas tenho a sensação de que ainda está digerindo a derrota contra o Gernika. Na segunda-feira, voltará ao trabalho e, depois, virá treinar com a equipe. O futebol não lhe permitiu viver hoje de renda, e sua prudência não o deixou expressar as ideias enquanto jogava. Agora fala em liberdade. Em Euskadi, cada vez é mais fácil que todos possam fazer isso.

A ÚLTIMA EQUIPE PROLETÁRIA

Ao voltar do Mundial da Argentina de 1978, a seleção da Suécia foi duramente criticada por um amplo setor da sociedade de seu país por não ter se envolvido com as violações dos direitos humanos, algumas delas a cidadãos com passaporte sueco. Os jogadores fugiam como podiam do assédio, mas o técnico da seleção, Georg *Aby* Ericsson, não teve ideia melhor do que declarar que não podia dizer que houvesse muitos militares nem repressão na Argentina porque não havia visto nada disso em sua estada. Nenhum jogador sueco comentou essa bobagem. Bem, um deles, sim: Ruben Svensson, o lateral direito do IFK Göteborg, opinou que "Ericsson pode saber muito de futebol, mas de política não entende nada". Nasceu como *Röde* Ruben (Ruben *Vermelho*), apelido que o acompanha até hoje. Um sujeito que, mesmo sendo um dos laterais direitos de destaque do futebol sueco no início dos anos 1980, nunca participou da seleção.

Svensson era e é comunista. E se chegou a essa ideologia não foi por herança, mas por convicção própria. Nasceu em uma daquelas muitas pequenas localidades do norte da Europa, onde há uma fábrica e a cidade inteira trabalha nela. No caso de Svensson, seu pai era quem mandava, engenheiro-chefe da fábrica de aço local. Nasceu, portanto, em uma família abastada. "As desigualdades na cidade eram evidentes, era uma sociedade muito marcada pelas classes sociais. Minha casa ficava ao lado do lago, e quanto mais você se afastava da água e se enfiava na cidade, mais pobres eram as pessoas. Ganhei o respeito delas graças ao futebol", relata *Röde* Ruben. Jogava no BK Derby, um modesto time que subira à Primeira Divisão sueca em 1976, para ali permanecer por apenas um ano. O suficiente para que o IFK Göteborg contratasse esse lateral direito agressivo e generoso no esforço.

A cidade de Gotemburgo, profundamente arraigada na cultura do trabalho por sua indústria e sua atividade pesqueira, não era a mais glamourosa do mundo, mas era um local onde alguém como Svensson queria ir jogar. Seu comunismo não dissimulado (publicava artigos para o órgão escrito do partido, o periódico *Proletaren*) se encaixava melhor na filosofia daquela equipe do que na do AIK Solna, o clube que lhe ofereceu um salário dez vezes maior. "Não podia aceitar que o dinheiro mandasse em tudo. Queria uma sociedade justa e igualdade de oportunidades", diz sobre sua pretendida contratação pelo Göteborg. O projeto da equipe, no qual todos os jogadores – exceto um – conciliavam o esporte com outro trabalho, era mostrar à Suécia e à Europa que o modelo sueco de social-democracia funcionava. Gotemburgo era um de seus centros ideológicos, e quando em 1982 Olof Palme voltou a assumir a presidência do país depois de ter sido derrotado pelas mãos do Centerpartiet (Partido de Centro) de Thorbjörn Fälldin nas eleições de 1976, de repente o IFK Göteborg se converteu em símbolo do modelo. Caso houvesse alguma dúvida, naquele ano de 1982 chegou à presidência da equipe Gunnar Larsson, economista e conselheiro de Urbanismo e Trânsito da Prefeitura de Gotemburgo. Pelo Partido Social-Democrata, claro. Em uma visita à Espanha, Larsson declarou ser amigo pessoal de Felipe González.

Em 1979, chegou, procedente da equipe Degerfors IF, da Terceira Divisão, um técnico revolucionário chamado Sven-Göran Eriksson. O jovem treinador ficaria três temporadas no IFK e ganharia duas Ligas, duas Copas da Suécia e uma Copa da Uefa. Contam que, durante todo o tempo em que esteve à frente da equipe, gritou com seus jogadores apenas uma vez. E assim, sem levantar a voz, instituiu o estilo de jogo que logo ganhou fama em toda a Europa com o nome de "futebol champanhe". Um jogo vistoso que, para maior mérito, era executado por uma equipe em que praticamente todos os seus integrantes compatibilizavam o futebol com outra atividade profissional. Somente Torbjörn Nilsson, um dos astros da equipe, dedicava-se exclusivamente ao futebol, mas ao cabo de um tempo ficou tão entediado por ter que treinar sozinho durante três horas que foi procurar outro trabalho. Uma mentalidade *amateur* que talvez tivesse sido responsável por ele, depois de um ano no PSV Eindhoven, ter voltado à Suécia sofrendo de depressão. Ao lado de Nilsson, jogadores como Glenn Hysén ou Dan Corneliusson faziam com que o Göteborg praticasse um futebol invejado na Europa.

Embora no terreno esportivo as coisas caminhassem bem, o clube esteve a ponto de fechar em 1982 porque a direção anterior à presidência de Larsson havia levado a equipe à beira da falência. Mesmo depois de terem hipotecado suas casas para bancar o orçamento, as contas continuaram não fechando e por isso a diretoria pediu demissão em bloco. A trágica situação teve um episódio cômico quando, num jogo em Valência, em plena transição, um jornalista se fez passar por vice-presidente para transmitir uma imagem de seriedade. Mesmo assim, os jogadores conseguiram abstrair e obtiveram a maior conquista da história do futebol sueco de clubes: ganhar a Copa da Uefa depois de eliminar o Valencia nas quartas, o Kaiserslautern nas semifinais e derrotar o todo-poderoso Hamburgo na final.

Na cobertura que a mídia sueca fez da final a politização era perceptível e exaltavam-se as diferenças de ambos os modelos: a televisão mostrava a estrela do Hamburgo, o temido atacante Horst Hrubesch, passando reto para não atender um menino que viera pedir-lhe um autógrafo, como exemplo dos males do profissionalismo em relação ao saudável modelo sueco. Embora na ida daquela final no Estádio Ullevi de Gotemburgo o IKF já tivesse ganhado por um apertado 1 a 0, na volta dava-se a tal ponto como certa a vitória do Hamburgo que no estádio já eram vendidas as bandeiras da equipe alemã com os dizeres "Campeões da Copa da Uefa de 1982". Sven-Göran Eriksson não precisou de mais nada na preleção aos seus jogadores antes do encontro: não houve conversa, ele só lhes mostrou aquela bandeira. A resposta foi contundente: vitória sueca por 3 a 0 (marcaram Corneliusson,

Nilsson e o zagueiro Stig Fredriksson), enquanto a Europa se encantava com uma equipe de amadores.

Ruben Svensson encarou isso como um triunfo político: "Com Eriksson fazíamos um autêntico futebol de esquerda. Tudo era construído junto, em equipe. Sua filosofia se baseava na ideia de que sempre há alguém atrás protegendo suas costas. Assim, pode arriscar. Dá na mesma a gente falar de uma equipe de futebol, de uma empresa ou da própria sociedade: o importante é o coletivo, o indivíduo tem que ficar em segundo plano". Na sua opinião, aquela vitória tinha a ver com os valores que haviam sido acolhidos pela equipe: "Éramos amigos, gente preocupada com o que nos rodeava. Nós jogadores sabíamos o que estava acontecendo no mundo, e vários dos meus companheiros eram sociais-democratas assumidos".

Após a vitória europeia de 1982 (naquele ano ganharam a Liga Nacional, a Copa Sueca e a Uefa), o time se desfez. Corneliusson foi para a equipe italiana do Como, e formou *Os Gêmeos do Gol* com Stefano Borgonovo; Nilsson deu a si mesmo outra oportunidade no profissional com o Kaiserslautern; Hysén foi para o PSV Eindhoven. Svensson ficou, até que em 1985, já com 33 anos, foi para uma equipe menor da cidade, o Västra Frölunda, da Segunda Divisão. Naquela campanha, a de 1985-86, o IFK voltou a ser uma grande equipe da Europa. Nilsson e Hysén haviam retornado, Fredriksson e os irmãos Tord e Tommy Holmgren continuavam ali, apareciam jovens figuras como Roland Nilsson e Johnny Ekström (que nos anos 1990 jogaria um ano no Betis) e pelas mãos do técnico Gunder Bengtsson, que se proclamava discípulo de Eriksson, o bom futebol era de novo norma em Gotemburgo. Mas Svensson já não fazia mais parte de tudo aquilo. Pelo menos até que alguém do clube tivesse a ideia de repescá-lo para apenas dois jogos: os da semifinal da Copa da Europa contra o Barcelona.

A mídia espanhola tratou os suecos com condescendência na véspera daquele confronto. Fizeram reportagens mostrando-os em seus ambientes de trabalho e alucinavam quando os jogadores respondiam, diante de uma possível oferta do Barça, que não estavam interessados porque, como declarou Torbjörn Nilsson, "aqui tenho um projeto de abrir um restaurante. Eu gosto de cozinhar". Mas o IFK Göteborg voltou a surpreender: um verdadeiro baile no Barça terminou com uma brilhantíssima vitória sueca por 3 a 0 na ida, com dois gols de Nilsson e um de Tommy Holmgren, a quem em Barcelona, no jogo de volta, os bombeiros da cidade deram um capacete de presente, porque Holmgren, isso mesmo, era bombeiro.

"Ouvimos muitos comentários sarcásticos: que um era professor, que o outro era encanador... Diziam que eram amadores e que não tinha cabimento o Barça perder ali daquele jeito", afirma *Pichi* Alonso. Ele seria justamente o herói da volta no Camp Nou, marcando três gols nas três vezes em que tocou na bola (e o Barça acabou ganhando nos pênaltis). Na Suécia acusaram o clube *azulgrana* de ter comprado o juiz, o italiano Pierluigi Casarini, que anulou dois gols dos nórdicos. Além disso, o documentário sueco *Fotbollens Sista Proletärer* (Os últimos proletários do futebol, 2011) traz o testemunho de Carlos Espinosa, técnico da Radio Göteborg enviado para Barcelona, no qual ele declara que o chefe da segurança do Hotel Santa Sofía, onde se hospedaram os suecos, avisou que o Barcelona havia mandado para lá um grupo de belas senhoritas com o objetivo de seduzir os jogadores... E envená-los!

Seja lá o que tenha acontecido, o certo é que aquele jogo do Camp Nou foi a última partida de futebol profissional disputada por Ruben *Röde* Svensson. "Nunca vou esquecer o *Pichi* Alonso", reconhece. Apenas um mês antes daquilo, Olof Palme fora assassinado quando voltava para casa vindo do cinema. Definitivamente, era o fim de uma era. Apesar da recordação amarga, Ruben Svensson continua mantendo hoje sua admiração pelo Barcelona, clube pelo qual torce. E, talvez por uma conotação política, também admite ter antipatia pelo Real Madrid.

O futebol sueco tem produzido desde então muitos nomes de jogadores de esquerda, principalmente adeptos da social-democracia. O ex-ministro da Justiça Thomas Bödstrom jogou no AIK Solna nos anos 1980. Gente como o ex-jogador da Real Sociedad Håkan Mild, figuras em atividade como Lasse Johansson ou o capitão do Kalmar (campeão da Liga Sueca em 2008) Henrik Rydström, além do recém-aposentado Patrik Rosengren, são assumidos sociais-democratas. O meio-campista do CSKA de Moscou, Pontus Wernbloom, uma das estrelas do futebol sueco atual, fez duras declarações contra a extrema direita do país e é considerado o herdeiro ideológico do *Vermelho*.

Após continuar ligado ao futebol como segundo treinador em várias equipes, hoje Svensson, com seus 60 anos, trabalha na escola Hjällbo de Gotemburgo, como educador de jovens, muitos deles imigrantes. De maneira sólida e fiel, continua ligado ideologicamente ao comunismo: "Hoje a vida é muito mais dura; há mais desemprego, mais criminalidade. Não acredito em uma sociedade nesses moldes e continuo achando que o trabalho em grupo é o que nos confere valor. Devemos caminhar para um mundo mais igualitário, onde tudo seja mais repartido, porque se não as coisas vão ficar verdadeiramente feias", diz nos extras do DVD de *Fotbollens Sista Proletärer*, rodeado de jovens. Não deixou de ser torcedor do Göteborg nem de honrar o apelido de *Röde Ruben*. Embora a sociedade e o futebol tenham mudado, ele continua sendo ele mesmo, o *Vermelho*.

OKUPA, XAMÃ E GOLEIRO

"O espírito de um guerreiro não está orientado para ganhar ou perder. O espírito de um guerreiro está orientado apenas para a luta, e ele vive cada luta como se fosse a última batalha na terra." Não sabemos se Carlos Castaneda, o antropólogo e escritor que marcou a geração que sonhou a contracultura nos anos 1970, gostava ou não de futebol. Não se sabia ao certo se era nascido no Brasil ou no Peru, nem sua idade exata: ele quis que fosse assim. Sua obra se baseia em mostrar os ensinamentos de um xamã yaqui chamado *don* Juan Matus, que Castaneda teria conhecido no Arizona, procurando plantas. Junto com *don* Juan, foi até o deserto de Sonora aprender as técnicas místicas dos índios que povoavam a fronteira entre México e Estados Unidos. Tudo nele tinha uma calculada ambiguidade: embora garantisse que o que escrevia era autobiográfico, não dava para colocar a mão no fogo por nada daquilo, nem mesmo pela própria existência do índio *don* Juan. Só se soube da morte de Castaneda dois meses depois de ocorrida, em 1998, de câncer no fígado. Seus colegas antropólogos (ele formou-se pela Universidade da Califórnia, e viveu sob o sol daquele estado quase a vida inteira) nunca o levaram a sério, mas uma legião de seguidores dispostos a experimentar drogas alucinógenas e meditação converteram seus dez livros em best-sellers traduzidos para dezessete idiomas. Não sabemos, dizíamos nós, se Castaneda gostava ou não de futebol. E talvez não tenha tomado conhecimento de sua influência sobre uma das figuras mais extraordinárias da história desse esporte.

A milhares de quilômetros da Califórnia, com muito mais frio e muito menos luz, o jovem Volker Ippig devorava a bibliografia de Carlos Castaneda. Os anos 1980 acabavam de nascer e o adolescente, um gigantão de 1m86, era goleiro do TSV Lensahn, a equipe de sua cidade, 100 quilômetros ao norte de Hamburgo. Lia sobre guerreiros e batalhas, sobre seguir o caminho do coração, sobre fazer experiência com substâncias desconhecidas e sobre trabalhar duro. Paralelamente à sua paixão pela contracultura, surgia seu compromisso com os valores sociais. E quando tudo isso se forjava, foi jogar no Sankt Pauli, a equipe pobre de Hamburgo, que o contratou para suas divisões de base com 18 anos, se bem que no ano seguinte já era suplente da equipe titular, na Terceira Divisão. E ali tudo ganhou sentido.

Volker Ippig, loiro de cabeleira desgrenhada, começou a se embeber do movimento que inundava de vida aquele bairro portuário e operário de Hamburgo: o dos *okupas*[37]. Vivia com eles e pensava como eles. O bairro era, e continua sendo, a área vermelha de Hamburgo. Ali, no início dos anos 1980, misturavam-se prostitutas, trabalhadores, punks, ativistas de esquerda, *junkies*. No

---

37 Movimento social de ocupação de áreas abandonadas ou sub-utilizadas. [N.E.]

meio, um clube de futebol com camisa marrom, o Sankt Pauli, que se converteu no centro de tudo aquilo. De uma equipe com algumas centenas de torcedores na arquibancada, passou a reunir uma pequena multidão, agitavam-se cristas punk, jaquetas de couro e bandeiras de Che Guevara. O bairro era cada vez mais libertário, e o clube também. Tudo era questionado. A bandeira pirata virou seu emblema e a atenção internacional para o fenômeno foi crescendo. Hoje continua sendo um símbolo mundial da esquerda futebolística.

No centro daquilo tudo ninguém simbolizou melhor o que representava o Sankt Pauli do que Volker Ippig, o goleiro que ia treinar de bicicleta ou de ônibus, sem pagar passagem. Entrava em campo de punho erguido e os torcedores o idolatravam. Sua forte consciência social foi modelando-o como o cara a ser seguido no bairro. Nunca abriu mão de ser o que era, nem ninguém lhe pediu isso; ao contrário: tornou-se o estandarte ideológico de uma revolução que, mais do que nunca, desenrolou-se dentro de um estádio de futebol. O homem que usava luvas era o guardião do gol e da revolta.

O Sankt Pauli não tinha até então uma tradição esquerdista, e nos anos 1990 o ativismo da arquibancada declinou quando os fãs do clube defenderam um cantor punk acusado de estupro. A sede dos ultras foi atacada e a torcida perdeu um pouco seu perfil político. Tradicionalmente, os casos de presidentes da entidade que se mostraram progressistas são poucos; sempre foi um fenômeno exclusivo da torcida. Mas, em 2002, Corny Littman foi eleito presidente, cargo que ocuparia até 2010. Littman, diretor de teatro, homossexual e homem da cultura, fez o clube recuperar seu perfil mais político. De todo modo, o poder reside nos torcedores, que em 1999 pressionaram a diretoria a mudar o nome do estádio, que desde 1970 se chamava Wilhelm Koch, depois que se descobriu que este ex-presidente do clube havia sido membro do partido nazista e se destacado na expropriação de bens dos judeus. Em 2009, obrigaram o clube a retirar do estádio a publicidade de uma bebida energética chamada *Kalte Muschi* (Coelhinho Frio, em uma tradução decorosa que não coincide – de forma alguma – com a que oferece, por exemplo, o tradutor do Google).

    O bairro tem 27 mil habitantes e no Millerntorn Stadion cabem 23 mil pessoas. Possui quinhentos fã-clubes em todo o mundo e sua base de simpatizantes é estimada em 11 milhões de pessoas só na Alemanha. É um fenômeno global e um símbolo da esquerda que inclui entre seus princípios oficiais "o respeito a todas as relações humanas" e a obrigatoriedade do clube de se envolver política e socialmente com seu entorno, ideias que foram debatidas e votadas em um congresso em 2009. Seu estádio declara-se "zona livre de homofobia e racismo", e conta com a maior porcentagem de sócias do futebol alemão. Já atuou na *Bundesliga*, a Primeira Divisão alemã, mas também na Terceira Divisão, na qual tinha uma média de público de 13 mil torcedores, quando as demais equipes levavam apenas umas quantas centenas ao estádio.

    No entanto, toda essa maquinaria esquerdista, adornada com acordos com uma marca de automóveis para lançar um modelo exclusivo com o nome do clube, ou com uma multinacional de roupa esportiva para fazer uma linha de tênis com suas cores e seu distintivo, empalidece diante da autenticidade de Volker Ippig e da revolução dos anos 1980 da qual foi o porta-bandeira.

Ippig foi o goleiro da equipe de 1981 a 1991, com algumas interrupções em função de suas outras atividades. Em 1983, largou o futebol para passar um ano trabalhando em uma creche de crianças deficientes e construiu uma cabana em Lensahn, povoado que tinha 6 mil habitantes e onde morava nos fins de semana, enquanto nos demais dias dormia na comunidade *okupa* de Haffenstrasse, em Sankt Pauli. "Estava cansado de só jogar futebol", reconhece em uma entrevista concedida em 2005 para um livro sobre a história da torcida do clube. "Quando ia para a cabana, acendia uma fogueira, a primeira televisão que existiu. Ali podia esquecer tudo", relata. Em outra de suas interrupções abandonou o país atrás de uma utopia: alistou-se em uma brigada de trabalho na Nicarágua. Aos 29 anos, em 1991, uma grave lesão acabava com sua carreira. Vestira cem vezes a camisa de sua única equipe como profissional.

Ippig afastou-se então do mundo. Viveu como um ermitão, deixou crescer a barba e o cabelo e perdeu contato com a civilização. "Passei um tempo meditando, mas me isolei demais e cheguei a perder a noção do mundo", declarava. Estudou o poder das plantas. Mas decidiu voltar.

Em 1999, retornou ao Sankt Pauli como treinador das categorias de base e dos goleiros do primeiro time.

Na primeira coletiva de imprensa, deixou claro que vinha ao clube para devolver-lhe a velha essência, então perdida: "Meu coração bate à esquerda. Mantenho meus valores sociais e comunitários, e eles continuam sendo os maiores ativos do Sankt Pauli", disse. Mas, salpicada de incidentes e de idas e vindas, sua nova etapa durou apenas cinco anos como membro do organograma, e ele chegou até a se contrapor à torcida ao apoiar publicamente o goleiro Carlster Wehlmann, que desejava se transferir para o arqui-inimigo HSV Hamburgo: "Até as vacas mudam de pasto. Por que alguém do Sankt Pauli não pode jogar no Hamburgo? Eu também fui teimoso desse jeito, mas esses mitos têm que estourar como bolhas de sabão", declarou. Os torcedores nunca o perdoaram por isso. Depois de sair de seu clube para sempre, montou uma escola itinerante de goleiros, que tentava ajudar os guarda-metas de todo o país com seus métodos particulares de treinamento, que incluíam técnicas inusitadas de preparação física e tratamentos de homeopatia. Continua fiel aos ensinamentos ascéticos de Carlos Castaneda: "Lendo o que ele escreve, a gente se sente leve como uma pluma". E continua sendo um cara incômodo para o futebol profissional: sua outra experiência como técnico de goleiros, no Wolfsburg, em 2007, foi curiosa. Felix Magath, o estrambótico treinador, famoso na Espanha por treinar Raúl no Schalke 04, contratou-o como preparador de goleiros. Mas como ele se negou a trabalhar mais de três dias por semana, e chegou à equipe um novo goleiro que decidira trazer seu próprio treinador, foi despedido em janeiro de 2008. Após essa experiência, dirigiu a equipe na qual iniciara a carreira, o TSV Lensahn, e conseguiu acesso a uma liga de amadores. Ganhar a partida decisiva foi para Ippig "o momento mais feliz da minha vida". As coisas não terminam entre o futebol profissional e Volker Ippig. O que tem sua lógica. Tanto é assim que atualmente ele mantém sua escola de goleiros, mas, para poder ajudar a família (uma companheira e dois filhos), trabalha no porto de Hamburgo, como mais um peão. Cumpriu sua cota de glamour em 2006, quando fez um pequeno papel no filme *FC Venus*, uma comédia sobre um time de futebol que joga uma partida contra suas mulheres.

Um dia, o Sankt Pauli foi um laboratório no qual o futebol pôde redefinir suas relações e suas regras. Foi uma das últimas tentativas utópicas de mudar o futebol profissional. Não conseguiu. Hoje resta uma torcida esquerdista, sim; um clube esquerdista, sim. Mas nunca chegou a ser aquilo que seu cabeludo goleiro dos anos 1980 sonhou. "Tudo o que eu sou devo ao futebol", diz, muito camusiano, Volker Ippig. "Nunca fui o ideólogo que me fizeram parecer, sou mais um livre-pensador", acrescenta. E, com aquela eterna desilusão em relação ao utópico, de quem nunca chega a Ítaca, define o Sankt Pauli, o time do seu coração: "Millerntorn foi um laboratório ao ar livre para o futebol alemão, e a estreita relação entre os jogadores, os treinadores e a torcida foi um sucesso. Naquele momento, tudo aquilo era real. Hoje é algo orquestrado, falso. Só fica o mito. É tudo um monte de neblina", sentencia.

Ippig tem razão. O Sankt Pauli não é o clube que ele e um grupo de punks anarquistas quiseram cimentar. O futebol nunca mais será o que alguns idealistas sonharam, sobretudo no início dos anos 1980. Foi tudo inundado pelos negócios. E no futebol profissional, ser um guerreiro, como ensina Carlos Castaneda, é de pouca valia. No máximo, serve para caminhar sozinho fora da linha lateral do gramado delimitada pelos negócios. Mas Volker Ippig continua percorrendo seu caminho. Um caminho que talvez necessite afastar-se do futebol porque para percorrê-lo é preciso desprender-se de todo o resto. "O homem comum está preso a quem lhe é próximo, enquanto o guerreiro só precisa dele mesmo." Palavras de Carlos Castaneda.

AQUELE QUE CHAMAM
DE JOGADOR DO ETA

Esta é a história de uma reportagem em duas etapas, com três anos de intervalo entre as duas, na qual aconteceram coisas demais entre uma e outra. A primeira entrevista com Iker Sarriegi foi no outono europeu de 2009. A segunda, na mesma época de 2012. Duas entrevistas com o mesmo sujeito na minha frente, embora ninguém seja o mesmo depois de passar pela prisão. Duas entrevistas, uma com o advogado de etarras [militantes do ETA] *convencido de sua causa, a outra com o ex-presidiário e ex-advogado à espera de julgamento por integrar um grupo armado. Duas entrevistas, uma antes do cessar-fogo do ETA e com a esquerda* abertzale *ilegalizada, e outra com o ETA declarando que acabou e o Bildu como segunda força política do País Basco sem nenhuma sombra de dúvida. Duas entrevistas que procuram contar sua história, embora alguém com uma vida tão complexa não possa ser retratado em um só capítulo. Duas entrevistas que me fizeram pensar. Duas entrevistas que nunca serão suficientes.*

San Sebastián, outono de 2009

Entramos na Cervecería Garagar, à entrada do Boulevard da capital *donostiarra*[38]. É um lugar elegante, e no balcão o dono, basco, discute com os garçons, ambos latino-americanos, um deles quase certamente cubano. À esquerda, dois homens de meia-idade conversam numa mesa. Sarriegi os cumprimenta, vamos até o balcão e quando peço os cafés me diz para esperar, pois irá conversar um pouco com eles. Reparo melhor: um dos dois é Rufi Etxeberria, um dos homens fortes (e do setor mais radical) da esquerda *abertzale*. Essas coisas só acontecem no País Basco, um lugar tão minúsculo que podemos dizer que todo mundo não só se conhece, como se encontra a toda hora e sabe tudo dos outros. Até um madrilenho pode cruzar com Etxeberria numa manhã qualquer em uma visita de algumas horas. "Pensei que ele estivesse na prisão", digo a Sarriegi depois de seu papo animado com os dois. É uma frase um tanto ingênua ou francamente de mau gosto, conforme você a encarar. "Que nada, saiu faz pouco. Pegou quatro anos de prisão preventiva à espera de julgamento. É incrível", responde com toda a naturalidade do mundo. E percebo que está muito acostumado a esse tipo de conversa.

---

38 Donostiarra, natural de San Sebastián, capital da província de Guipúzcoa, uma das quatro do País Basco, na Espanha (junto com Álava, Biscaia e Navarra). [N.T.]

Na casa dos Sarriegi, o futebol e a Real Sociedad são a viga mestra do lar. O pai, Iñaki, foi durante quase vinte anos delegado de campo da equipe, uma das figuras clássicas do gramado do velho Estádio de Atotxa e depois de Anoeta. O filho, Iker, logo começou a jogar futebol como todo rapaz *donostiarra* que se preze: nas equipes da cidade e nos fins de semana na praia de La Concha. Com o pai, ia pelas cidadezinhas assistindo a partidas, empapando-se da fina chuva e daquele futebol rural basco tão próprio, que produz jogadores tão característicos.

No dia a dia da família, além disso, o germe nacionalista estava mais que implantado. Era outra das vigas da casa rural dos Sarriegi. Com os anos, o jovem Iker passou a falar tanto de futebol como de política. A assinatura do pai pode ser encontrada hoje em algum manifesto em favor da autodeterminação. Adolescente, Iker começa a militar na Jarrai[39], o que possibilita duas interpretações: pertencer às divisões de base do nacionalismo basco radicalmente de esquerda ou, para a maioria, entrar para a escola do ETA.

O adolescente Iker joga no Añorga, um clube local. Seu pai, que cuida das relações da Real com os clubes guipuzcoanos, acompanha com especial esperança a trajetória do defensor: nada o deixaria mais feliz na vida do que ver o filho com a camisa *txuri urdin*. O rapaz, que começa a estudar direito quase que por acaso ("Como não tinha notas muito boas, escolhi direito, apesar de

---

39 Organização juvenil *abertzale*. [N.E.]

não ter vocação. Com 18 anos você não sabe muito bem o que quer da vida. Mas estava bem consciente do problema basco e, como o direito tinha matérias como direito constitucional ou político, entrei"), recebe oferta para jogar no Eibar. Começa a vida de profissional, embora ele sempre tenha sentido esse termo como algo um pouco distante. "Quando você é moço, é louco por futebol, mas quanto mais jogava e mais tempo dedicava, menos eu curtia. Eram muitas horas jogando e eu me sentia muito bem, mas era aquilo o dia inteiro e eu queria fazer outras coisas. Não assistia mais a jogos, estava saturado. Jogar já era suficiente", diz o ex-jogador, compartilhando um café na última mesa da Garagar.

É que desde muito jovem o futebol foi apenas "uma das pernas da mesa", como define claramente Sarriegi: "Se ela quebrasse, a mesa não caía. Havia mais. Havia muitas coisas na vida e eu não queria ficar com a obsessão de ser profissional de futebol. Jogava num bom nível e aí você cria expectativas, você e as pessoas em volta, mas decidi desde sempre que também queria fazer outras coisas", assinala.

Do Eibar é cedido para o Hernani e o Real Unión, até que volta para a equipe de Eibar, a cidade das armas, na Segunda Divisão. A ambição de ser um astro do futebol passa um pouco longe. "No Eibar era ótimo porque dava para fazer mil coisas. Para mim era perfeito: ambiente bom, perto de casa, opções para estudar, tempo para você mesmo... Além disso, ninguém o conhece e você não fica se autocensurando, ia a manifestações sem problemas, saía para me divertir... Vivia do futebol com

21 anos, recebia 200 mil pesetas (uns 1,2 mil euros, uma pequena fortuna para alguém da sua idade naquela época) e não precisava de mais que isso."

Nos três anos em que esteve emprestado as coisas mudaram. O Eibar se converte em um dos grandes da Segunda Divisão. Na campanha 1996-97, a equipe fica a uma vitória de alcançar o quarto lugar e disputar o acesso à Primeira Divisão, depois de um famoso confronto contra o Osasuna no qual os navarros, que não disputavam nada, conseguiram empatar em 1 a 1 e foram mandados embora com gritos de *peseteros* de Ipurua[40].

"A Lei Bosman já existia e éramos todos de Guipúzcoa e de Biscaia, mais um de Palencia [o goleador Juanjo]. O Albacete tinha oito estrangeiros, o mercado estava aberto. O que fizemos foi demais e mostra que é possível fazer coisas bonitas", assinala. Por isso, Iker mantém as cores azul e grená no coração ("A equipe que eu mais gosto é o Eibar, é a minha equipe. Tem esse toque diferente, romântico. Tem a essência que a Real foi perdendo"), e não só as cores do Eibar. Com um sorriso, comenta que é torcedor do Barça. "Sou porque quando era pequeno via jogar o *Dream Team* de Txiki Begiristain, José Mari Bakero, Andoni Zubizarreta... com 15, 16 anos você pega carinho e acompanha", destaca. Hristo Stoichkov ou Ronald Koeman ficam fora do raio de admiração de Sarriegi. Era do

---

40 Ipurua é o nome do estádio municipal onde joga o Eibar, na cidade de mesmo nome, província de Guipúzcoa, no País Basco. [N.T.]

Barça porque o Barça *era basco*. A maior parte de seu discurso se articula em torno do país.

Sarriegi teve um claro desencanto com a Real: "Com a globalização, a cidade ficou pequena e essa influência entra por todos os lados. No futebol, entrou com força e a Real de cinco ou sete anos para cá se converteu em uma equipe normal da Liga Espanhola", assinala. "Normal" como desprezo, "espanhola" como rótulo. Assim, o bálsamo de um *abertzale* basco dentro do futebol vem paradoxalmente da Catalunha. "Do Eibar dava para aprender que, fazendo as coisas de outra maneira, é possível obter resultados. Por quê? Uma questão de metafísica. Há metafísica. O clima do vestiário, o compromisso, as amizades... isso vai se multiplicando. É uma coisa na qual agora as pessoas não acreditam. Hoje tudo é dinheiro, matemática, ciência. Veja o Barça, que tem a coluna vertebral da Masía[41], que é incrível. Víctor Valdés, Carles Puyol, Gerard Piqué, Xavi Hernández, Andrés Iniesta... Essa é a base, os outros são complementares. Sem os caras da Masía não existiria a equipe. E você vê isso quando eles se abraçam, quando jogam... Há uma relação boa e por isso eles ganham", analisa.

Em 1997, chega a aguardada contratação pela Real, com 23 anos: a hora de dar o salto. O sonho do pai irá se desfazer com as contusões no joelho, que o levaram

---

41 Escola de formação e residência do Fútbol Club Barcelona; também designa uma forma de construção típica da Catalunha e da Provença. [N.E.]

a jogar uma partida em três anos e a se aposentar. O fim do sonho, algo que teria destruído o futuro de qualquer jogador de elite que tivesse dedicado todos os esforços da sua vida a chegar à Primeira Divisão. E agora, com 27 anos? "Teria gostado de jogar na Real. Tinha muitos amigos ali, teria gostado de viver essa experiência, mas também não fiquei muito mal. Fiquei chateado por ter que me aposentar, mas tudo bem", conta. Reconhece que nunca "teria aguentado jogar futebol até os 35", de modo que, ao sair do esporte profissional, retomou a carreira no direito que deixara de lado e voltou à atividade política à sombra da esquerda *abertzale*.

A realidade é que Sarriegi, que sem dúvida teve algum destaque por suas boas atuações no surpreendente Eibar de meados dos anos 1990, ao se aposentar não desfrutava de projeção fora de San Sebastián por suas façanhas futebolísticas, e sim por suas atividades políticas. A essa altura, a dicotomia entre jogador e *abertzale*, que quase nunca existira, volatilizou-se: Sarriegi já deixara de ser jogador de futebol, no sentido tristemente pejorativo da figura de um sujeito que se limita a chutar uma bola, com protetores de ouvido e uma venda que o impedem de ver o mundo, muito antes que parassem de lhe pagar para jogar. Ou, pelo menos, colocou sua profissão bem em segundo plano em relação às suas convicções políticas.

Durante sua etapa na Real, sua ideologia, essa que não importava tanto no Eibar, sem dúvida se tornou comedidamente pública. "Tinha gente que olhava para mim de um jeito diferente, mas eu sempre me dei bem com todos. Claro, você nota que com algumas pessoas do clube há uma distância maior, mas nada que fosse significativo. Quando Javier Clemente andou pelo clube, aí sim o clima era de muita brincadeira, dele comigo e vice-versa, e a conversa era boa", conta Sarriegi com um sorriso.

Clemente, nacionalista basco assumido que treinou a seleção espanhola, foi justamente quem esteve a ponto de fazer algo que, quem sabe, tivesse levado Iker a dar um salto para a fama: a imprensa da época comentou que Clemente, natural de Barakaldo, convocaria o jovem Sarriegi para os Jogos Olímpicos de Atlanta em 1996. "Saiu alguma coisa na imprensa, mas não chegaram a me convocar. Não teria ido, com certeza, isso era bem claro para mim, mas agora não tem sentido me manifestar. Isso aí você tem que dizer se for convocado. Como eu não tinha uma ambição de chegar a nada especial, a seleção espanhola não teria me trazido nem mesmo a projeção que poderia dar a outro", conta o ex-jogador. Como a maioria dos futebolistas *abertzales*, Sarriegi não critica os jogadores bascos que vestem a camisa *roja* da seleção espanhola, embora não a sintam como sua. "Alguns têm recusado, mas você precisa alegar que está contundido ou pedir para não ser convocado, ou fazer isso de outra forma, porque depois terá que ir a todos os estádios da Espanha... e isso é duro. Pode sofrer muitas represálias, pessoais e como jogador", analisa.

Dizem que Inaxio Kortabarria foi o primeiro basco a pedir para não ser convocado para a seleção nacional. "Além de Inaxio, deve ter tido mais gente", supõe Sarriegi. Mas às vezes também acontece de ninguém ficar sabendo.

"Essa via não foi aberta. É muito difícil dizer não, e mais ainda quando ninguém fez isso antes. Quando começar a ter jogador que faça, então será visto como normal que você não queira ir, e será mais aceito. Mas o primeiro vai ser posto contra a parede e isso é complicado", destaca.

Na Real, tradicionalmente o clube basco grande mais próximo (se é que cabe o termo) da esquerda *abertzale*, Sarriegi se torna uma pessoa com a qual é possível conversar a respeito do conflito basco. "Os estrangeiros me faziam muitas perguntas e se aproximavam de mim, mas a relação com todo mundo era normal. Todos sabiam como eu pensava, mas os que perguntavam eram aqueles que vinham de fora da Espanha. [O sueco Håkan] Mild, [o sérvio Darko] Kovačević, porque relacionavam isso ao conflito da antiga Iugoslávia, [o romeno Gică] Craioveanu... Porque logo depois Gică se revelou, mas eu aqui tinha uma relação muito boa com ele", diz, rindo, ao falar do ex-jogador romeno, que posteriormente chegou a ser o número dois das listas eleitorais do Partido Popular em Getafe nas eleições municipais de 2007, embora tenha renunciado ao mandato de vereador.

Não é incomum, e este livro é uma boa prova disso, encontrar jogadores de futebol bascos próximos da esquerda *abertzale*. São muitos e, pelo menos no País Basco, estão na boca de todos. Assinam manifestos de compromisso com a causa, participam de manifestações, apoiam campanhas sobre presos do ETA ou de seu entorno que, para muita gente em Euskadi e para a maioria na Espanha, são de muito pouco valor moral... Mas, por que quase nenhum deles mostra a cara para dizer isso? Por que um jornal de tiragem nacional, ou um dos grandes bascos, não publica uma entrevista em que um desses caras se disponha a falar? Digo mais, por que quando se aposentam é que adotam a causa? "Sem dúvida, teria muita repercussão uma entrevista num jornal para falar disso publicamente, mas não acho que haja muitas ofertas para falar. Não acredito que seja do interesse do *Diario Vasco* mostrar o que pensa um jogador de futebol. Nunca ninguém me procurou para me oferecer fazê-lo, e duvido que tenham feito essa oferta a alguém", rebela-se Sarriegi.

Talvez nesse ponto tenha razão. Que realmente não interesse ao grande público o que um jogador de futebol tenha a dizer. Mas Iker, sem dúvida, dá um valor mais ideológico ao assunto. "O sistema, ou o nome que você quiser dar, criou um modelo de jogador: um bom carro, dinheiro, namorada deslumbrante, uma família, não se envolver com nada e não se importar com coisa alguma... Convém ao sistema que os jogadores sejam assim, porque podem ser referência para as crianças, e quanto mais essas crianças admirarem modelos como os dos jogadores de futebol, melhor. O modelo do futebol é muito claro, e ser a ovelha negra e fugir disso é difícil, porque você precisa ter as coisas muito claras", assinala. A ideia do jogador de futebol do tipo "eu não me meto com política" enerva Sarriegi. "Não existe ninguém apolítico, mesmo que o cara se diga apartidário. A gente faz política na forma de vida que leva. Jogadores de futebol são pessoas, tomam decisões, e isso é política", sentencia.

Depois que se aposentou, outro incidente com a polícia projetou o nome de Iker Sarriegi em nível nacional. Em março de 2001, a polícia o deteve em um pedágio em Durango. Fizeram-no descer do carro, revistaram-no e então o liberaram. Naquele mesmo dia, entraram em dois imóveis que tinham ligação com o ex-jogador: o primeiro era o apartamento em que ele havia morado de aluguel e do qual já saíra; o segundo, um apartamento de sua propriedade, onde morava sua irmã. Fizeram uma ligação de Sarriegi com um dos membros do Comando Totto do ETA. O ex-jogador compareceu então ao Tribunal de Instrução, junto com seu advogado, para se informar sobre sua situação judicial. Foi deixado em liberdade.

Embora o incidente não passasse de um dos muitos entre as forças de segurança do Estado e o entorno do ETA, mostrou que Sarriegi estava sendo vigiado pela polícia e criou na Espanha um rótulo que até hoje o acompanha: o jogador do ETA. Mas será que a polícia só decidiu agir contra Sarriegi depois que ele abandonou o futebol? Será que os jogadores na ativa contam com algum tipo de proteção? "Aqui eles sabem quem você é e onde mora. Eu, como jogador, não percebi se estava no radar da polícia. Será que se eu estivesse jogando na Real eles teriam entrado na minha casa dessa maneira? Não sei, talvez tivessem feito isso de outra forma", assinala, e acredita firmemente que a polícia tem a ficha dos jogadores de futebol: "Acho que eles os vigiam como fazem com qualquer outra pessoa. E com certeza devem saber quais deles são militantes da esquerda *abertzale*".

No momento desta entrevista (outono europeu de 2009), o que dá para afirmar é que Sarriegi, que concluiu o curso de direito depois de abandonar o futebol, é um dos advogados de cabeceira dos membros do ETA. Sua presença de toga é habitual quando o réu é um membro da organização terrorista. Sua imagem foi muito difundida em um dos julgamentos contra o histórico *etarra* Iñaki Bilbao, que teve presença meramente protocolar no julgamento pelas ameaças que pronunciara anteriormente contra os juízes Baltasar Garzón e Alfonso Guevara. Bilbao se dirigiu ao magistrado: "Aqui o único juiz e executor sou eu. Você é um covarde e um fascista, e um fascista repressor. O que eu quero é que você desapareça, você e todos os que são como você e por isso vou lutar até a morte", gritou. Quando tanto o procurador como o advogado da Associação das Vítimas do Terrorismo (AVT) que exerciam a contraparte solicitaram que fosse condenado outra vez por ameaças terroristas, a imagem de Iker Sarriegi voltou a aparecer para o grande público depois de muitos anos. "Será que isso não vai acabar nunca?", clamou ele.

À margem do (tristemente) anedótico, o certo é que hoje Sarriegi é um personagem representativo dentro da esquerda *abertzale* e do ETA. Com um escritório pequeno, cobrando honorários muito baixos (e que lhe permitem levar uma vida normal com sua companheira e seu filho), sua vida poderia ser bem mais folgada do que é. E isso em função de um compromisso político que ele define como inseparável do fato de ser basco. Um estranho ecossistema em que se mesclam o nacionalismo, a esquerda mais utópica e a inevitável sombra da violência, que parece ser inseparável na cabeça de Sarriegi. Começamos a conversa mais voltada à política, falando sobre por que o ex-jogador é *abertzale*. "O que me deu a consciência política foi o país, ter nascido aqui. Em outros lugares não existe essa consciência. Tive uma evolução de uma consciência nacional e social de esquerda, mas derivada daquilo que aprendi com a esquerda *abertzale*", reflete. E acrescenta: "Existem *abertzales* de esquerda e de direita. Eu procuro ser de esquerda. Com todas as contradições que temos, tento levar isso à prática. Tenho uma consciência maior do que antes. As coisas que vivi na rua, com esse povo, nos lugares onde exerci militância, me fizeram ver que há outros modelos políticos, sociais e de convivência que são mais justos e igualitários. São redutos pequenos que existem no *Euskal Herria* [País Basco]: as *herriko tabernas* [tabernas do povo], as festas, o voluntarismo militante, a forma de trabalhar em assembleia".

Sarriegi reconhece que a esquerda *abertzale* cometeu o erro de centrar sua política mais na consciência nacional do que na social, mas tem clareza de que o único caminho que conhece para chegar ao mundo que ele deseja é uma pista de mão dupla: um modelo social que só será conseguido com a independência. Assim, a ideia do nacionalista utópico de um mundo mais próximo da perfeição passa pelo País Basco ser independente e governado por esse socialismo nacional: "Eu não quero um Estado independente como este, ou com um *Lehendakari* [presidente] do Partido Nacionalista Vasco (PNV). Um Estado independente tem que andar em paralelo à criação de um modelo social, e num Estado pequeno como este seria mais fácil".

Sarriegi tem um filho. Como todos, define o mundo que quer no futuro como aquele que irá legar a ele. "Aqui a esquerda *abertzale* está lutando para criar um Estado basco independente e socialista, em que todos possamos viver melhor. Para mim, isso é muito importante e vale a pena. Não quero que meu filho viva como vivemos agora. Não quero que fique quarenta anos hipotecado para poder pagar uma casa e tenha que trabalhar doze horas por dia para ser infeliz. Não quero que precise se exibir com um carro e depois se sinta vazio por dentro", assinala. Essa ideia utópica se choca, segundo Sarriegi, com a vida que se leva em outros lugares. Por exemplo, a capital da Espanha de onde veio o jornalista para entrevistá-lo. "Vejo vocês em Madri saindo de manhã para trabalhar e voltando às nove da noite, ou seja, a educação das crianças fica por conta do Estado, que direciona tudo para que você seja produtivo, para o pensamento único. Tudo isso me preocupa", reconhece. Tudo pelo filho: "Não gosto desse tipo de vida: trabalho, estresse, consumo... Acredito em outra vida, na qual as coisas possam ser feitas de outro modo", resume.

Com a esquerda *abertzale* na ilegalidade e sua influência diminuída pela batalha travada contra ela pelos sucessivos governos espanhóis, a condenação da violência do ETA é o que se exige como caminho inevitável para voltar à legalidade. Um caminho no qual Sarriegi não acredita. "Desde o fim do franquismo temos sido ilegais, portanto utilizamos a luta institucional sempre que quisemos e agora isso acabou. Bem, eles colocaram algumas condições... Assim, teremos que fazer uma readaptação", diz. "Como?", pergunto. "É difícil. Vamos ter de refletir bastante e aceitar que as coisas mudaram. A repressão e a ilegalidade fazem você alterar as formas de luta e a organização, e isso precisa de uma adequação", assinala.

Dito isso, chega o momento de aprofundar a questão do seu apoio à violência do ETA. É evidente que o advogado mais próximo da organização esteja aliado a eles, a quem eu chamo de terroristas. Ele discorda: "Eu não sou um terrorista, e aqueles que você chama de terroristas tampouco o são". Pergunto o que ele acha do rótulo de Jogador do ETA". Ele sorri: "Não me surpreende e não me incomoda".

Surpreendentemente, embora o que ele diz me deixe perplexo, o ex-jogador de futebol que tenho à minha frente, de quem me lembro como o meio-campista rápido e sério do Eibar que quase consegue subir à Primeira Divisão, transmite confiança para que eu continue perguntando. É franco e aberto, e não se chateia com as minhas perguntas. Deve-se levar em conta que eu não o conhecia antes desta entrevista e que as referências que ele tem a meu respeito são escassas: prometi-lhe uma entrevista aberta e dura, e da primeira vez que travamos contato deixei bem claro a ele que eu não era o que defini como "um jornalista do *Gara*[42]". Mas Sarriegi me deixa bastante espaço pela lateral para continuar questionando.

42 Referência ao jornal diário de Guipúzcoa, *Gara Euskal Herriaren Egunkaria*. [N.T.]

Pergunto se ele apoia o terrorismo. Ele introduz nuances: "O conceito de terrorismo está manipulado. O terrorismo é a imposição de alguma coisa por meio do terror, portanto o terrorismo nunca pode ser realizado por quem quer mudar as coisas. São os governos, os estados, os impérios. Mas agora o que ocorre é que o pequeno, o fraco, é quem promove o terrorismo. A acepção foi mudada: aquele que quer reverter a ordem constitucional ou a paz é o terrorista", diz. Então decido mudar o termo: violência do ETA. Você a condena? "O discurso da violência é muito hipócrita, porque aqui tivemos séculos e séculos de guerras, aniquilaram povos, mataram, violentaram, roubaram... e um deles foi o Estado espanhol. E agora, graças a tudo o que ele acumulou, roubou e matou, chega um momento em que ele diz que há democracia e que já não se mata mais. Agora a violência de repente é o terrorismo. Acho normal que sejam eles que tenham esse discurso, porque foram os vencedores. Mas não me parece justo. Sei que a violência é dura no mundo todo, mas essa gente vir agora posar de democrata, com toda a história que eles têm por trás... não é bem assim. É normal que os espanhóis digam agora que não se deve matar, que armas não... Isso acabou com a gente, vocês mataram todos os nossos *pichichis*[43]!", responde.

43 Pichichi (Rafael Moreno Pichichi) foi jogador de futebol do Athletic de Bilbao de 1911 a 1921. Grande goleador, virou sinônimo de "artilheiro" e dá nome ao Troféu Pichichi, que o jornal espanhol *Marca* confere todo ano ao maior goleador da Liga Espanhola. [N.T.]

E então tem início um diálogo duro, que chega a me surpreender. Eu digo:

– *Não é possível que alguém de esquerda se identifique com Iñaki Bilbao, por exemplo. Os caras do* ETA *são uns descerebrados. Para mim são delinquentes. O* ETA *não faz mais sentido, se é que fez algum dia, há 35 anos...*

– Não, não é nada disso. Você não os conhece, os militantes do ETA, e eu conheço, não tem ninguém descerebrado ali. Sei que você não vai acreditar em mim, mas é assim. Tem de tudo, como em qualquer lugar, mas os que eu conheço não são assim. Quantos militares existem na Espanha? Quantos deles matam sua mulher? Não é assim! Entendo que são coisas diferentes e que não é possível comparar, mas se a gente for falar de violência... É uma perspectiva muito hipócrita. É preciso examinar a história. O que é que os militares estão fazendo no Afeganistão?

– *Eu não me sinto próximo dos militares.*

– Mas muitos espanhóis, sim. Da resistência aos nazistas todo mundo se sente próximo, não é? Claro, porque é uma coisa distante, então é muito bonito. E os indígenas?

– *Você acha que a situação no País Basco é essa, como a dos indígenas da América Latina?*

– Claro, claro. Este aqui é um povo muito antigo. E tenho certeza que durou e chegou até aqui porque fazia as coisas de outra maneira, com outras tradições, outra cultura, outra forma de viver, de se organizar... Não digo que fosse melhor ou pior, mas por isso acredito que a

consciência nacional e social são duas faces da mesma moeda. É uma luta de libertação nacional e social.
— E se amanhã a esquerda abertzale *condenasse?* Você se afastaria?
— Não sei, eu sou eu, não me coloquei nessa situação. Não sei se me afastaria. Acho que com a condenação não se resolve nada.
— Honestamente, em algum momento da sua vida você pensou em ser militante do ETA?
— Não.

Há um pequeno silêncio depois de uma conversa que chegou a esquentar. Só um pouco, não nego, mas sem dúvida esquentou. Sarriegi é veemente, mas sempre correto e cordial. Alguém com quem você pode falar com franqueza. A conversa termina quando o jornalista assim decide: ele em nenhum momento disse "agora chega". É algo a se agradecer.

Saímos do bar e nos despedimos. Sarriegi é cordial e simpático. Tenho a sensação de que poderia ser meu amigo e amigo de qualquer um. Sem dúvida, acho que ele está profundamente equivocado, que em relação ao ETA pensa coisas que me assustam. Que é fruto de uma sociedade, a basca, que produziu caras como ele. Penso na frase que ele mesmo disse: "A consciência quem me deu foi o país". É um argumento lógico e ao mesmo tempo perverso. Vivemos a 600 quilômetros um do outro e somos de dois planetas diferentes. Não consigo evitar me perguntar como eu seria se tivesse nascido em uma cidadezinha de

Guipúzcoa. Estranhamente, no que se refere ao ETA, eu me sinto como antípoda de Iker Sarriegi e não deixo de achar que é por mero acaso que eu não me sinta mais próximo. Questão de ter nascido a uns palmos de distância. E com essa sensação volto a Madri, onde se entra no trabalho às sete da manhã e se volta para casa às nove da noite.

Alguns meses depois...

Poucos meses depois dessa entrevista, em 10 de abril de 2010 a polícia detém Iker Sarriegi por ser, segundo define Antonio Camacho, secretário de Estado da Segurança, "suposto integrante do ETA que defendia nos tribunais supostos integrantes do grupo terrorista". Sarriegi teria o apelido de *Gabai* (pardela) e suas funções seriam, segundo a polícia e o juiz Fernando Grande-Marlaska, encaminhar recados dos membros da organização terrorista, agir como intermediário na gestão da extorsão e fornecer informações sobre empresas. Além disso, está implicado na ata de uma reunião do Comitê Executivo do ETA.
    Sarriegi vai para a prisão de Navalcarnero e, depois, para Puerto III, no Porto de Santa María, em Cádiz. Evidentemente, haverá outra entrevista. E, evidentemente, não poderá ser como a primeira.

San Sebastián, outono de 2012

Três anos mais tarde, repete-se a entrevista. Está um pouco mais frio, mas a cena é estranhamente mimética: combinamos de nos encontrar no mesmo lugar, Sarriegi continua sem aparentar os quase 40 anos que tem, vamos ao mesmo lugar, a Garagar, pedimos a mesma coisa, e sentamos na mesma mesa tranquila do fundo, iluminada por um foco vertical que faz a cena parecer uma rodada de pôquer de filme americano ou um interrogatório lúgubre – o leitor escolhe. Da vez anterior, antes de começarmos a falar, Iker havia encontrado dois destacados membros da esquerda *abertzale*; agora, no entanto, cumprimenta, sorridente e cordial, dois personagens bem diferentes: dois policiais municipais de San Sebastián. Em castelhano, trocam perguntas sobre a família, os filhos e o que andam fazendo agora. "Um deles foi meu colega na faculdade de direito", conta Sarriegi. Desde a última vez que nos vimos, a cidade mudou politicamente (em 22 de maio, o Bildu ganhou as eleições e obteve a prefeitura para Juan Carlos Izagirre; uma semana antes da entrevista, dois de cada três bascos haviam votado em partidos soberanistas nas eleições em Euskadi, e o Bildu se consolidara como segunda força política e como clara alternativa de poder). E Iker Sarriegi havia vivido muita coisa. Depois de ter passado oito meses preso, em dezembro de 2010 saiu da prisão pagando uma fiança de 60 mil euros. Está à espera de um julgamento no qual, presumivelmente, será acusado de colaboração com o grupo armado (pena de cinco a dez anos) ou de pertencer a ele (de seis a doze).

Não é habitual que alguém na prisão receba presentes como os que foram enviados a Iker quando estava ali. O C.D. Hernani, o Real Unión de Irún, a S. D. Eibar e a Real Sociedad mandaram camisas assinadas por todos os seus jogadores. Sarriegi, afastado do futebol até mesmo intelectualmente, recebeu a prova de que os quatro clubes profissionais nos quais jogou lembravam-se dele com carinho. Agora, quase dois anos fora da prisão, ocupa seu tempo estudando antropologia, curso que iniciou dentro da prisão pela Uned (Universidade Nacional de Educação a Distância) e que agora continua na Universidade do País Basco. Embora more a um passo de San Sebastián (vendeu seu apartamento na cidade para se afastar do centro), raramente vai ao Anoeta.

No contato pessoal, Sarriegi continua sendo um cara acessível e direto, mas mudou. É bem menos veemente e o fato de estar com um processo judicial aberto sem dúvida o temperou. Fala mais baixo, com menos volume e menos intensidade. É como o tom político do país, que baixou um par de notas. Por sorte, com o fim do ETA em curso, uma decisão impulsionada desde a base da esquerda *abertzale*, o discurso de Iker Sarriegi não sai um centímetro da linha demarcada: "Apoio o processo 100%, sem fissuras. Isso é claro. O movimento tomou a decisão de seguir por esse caminho com todas as consequências e assim será". "E o que os presos opinam sobre esse processo?", pergunto. "Isso você deveria perguntar a eles", responde. Tenho a sensação de que o Sarriegi de antes da prisão teria respondido de outro modo, porque conhece melhor do que ninguém o coletivo dos presos. Na realidade, foi um deles. É normal que agora seja cauteloso.

"O ETA acabou para sempre, e quem não enxergar isso é porque não quer. Todo mundo sabe que é assim, aqui e fora daqui", destaca, agora, sim, seguro e contundente. Não há hesitação. O que ele não tem tão claro é seu futuro. Largou a advocacia. Diz que antes da detenção já havia pensado nisso, embora pareça evidente que um tempo na prisão e o confronto com a realidade de uma possível pena de anos leva qualquer um a rever o que irá fazer a curto, médio e longo prazo. Estuda e vive modestamente com uma pensão (do Estado espanhol) por invalidez, que recebe, como tantos outros esportistas profissionais, desde que a lesão acabou com sua carreira.

"Foram meses bem movimentadinhos. Fomos detidos e ficamos cinco dias incomunicáveis. Nós advogados não fomos torturados, não encostaram a mão em nós, mas os outros detidos denunciaram torturas, e me consta que foi assim mesmo. Em Navalcarnero passei dois meses e em Cádiz fiquei num módulo de isolamento, que é onde ficam os companheiros. É uma ala especial, com um pátio muito pequeno, não o típico pátio com um campo de *futbito* [futebol de salão] e um refeitório grande. Tínhamos um pátio muito pequeno, com um *frontón* [paredão para jogar pelota basca] muito estreito, e só podíamos ficar lá quatro horas por dia. O restante, na cela", conta Sarriegi. Parece desconfortável quando pergunto sobre sua vida ali: "Praticar esporte, cuidar de si, estudar, pouco mais que isso", resume, em palavras que precisei arrancar dele com saca-rolhas. "Você nunca espera ir parar na prisão, longe disso, longe disso. Tudo bem, o Iñaki Goioaga, advogado de Bilbao, eles haviam detido uns meses antes, quer dizer, então, claro, você sabe que pode acontecer com você também", diz. Isso, sim: ele tem consciência de que os oito meses de prisão e o que ainda pode vir pela frente já estão compensados. "Vale a pena ficar com os presos e apoiá-los, e principalmente vale a pena você ser incômodo para o Estado e para o poder", assinala.

Sua concepção de mundo e daquilo que ele mesmo faz continua sendo a do ideal revolucionário. Sua visão de si mesmo está muito distante do que pensam aqueles para quem o que Sarriegi faz é ajudar um bando de assassinos. Isso está fora da equação que ele faz de si: "Fiquei lá pouco tempo, mas, no final das contas, quem é que vai parar na prisão? Os de baixo. Os de cima pisam menos uma prisão. A prisão é feita para gente que quer mudar as coisas, e na atual situação isso fica mais visível do que nunca. A prisão e a polícia estão aí para defender alguns e controlar outros. É uma estrutura criada para manter esse *status quo* e para que a classe dominante continue se mantendo e explorando o povo. Em situações como essa é que isso se torna mais evidente. A polícia não investiga grandes banqueiros, empresários ou outros policiais. Eles trabalham para a classe dominante: prendem quem furta alguma coisa num supermercado ou um negro que vende mercadoria pirata, mas aqueles que fazem as grandes fraudes não têm seus telefones grampeados, mas nós, sim. Por que não os vigiam o dia inteiro? Com certeza temos aí centenas de milhões para serem devolvidos ao povo. E onde os meios de comunicação estiveram esse tempo todo? Eles são tentáculos do aparato", analisa.

Fica rondando minha cabeça a metáfora das pessoas que Sarriegi encontrou antes de cada uma dessas duas entrevistas: na primeira, Rufi Etxeberria. Na segunda, dois policiais municipais. Com ambos bateu papo amigavelmente. Faz apenas alguns segundos que ele me disse considerar a polícia um dos tentáculos que o levaram à prisão. "A polícia municipal é uma polícia do povo, contra eles as objeções são outras. É como você viu: não tenho nada contra eles, exceto coisas menores. Fica claro que eles se dedicam a arrecadar aplicando multas, quando deveriam arrecadar lá por cima. Mas são detalhes. É diferente: falo da Guarda Civil, da Polícia Nacional e da *Ertzaintza*[44]", esclarece. No final, fica de novo a sensação de que tudo no País Basco é tão pequeno que causou um equívoco no modelo de sociedade: a política e a violência traçaram linhas impermeáveis nas quais ou você está de um lado ou do outro. Em um lugar tão minúsculo, onde todo mundo tem uma relação próxima e, portanto, complexa, há tantos matizes que essa barreira de mármore é ridícula. Configurou-se um país que é branco ou preto, mas a realidade é que está cheio de cinza. Não poderia ser pior. "Quando você é preso, a situação é o que é e quem está perto de você simplesmente o apoia: pais, irmãos... Não tem muito mais o que fazer. É uma situação que acontece

---

44 *Ertzaintza* ("cuidador do povo") é a polícia do País Basco. [N.T.]

de um dia para o outro e precisa ser enfrentada. Suponho que se eu tivesse continuado como advogado talvez eles tivessem me pedido que eu redefinisse as coisas da minha vida. Mas não foi esse o caso. Foi tudo em sequência: trabalhar como advogado, a prisão e, no final, largar o ofício", conta Sarriegi. "Rapaz, é claro que dá medo a possibilidade de passar anos na prisão, não é uma coisa agradável. Mas, enquanto não chega o momento, procuro não ficar remoendo isso, porque não compensa. Quando chegar o momento, aí então a gente vê. Porque, de repente, você pode ser absolvido, e então não vale a pena remoer", sentencia. O advogado *abertzale* Iñaki Goioaga, do qual Sarriegi falava, foi absolvido em outubro de 2012 pela Audiencia Nacional. Pediam dezesseis anos pela suspeita de que tivesse ajudado a idealizar a fuga da prisão de Huelva do *etarra* Gorka García. Passou um ano e meio em prisão preventiva.

Agora, Iker Sarriegi está estudando e diz não ter "nenhum interesse em se incorporar à política". Tampouco ao futebol. Vai ao Anoeta de vez em quando, mas sua relação com a Real Sociedad é a de qualquer torcedor... ou menor. Nunca foi um pilar da sua vida. Agora diz simpatizar com o 15-M[45], "como com qualquer movimento de

---

45 O 15-M ou "indignados" foi um movimento de protestos espontâneos organizados pelas redes sociais, iniciados em 15 de maio de 2011, na Espanha. Declara aversão a políticos, partidos e bancos, e pede o fim da corrupção e o respeito a direitos básicos de habitação, saúde, educação, trabalho e cultura. [N.T.]

luta", e conta que esteve alguns dias atrás em uma palestra de Carlos Taibo, escritor e professor de ciência política na Universidade Autônoma de Madri, e que gostou do que ouviu. Gosta do movimento "pelo que ele pressupõe de se associar e trabalhar a partir da base, de baixo para cima, sem ficar na expectativa de que alguma coisa nos será dada. Precisamos criar uma sociedade na qual sejamos todos protagonistas, na qual a gente assuma o comando, na qual nossa relação com a terra e com tudo o que nos rodeia seja mais direta".

Pergunto se ele acredita que verá essa sociedade basca socialista, tão utópica, que é pregada pelo Bildu. "Acho difícil. Estamos na Europa, penetrados ideologicamente pelo sistema capitalista e sua forma de viver, trazemos isso internalizado. É muito difícil mudar isso, tem que ser um processo. Mas se tivermos o objetivo claro, pouco a pouco poderemos mudar as coisas. Não temos a maioria no *Euskal Herria*, mas nos setores em que tivermos essa maioria precisamos tentar mudar a longo prazo a sociedade e a maneira de viver. Até agora, o mais positivo que temos extraído de todo esse processo é conseguir viver em paz e justiça, e ser um povo livre para que nos reconheçam. Estamos numa conjuntura boa." Também falamos sobre a independência. "Você pode ser independente, mas não soberano, ou pode ter um Estado e estar à mercê da Alemanha. Se você tem um Estado, mas não leva a cabo políticas verdadeiramente soberanas, então para que ele serve? Hoje em dia os Estados raramente tomam decisões soberanas", acrescenta. Uma coisa é certa:

ele acredita que o ambiente soberano está favorecido pela conjuntura, em especial a econômica: "Passamos alguns anos nos quais, com o estado de bem-estar, as pessoas viviam bem. Mas com esta crise, muitos bascos vão começar a acreditar que pode ser melhor um Estado próprio, onde possamos gerir nossa economia", diz.

É possível que Iker Sarriegi seja um colaborador ou um integrante do ETA. A justiça o dirá. É possível que Iker Sarriegi seja um revolucionário, como ele se vê, ou um terrorista que foi jogador de futebol, como é visto por muitas pessoas. Cada consciência dirá. Mas não cabe a menor dúvida de que Iker Sarriegi seja, talvez, o caso mais impactante de toda a história dessa relação entre jogar futebol como profissional e manifestar-se politicamente.

AMOR, DESAMOR E POLÍTICA À ITALIANA

Livorno viu nascer o Partido Comunista Italiano (PCI) porque a providência, se os comunistas me permitem o termo, criou a cidade para que assim fosse. Cristiano Lucarelli sabe a data de cor, "Mil-no-ve-cen-tos-e-vin-te-e--um", como um livornês criado no subúrbio de Shanghai, o bairro mais difícil da cidade, que tivesse aprendido na escola a história do PCI como se aprende a tabuada do 9.

Em meio a fachadas descascadas e roupas coloridas estendidas, os pais das crianças de Livorno não entoam canções de ninar, e sim *Bandiera Rossa* (Bandeira Vermelha, uma canção popular italiana utilizada como hino de comunistas e socialistas na Itália). "Mesmo que você não saiba nada de política e seja ainda criança, consegue ver que quase a cidade inteira é de esquerda. Quando eu era pequeno, a população daqui era de *portuali* [estivadores], e só havia umas cinco ou seis famílias com dinheiro. Sim, é difícil ser livornês e não ser de esquerda", sorri Lucarelli.

Essa cidade é símbolo da esquerda na Itália desde que Antonio Gramsci e Amadeo Bordiga abandonaram o Teatro Goldoni, onde se celebrava um Congresso do Partido Socialista, para fundar a dissidência vermelha da foice e do martelo naquele 21 de janeiro de 1921. E não foi por acaso que Livorno passou de ícone local a ícone global do vermelho pelas mãos de um jogador de futebol, Cristiano Lucarelli, e de sua extraordinária história, que mostrou ao mundo de que maneira a cidade pulsa: ao ritmo de revolução e futebol, que inundam os cantos e as conversas e tingem tudo de vermelho, um vermelho mais claro se falamos de política, ou o vermelho-amaranto do Livorno Calcio quando passamos ao futebol.

Lucarelli, o filho mais autêntico da cidade, terá que incluir tudo o que Livorno significa, convertendo-se em metáfora, bandeira e ícone livornês como santíssima trindade vermelha e futebolística de impacto mundial. A sua é, talvez, a história mais bonita do futebol contemporâneo, embora, por mais que você olhe, não tenha um final feliz. Mas, de todo modo, supõe uma viagem apaixonante, tanto quanto a natureza de Livorno.

O menino que não se entendia bem com os outros

A infância de Cristiano Lucarelli, filho de uma família trabalhadora livornesa, é a de um daqueles garotos que se apaixonam pelo lugar onde nasceram antes de se apaixonar por aquilo que encanta quase todos os outros: o futebol. Chutando bola pelos descampados de Shanghai, coleciona figurinhas, como qualquer outro garoto, mas seus favoritos são muito diferentes: "Os meninos gostavam dos jogadores da Inter de Milão ou da Juventus, mas eu me zangava com isso: 'Somos livorneses, temos que ser do Livorno Calcio. Os outros ficam melhor como segundo time'", dizia o menino Lucarelli, ingênuo, cabeçudo e idealista.

Dom Maurizio Lucarelli, militante do PCI e trabalhador do cais (na época, o segundo porto em importância do país), leva o pequeno Cristiano ao Armando Picchi, o combalido estádio onde o clube amaranto joga e batalha nas divisões menores, como a C2 (hoje *Lega Pro Seconda Divisione*, equivalente a uma Terceira Divisão) e inclusive a D, desde que o pai senta em sua cativa, lá por volta de 1962. "Os *tifosi* do Livorno estão acostumados a sofrer", define.

Não é fácil deixar de lado a tentação de ser de outro time, mas Cristiano, inflexível como o metal dos contêineres do porto, continua fazendo crescer o amor pelas suas cores. "É uma coisa que me acompanhou desde sempre, na vida pessoal e profissional. É como a política, não há escolha: um livornês vai ao estádio, para *tifar*, e ponto. É uma coisa única, não é algo que você possa deixar de lado. Sempre está com você, você pode trocar de mulher, mas não de time", diz o jogador, com o meio sorriso de quem já contou essa história mil vezes e acha ótimo fazer isso de novo.

"Eu tenho três filhos, e o quarto é o Livorno", explica o pai, Maurizio, culpado, sem dúvida, pela doença do menino, que ao chegar à adolescência se converte em uma máquina de fazer gols. É um artilheiro com instinto, que manda a bola para a rede com a naturalidade dos grandes jogadores, e logo sua efetividade é reconhecida. Com 17 anos, passa do Armando Picchi para a Cuoiopelli, região vizinha a Pisa, da Série D. Seu preço: 2 milhões de liras (uns mil euros de agora).

É paradoxal que a lenda futebolística de Cristiano tenha nascido em Santa Croce sull'Arno, o povoado de 15 mil habitantes, sede da Cuoiopelli (a apenas 50 quilômetros da capital livornesa). Não há nada que um livornês odeie mais do que Pisa. Talvez um fascista, mas não é bem certo: nas paredes da cidade competem as pichações antifascistas e as que atacam a capital vizinha (mais próxima ainda, 25 quilômetros ao norte). No futebol, evidentemente, essa rivalidade é sublimada por meio de um ódio visceral às cores azul e preta da equipe da Associazione Calcio Pisa.

O melhor caso para ilustrar essa rivalidade é a de Luther Blissett. Sem ter uma só linha escrita no livro da história do futebol, Blissett foi um jogador britânico de origem jamaicana que passou pelo Milan com todo o sofrimento do mundo e sem um pingo de glória. Procedente do Watford, assinou contrato em 1983 com os *rossoneri* (rubro-negros, cores do Milan) e em trinta jogos marcou cinco gols, muitíssimo menos que os gols que perdeu. É lembrado como uma das piores contratações da história do clube, que naquela campanha terminou em sexto e ficou fora inclusive da Copa da Uefa. Para os milanistas, ele é um vexame, mas, incrivelmente, para a cidade de Livorno ainda hoje é um símbolo.

Naquele ano de 1983, o Livorno penava pela Série D e, o que era quase pior para os torcedores, o Pisa estava na Série A. Na última jornada daquela campanha 1983-84, o Milan não disputava nada e o Pisa, tudo: se perdesse, cairia para a Série B. O vexaminoso Blissett marcou um gol que rebaixou a equipe do Pisa, um gol que ninguém recorda em Milão, mas que todos carregam no coração em Livorno. Tanto assim que ainda hoje qualquer torcedor fala de Blissett como *il quinto moro*. A estátua símbolo da cidade, o monumento *dei Quattro Mori*, mostra Fernando I da Toscana em uma coluna sustentada por quatro escravos negros. Blissett, ainda hoje, é um símbolo livornês, representante de um ódio visceral pela cidade vizinha.

A maldição da camiseta

É enquanto joga na Cuoiopelli que Cristiano Lucarelli cruza com um homem decisivo na sua vida esportiva: Carlo Pallavicino, que será seu agente. "A primeira coisa que ele me disse foi 'me leve para o Livorno, me leve para o Livorno, me leve para o Livorno, é meu sonho desde criança'", relembra o representante, que respondeu: "Não estou aqui para realizar sonhos. Estou aqui para que, quando você se veja com 35 anos, já tenha ganhado todo o dinheiro que mereceu".

Pallavicino conseguirá fazer seu trabalho sem interferências onírico-livornesas durante alguns anos: arruma contrato com o Perugia (a Cuoiopelli o transfere por dez vezes o que pagou), pelo qual em duas temporadas joga sete partidas. Tem 20 anos e parece perdido, mas em 1995-96 assina com o Cosenza, marca quinze gols na Série B e vai aos Jogos Olímpicos de Atlanta de 1996, nos quais os transalpinos dirigidos por Cesare Maldini caem na primeira fase. Da cidade norte-americana aterrissaria diretamente no Padova recém-rebaixado para a Série B e dirigido por Giuseppe Materazzi (pai do zagueiro que provocou a expulsão de Zinedine Zidane na final da Copa do Mundo da Alemanha em 2006).

A essa altura é um dos jogadores de 20 anos mais importantes do futebol italiano. Pelo menos continuará sendo até o dia 27 de março de 1997, quando um gesto irá valer mais do que uma interminável sequência de gols.

Era a nona partida de Lucarelli com a seleção *nazionale* sub-21. Depois das Olimpíadas, tinha marcado oito gols em suas três primeiras partidas, e os italianos enfrentavam a seleção da Moldávia no Armando Picchi. Jogava em sua casa, aquela que trazia no coração, mas onde nunca conseguira jogar como local, no cenário de seus sonhos infantis e de seus desvelos de *tifoso* amaranto. Na *curva* (fundo) norte, ficavam os ultras livorneses, os mais radicais esquerdistas da Itália. Entre eles, muitos amigos de Cristiano Lucarelli, plenamente identificados com o seu ideário, por extremista que fosse. "Meu sonho desde sempre era poder dedicar um gol à *curva*", diz o atacante.

Um jogo da seleção italiana em Livorno não é precisamente uma festa. Anos depois, em 2007, quando a seleção visitou a cidade pela mão de seu ex-treinador Roberto Donadoni (outro dos mitos do altar livornês) para estrear sua condição de campeã do mundo contra a Croácia, os ultras *amaranti* arrancaram as bandeiras tricolores das mãos de alguns torcedores e as rasgaram. Mas no dia em que Lucarelli visitava o Armando Picchi vestido de *azzurro*, a política ficou de lado. O filho da cidade, embora jogasse no Padova, tinha que se sentir em casa. "Cada vez que pegava na bola, havia um burburinho de expectativa.

O estádio inteiro estava esperando ele marcar", diz Maurizio, pai do jogador.

Então chegou o grande momento de Lucarelli. Após um excelente passe de Francesco Totti que ele caçou no ar com a perna direita, fuzilou e marcou. Emocionado, foi até a *curva* norte, subiu em uma placa de publicidade e levantou a camisa da *Azzurra*. Por baixo dela, outra: branca com letras bordô, com a imagem do escudo dos ultras livorneses, mais a frase "O Livorno é uma fé e os ultras seus profetas" e o rosto de Ernesto Che Guevara. Quando terminou o jogo, mostrando já totalmente a efígie do revolucionário, foi até o fundo do campo e pulou com aquela que considera sua *curva*, seus camaradas, seus amigos. Sonho realizado. A Itália levou as mãos à cabeça.

Embora o atacante explicasse de todas as formas, estava condenado. Hoje, com um leve sorriso, relembra o que fez. "Minha intenção não era fazer um gesto político, embora seja evidente que eu sabia quem era Che e o que representava. Mas era um gesto de amor pela minha gente, por meus amigos que estavam na arquibancada. Para mim era indiferente se na camiseta estivesse o rosto de Che ou de *Cicciolina* [pseudônimo de Ilona Staller, atriz pornô e parlamentar italiana]", brinca. Quer ele esteja tentando se desculpar ou não, o certo é que em Livorno a bandeira cubana é quase a cooficial. Muitos livorneses a têm tatuada. No fundo do Armando Picchi, ela convive em harmonia com as bandeiras grenás da equipe (e com alguma outra, como a *ikurriña*). Cristiano apenas se mostrou como um legítimo filho da cidade.

Desde o incidente da camiseta até o final de temporada, os ultras de sua própria equipe, a *Juventude Crociata* (Juventude Cruzada), de ideologia ultranacionalista de direita, implicam com ele. No jogo seguinte em casa, contra o Castel di Sangro, mostram um cartaz: "Humilhados em toda Itália... Obrigado". Cristiano tenta, mas não é seu dia: falha em três ocasiões. E os gritos ecoam pela Itália: "Lucarelli, comunista, volte para Livorno", "Não queremos mais você". O jogador tenta ir falar com os ultras, mas a polícia o aconselha a deixar o estádio por uma porta nos fundos. Não pararam de xingá-lo até o final da temporada.

Conta a lenda, tão propagada por um jornalismo que nunca se incomodou em olhar sequer para sua trajetória, que depois daquele jogo em Livorno Lucarelli parou de jogar na seleção italiana. Não é verdade. O presidente da Federação, Luciano Nizzola, disse na época que o que Lucarelli havia feito não devia ser imitado, mas compreendeu o que o próprio jogador lhe explicou: "Se o símbolo dos ultras tivesse sido o Papa, eu teria usado uma camiseta com o rosto dele", brincou. Assim, Cristiano participou de mais nove partidas com a sub-21, incluindo os Jogos do Mediterrâneo de Bari de 1997, nos quais a Itália conquistou o ouro. Então, sim, veio o hiato: oito anos sem participar da seleção nacional.

Voltou em 2005, depois de ser o maior goleador da Série A com o Livorno (24 gols, a um gol dos ganhadores da Chuteira de Ouro europeia, Diego Forlán, do Villarreal, e Thierry Henry, do Arsenal) para um par de amistosos e, no ano seguinte, marcou outros dezenove gols. O fato de ser durante duas temporadas consecutivas um dos maiores artilheiros do *calcio* não convenceu Marcello Lippi a convocá-lo para a Copa de 2006. Na relação dos atacantes que foram à Alemanha figuram, além do *cappocannoniere* (máximo goleador) da Série A, Luca Toni (31 gols com a Fiorentina), o milanista Alberto Gilardino (dezessete gols na Liga), seu companheiro Pippo Inzaghi (dezesseis gols em três competições) e, para fúria da cidade de Livorno inteira, o goleador da Udinese Vincenzo Iaquinta, com dezessete gols em quatro competições, nove no campeonato doméstico. Em toda a sua carreira, Cristiano será seis vezes titular da seleção, marcando três gols.

Teria Lucarelli sido vetado por dizer o que pensava? "Não posso me enfiar na cabeça de ninguém, mas evidentemente isso não me beneficiou", diz, diplomático, o jogador, a partir da experiência de ter superado os 30 anos de idade com folga. Não é descabido concluir que ele tem razão. Marcello Lippi, sempre reticente em relação aos diferentes, deu-lhe o rótulo de problemático por falar mais alto e mais claro. A conclusão do livornês é contundente: "Se você toma posição, levando em conta o que vive na própria pele, isso vai servir para que todo mundo fale disso mais do que sobre o que você faz em campo", sentencia. "Sempre se rebelou contra o conformismo do *calcio*. Um mundo que não tolera a diversidade", resume seu agente, Carlo Pallavicino.

Cristiano, o Vermelho

"Sou de esquerda, mas comunista não é a palavra exata. Os comunistas falharam em algumas coisas, muitos usaram o comunismo para se beneficiar pessoalmente. Sou de esquerda, se bem que reconheço que não sou muito diferente de um comunista." Cristiano fala com o autor deste livro em sua última temporada como jogador do Livorno (em 2009, quando cumpria sua quinta temporada no clube, ano de sua volta depois de duas experiências, no Shakhtar Donetsk ucraniano e no Parma). E fala apesar do Livorno: por medo sabe-se lá de quem, o clube, conhecido no mundo inteiro como de esquerda, não quer que Cristiano trate de política. O chefe de imprensa recusa autorizar a entrevista mesmo sabendo que o jornalista viajou da Espanha.

Mas se conseguimos obter da sua própria voz uma definição de seus ideais é porque Lucarelli, cordial e transmitindo a sensação de que de fato aprecia que alguém tenha viajado para conhecer sua história, concedeu a entrevista contrariando a ordem do clube. Para piorar, comparece à entrevista vestindo o agasalho da equipe e depois de ter convocado seu interlocutor para o próprio hotel da concentração, antes de um jogo contra o Genoa.

Lucarelli admite publicamente que, embora não se defina como comunista, vota na Rifundazione Comunista, partido que nasceu da cisão do PCI em 1991. Sua obsessão é manter a pureza de suas ideias e que aqueles que as defendem nas urnas não se sirvam delas para enriquecer.

É sua luta pessoal: tem dinheiro, mas não quer renunciar a ser quem é. "Não voto pensando no que tenho no bolso e sim na minha consciência. Venho de uma família de trabalhadores e essa visão da vida e dos problemas do mundo não muda. Sempre pensei dessa forma e o dinheiro não vai mudar isso, e é bom que seja assim."

Cristiano é dono da Lucamat (acrônimo de Mattia Lucarelli, um de seus filhos), um pequeno conglomerado de empresas com 37 empregados sob seu comando, e encabeça a cooperativa Unicoop Servizi Livorno, com a qual salvou o porto local. Sua atividade nos negócios nasce, como tudo o que consta do currículo do jogador, de uma história de amor pela cidade. A cooperativa do porto atravessou um momento terrível de crise, quando 350 famílias estavam a ponto de passar a viver de auxílio-desemprego. A questão era que as autoridades não autorizavam uma ampliação do porto para que os *portuali* locais pudessem utilizar barcos maiores, e isso estava tornando inviável o negócio, a ponto de levá-lo à falência. Lucarelli interveio, renegociou, obteve a permissão e conseguiu não só a ampliação do porto, como unificar o trabalho daqueles portuários sob o manto da Unicoop, à qual pertencem hoje 180 trabalhadores.

Outra visão romântica: poder dar à cidade um jornal local que competisse com *Il Tirreno*, o mais vendido da cidade e pertencente ao Grupo L'Espresso, a poderosa empresa toscana que reúne repetidoras de tevê de várias cidades do norte de Itália, além de publicar o *La Reppublica* e a revista semanal *L'Espresso*. Para isso, embarcou como acionista relevante em 2007 na fundação de *Il Corriere di Livorno*, um jornal diário constituído como sociedade cooperativa sob os auspícios do editor local Adriano Sisto. Era o único editado 100% na cidade. A aventura durou três anos e morreu vítima da crise, embora principalmente pelo fato de nunca ter vendido mais de 2 mil exemplares por dia. "Em Livorno, as pessoas não compram Coca-Cola porque é ianque, mas preferem comprar *Il Tirreno*, que é de fora, ao *Il Corriere*", definia com perfeição Marco Domenici, o homem que gerencia os negócios do jogador.

O exemplo de montar o jornal, tentativa quase ingênua de utilizar seu dinheiro para algo mais nobre, define bem Cristiano. Quando visitei a sede do jornal, Lucarelli jogava no Livorno e já haviam sido disputadas doze rodadas da Liga. *Il Corriere* havia pontuado seu jogo onze vezes com um 5 (a mínima possível) e uma vez com um 6. Giancarlo Padovan, seu diretor, me garantiu que jamais havia vazado uma informação sobre o que acontecia no vestiário. Ao *Corriere* cabe a honra de ter tido uma edição confiscada devido a uma notícia relacionada com um poderoso advogado da cidade.

A aventura acabou em um desastre econômico, que se arrasta até hoje. É que Cristiano provavelmente estaria arruinado não fosse Domenici. Talvez sequer fosse empresário. Sua visão de como investir dinheiro tem mais a ver com conceitos éticos do que com rentabilidade. "Não tem ainda a mentalidade de um patrão. Está aprendendo. É muito afável, muito generoso. Nos negócios você tem que ser durão", me dizia Marco. "Ser o dono e não ter mudado sua ideologia é a base do mútuo respeito que há entre Cristiano e seus trabalhadores. Conduz a empresa para ele e para seus empregados, e o objetivo é comum." Lucarelli concebe seu investimento como um time de futebol, do qual ele é apenas o capitão, mas todos jogam. Só que a realidade não é assim, e ele nem sempre entende isso. "No jornal houve tensões, porque as coisas nunca foram como se esperava. Todos achavam que ia ser mais fácil. E Cristiano não entendia o que estava acontecendo, porque as pessoas, em vez de se manterem unidas contra as adversidades e lutarem como equipe, só reclamavam. Ele se zangava, tomava isso pessoalmente. É um defeito seu como empresário. Encarou o jornal com um ideal romântico, que muitas vezes seus trabalhadores não compartilharam. Aqui havia um só jornal, *Il Tirreno*. Ponto. Se você gostasse dele, tudo bem, se não, também. Cristiano propiciou outra voz à cidade e, de passagem, empregou jornalistas que nunca o teriam tido aqui, que estariam desempregados. E quando as coisas começaram a ir mal, o que aconteceu? Reclamações, lamentações, caras feias. Ele não entendia isso, ficava zangado", relata Marco Domenici.

Lucarelli disse uma vez que, "embora a gente seja como a noite e o dia, dou valor à coragem do [ex-jogador fascista] Paolo Di Canio de falar o que pensa". Lucarelli sempre jogou de olho na arquibancada, sempre atento aos mais passionais do futebol porque no fundo era um deles, embora politicamente nem sempre tenha tido algo a ver com os radicais dos times que defendeu. "No Torino, na Atalanta, no Parma, os ideais da torcida tinham uma pequena preferência de esquerda. Com as torcidas que eram de direita, sempre houve uma situação de não beligerância", reconhece. E esta não é uma posição comum, pois em muitos casos os jogadores não sabem de que lado estão os ultras que gritam seus nomes, ou simplesmente são indiferentes a isso.

"Jogador não fala sobre política porque não é conveniente. Você vai sempre se envolver em polêmicas, principalmente na Itália, onde a direita tem posições de poder, desde o governo até o ressurgimento do fascismo. Não é fácil para um jogador de futebol assumir uma posição política [sobretudo se for de esquerda]. É melhor você dizer que não sabe nada, é mais cômodo", assinala Lucarelli. "Se o jogador fala só de futebol, as pessoas dizem que é um cara superficial. Quando ele tenta entender o que acontece no mundo, acaba arrumando problemas, e aí dizem que é politizado. Você nunca sabe que posição tomar."

Lucarelli decidiu falar. Nunca quis ser lembrado como um jogador em cuja carreira a política tivesse sido mais importante do que os gols, mas é impossível não ser assim. Se bem que a verdade é que o amor verdadeiro de Cristiano é o comunismo, contanto que se trate do comunismo livornês. Não dá para entender nada da sua maneira de sentir se você não conhece Livorno. Primeiro, sua história com a camisa. Depois, pisando a cidade.

"Tem jogador que compra Ferraris. Eu comprei a camisa do Livorno"

Depois de começar na Cuoiopelli, Cristiano Lucarelli teve uma carreira ascendente entre os times operários do futebol italiano: Perugia, Cosenza, Padova (todos eles na Série C e B), Atalanta (já na Série A), Valencia, Lecce e Torino. Normalmente bem-sucedido, sempre comprometido e quase sempre muito efetivo. Um atacante com 1m88, fundamentalmente um arrematador, mas capaz de marcar golaços como o que fez no Parma quando estava na Atalanta, convertendo um míssil aéreo em um chapéu antológico em Liliam Thuram e um golaço de voleio. Cristiano sempre terá engasgada aquela espinha de seu mau ano no Valencia, clube que ele imaginou que fosse catapultá-lo ao mais alto nível do futebol europeu. Considera esse o seu maior fracasso esportivo. Justamente na cidade do rio Turia, teria outro de seus ataques de amor por sua terra natal, pois na redação de seu contrato com o clube estavam incluídas as passagens de ida e volta para o jogador. O texto não deixava dúvidas quanto ao trajeto: Pisa-Valência-Pisa. Cristiano pediu que modificassem a cláusula. Ele viajava Livorno-Valência-Livorno.

 Com 24 anos, depois de deixar o clube valenciano, assina contrato com o Lecce. São duas temporadas gloriosas para ele: marca quinze e doze gols. Em sua última partida da temporada 2000-01 consegue a salvação da equipe e sabe que vários clubes da Série A o querem.

Escolherá o Torino. O grande momento de sua carreira. Mas tampouco será feliz. E a culpa será, claro, do Livorno.

Depois de Lucarelli se salvar com o Lecce, o Livorno joga a partida de volta na fase de retorno à Série B contra o Como. Na ida, havia conseguido um esperançoso 0 a 0 e, na volta, o Armando Picchi transborda de gente. Toda a cidade está ali; claro, Cristiano também, como um torcedor a mais. Sem gols nos 90 minutos, a prorrogação parece que não irá movimentar o placar quando, "na mais pura tradição do Livorno", como definido pelo próprio Lucarelli, um gol contra ridículo (uma bola que não ia a lugar algum, um chute quase no ar, balão prensado que entra mansamente na baliza errada) deixa a equipe amaranto na Terceira Divisão. O campo inteiro chora. Evidentemente, o atacante que deveria ser feliz, também. Mesmo já tendo 26 anos, seu pranto continua sendo infantil. As primeiras sensações são as primeiras sensações.

Ficava evidente, em todos aqueles anos de carreira, que o objetivo de Cristiano era um que nunca ocultava e todo mundo conhecia: jogar no Livorno. A equipe amaranto penou aqueles anos pelas Séries C e D, carregando sacos de infortúnio, embora todos no entorno de Lucarelli soubessem desde sempre que assim que o time subisse para a Série B ele largaria tudo o que tivesse na mão e obrigaria o esforçado agente Carlo Pallavicino a arrumar--lhe um contrato na equipe de seus sonhos. Na primeira temporada que consegue isso, a de 2002–03, seu acordo com o Torino o impede. Em compensação, o clube de Turim fica com um jogador que não está com a cabeça onde deveria estar. Cristiano Lucarelli passa toda a sua segunda temporada no Toro com a cabeça no Livorno. Quando sai de seus jogos, procura ansiosamente seus familiares para fazer-lhes uma pergunta angustiante: "Quanto foi o jogo do meu time?". E, claro, o "meu time" não é aquele que lhe paga o salário.

Assim, em 2003, o Torino, pelo qual poucas vezes era titular (dez gols nas 56 partidas distribuídas em duas temporadas), cede-o ao Livorno, que acaba de terminar em décimo lugar na Série B, um grande feito se levarmos em conta que desde 1972 vinha jogando nas divisões inferiores. Para Lucarelli, era indiferente que o Torino tivesse desejado emprestá-lo ou não, porque não tinha opção. Sem dúvida, o melhor para a sua carreira e também para os interesses do clube era emprestá-lo a outro clube da Série A; a uma equipe mediana da Segunda Divisão era uma péssima opção para o seu futuro. Mas, em um caso único na história profissional (que ninguém se engane: nenhum dos demais casos parecidos de que se tem notícia alcança esse grau de transbordante paixão e honestidade irracional), Lucarelli decide condicionar sua carreira a cumprir um sonho infantil: jogar no Livorno Calcio em uma divisão que não corresponde ao seu nível. "Essa ideia, de jogar numa equipe que enchia seu coração, ia crescendo e era impossível de frear", diz o pai do jogador. "Sempre fui um menino que, ao contrário dos demais, que sonhavam em jogar na Inter, no Milan ou na Juve, tinha desejo de defender o Livorno. E era assim por mim, mas principalmente por causa do meu pai", destaca Cristiano.

Cristiano tem tatuado no antebraço esquerdo o logo das *Brigate Autonome Livornesi*, os ultras mais vermelhos do país, pelos quais seu coração se inclina. Decide jogar com o número 99, ano de fundação desse grupo. O rapaz que ficava zangado porque seus amigos do bairro eram dos times grandes de outras cidades, o adolescente admirador de Che Guevara que ia à *curva* do Armando Picchi sofrer por uma equipe modesta e infeliz, tem a oportunidade de levar seu amor mais verdadeiro, aquele que a gente nunca troca na vida, à Série A. Quando crescemos, enterramos nossa inocência em dinheiro e obrigações. No fundo, Cristiano Lucarelli vingou todos nós.

"Voltar ao Livorno não era uma questão econômica. Era uma questão de princípios", diz o atacante. Desde que os fenícios inventaram o dinheiro, fazer uma afirmação como essa só é crível se você abre mão da grana. Na temporada 2003-04, quando joga no Livorno (embora seu contrato pertença ao Torino), reduz seu salário para que a entidade amaranto possa assumir seu custo. Ao terminar aquela campanha, na qual o Livorno consegue subir para a Série A com 29 gols de Lucarelli em 43 partidas, o Torino oferece um pouco mais de 2 milhões de euros ao clube livornês pela recompra de seus direitos, e oferece ao jogador um contrato de vários anos que lhe garante mais de meio milhão de euros por temporada (os italianos, como os espanhóis, continuam sem se acostumar à moeda comum europeia e ainda traduzem os valores em liras, ou seja, nada menos do que 1 bilhão nos termos da sua antiga moeda). O acordo asseguraria seu futuro financeiro e o de seus filhos. Esse bilhão de liras, o que na Itália chamam de *miliardo*, é o que Cristiano Lucarelli recusa para poder continuar jogando no lugar a que sua alma pertence. "Irracionalmente", comenta o grande perdedor dessa história, Carlo Pallavicino, o agente que lhe prometeu que nunca iria ceder aos seus sonhos infantis e o faria ganhar todo o dinheiro que merecesse. Não conseguiu cumprir isso. Em contrapartida, escreveu *Tenetevi il Miliardo* (*Fiquem com os bilhões*, 2004), a história de amor entre Lucarelli e o Livorno naquelas duas primeiras temporadas de loucura apaixonada. Nesse livro, há uma frase que ficará para sempre: "Tem jogador que compra Ferraris ou iates. Eu comprei a camisa do Livorno". "Vi jogadores que sentiam a camisa da equipe da sua cidade. Mas nada como Cristiano Lucarelli. Abriu mão de seu presente e talvez do seu futuro para poder vestir a camisa do Livorno Calcio", reconhece o agente Carlo Pallavicino.

É difícil explicar o que tem o Livorno, como é difícil explicar o que têm essas cidades das quais sentimos fazer parte. Se esse sentimento não existisse, todos moraríamos em Nova York. Livorno, articulada em volta do porto e deliberadamente debruçada sobre o mar, é a mãe da vida do livornês, que pode ser resumida em uma frase muito utilizada ali: você pode estar em Paris ou em São Francisco, curtir todas as coisas maravilhosas que elas têm, mas sempre se sentirá um infeliz porque não está em Livorno. Dessa equação é difícil excluir o elemento de ser de esquerda. Quando visitei a cidade, fui ao Armando Picchi ver um jogo. Fui acompanhado por meu cicerone local, Roberto Filippi, um livornês, designer e editor do *cristianolucarelli.com*, que para sua infelicidade mora em Londres por questões de trabalho (na realidade, é um neurolinguista apaixonado por futebol). O adversário do Livorno era o Genoa, e perguntei a meu acompanhante que ideologia tinham os torcedores da equipe, que estavam na *curva* oposta à das *Brigate*. "São fascistas." Olhei para ele com estranhamento, pois não vinham com nenhum símbolo que apoiasse uma afirmação tão taxativa. Olhou-me, sorriu e ironizou: "É fácil: todos que não são de Livorno são fascistas".

As quatro temporadas que Cristiano jogou no Livorno Calcio foram as de maior sucesso na vida do clube e as mais plenas da existência do atacante. A apresentação do elenco em um centro comercial da cidade quando da chegada de Lucarelli reuniu milhares de pessoas. Na hora em que Cristiano pegou o microfone para dizer que usaria nas costas o número 99 em homenagem às *Brigate Autonome Livornesi*, houve tumulto. Dezenas de ultras com fogos-de-bengala irromperam em cena, numa imagem caótica que teria significado um escândalo em qualquer equipe. Menos nesse clube e nesse lugar do mundo. A atmosfera, simplesmente irreal, converteu aquele momento em um instante anárquico no qual quem mais sorria era o atacante gigante, que parecia ter sonhado sempre com aquele instante no meio dos ultras, pulando e gritando com eles. Cristiano Lucarelli inaugurava uma etapa de caos apaixonado e de sucesso esportivo em que sua comunhão político-futebolística com a torcida foi maravilhosa.

Em sua primeira temporada, de 2003-04, ainda cedido pelo Torino, o Livorno sobe para a Série A no campo do Piacenza. Lucarelli (no final, vice-artilheiro da campanha com 29 gols; só será superado por Luca Toni, do Palermo) marca o gol definitivo, tira a camisa, coloca-a no chão e *faz amor* com ela. Quando a equipe volta a Livorno, às quatro da manhã, 10 mil torcedores os aguardam no campo. Cristiano é o primeiro a entrar no gramado, enlouquecido, como uma criança, e não para de festejar. Sua alegria não é como a dos demais: para ele é um grande triunfo esportivo, mas, no final das contas, ele já jogou na Série A. Simplesmente acabava de conseguir algo muito maior: levar o time de seus sonhos à Primeira Divisão, coisa que em sua história de torcedor sofredor jamais havia visto. Nem ele, nem o homem por quem Cristiano deu cada passo: seu pai. O Livorno Calcio fora rebaixado da Série A em 1949 e só voltaria a ela 55 anos depois. Três anos após aquele rebaixamento, *don* Maurizio Lucarelli via pela primeira vez um jogo do Livorno na arquibancada do Armando Picchi, e o vírus de torcer pelo Livorno foi-lhe inoculado. A equipe já sofria na Série C.

A campanha 2004-05 será a da reestreia do Livorno Calcio na Série A, da chegada das hordas vermelhas aos grandes campos. Na arquibancada de seu estádio aparece um cartaz: "Fuja Silvio [Berlusconi, já primeiro-ministro e presidente do Milan], chegaram os livorneses". Já com Lucarelli como propriedade, o calendário quis que a primeira partida do batalhão amaranto fosse justamente em San Siro diante do Milan, o time do poder. Ali compareceram nada menos que 10 mil torcedores livorneses, 4 mil deles ataviados com uma bandana na cabeça, que tornou célebre a imagem mais farrista e amoral do primeiro-ministro. Clarence Seedorf marcou, mas Lucarelli empatou de pênalti, depois de uma ação que deixara o Milan com dez. No entanto, Seedorf voltaria a colocar o placar em 2 a 1, ao que o 99 respondeu de novo, com um magnífico gol de falta. Na celebração, Cristiano levanta o punho em direção à torcida e beija o antebraço onde tem tatuado o escudo dos ultras. Empate em dois gols no final. O delírio dos livorneses era apenas o prelúdio de três anos de glória ininterrupta.

Dizem os livorneses que "em Livorno, o futebol, a política e a vida são tudo uma coisa só". Lucarelli irá se converter na bandeira desse lema. Cada gol é uma corrida até a *curva*, onde em cada jogo há cartazes com denúncias da demissão de trabalhadores de uma fábrica ou pedindo a libertação de algum ativista detido, e o 99 sabe que uma celebração de gol com eles é uma foto para a causa. Em uma das ocasiões, depois de várias arbitragens suspeitas, contrárias ao Livorno, declara: "Querem que a gente caia porque veem muitas bandeiras de Che Guevara na nossa torcida. Já fizeram isso antes com outras equipes". Temor infundado: com Lucarelli vestindo a 99, tudo serão sucessos para o Livorno.

Enquanto recusa ofertas milionárias da Rússia, Cristiano realiza outro sonho: é o protagonista do Livorno Calcio. Em três anos na Série A, seus números são impressionantes: 72 gols (para um total de 101 nas quatro campanhas), a manutenção com muita folga na Série A (incluindo o momento mais importante da história do clube: a participação na Copa da Uefa em 2006-07, com cinco gols de Lucarelli em sete jogos, e um tento histórico, o da cabeçada do goleiro Marco Amelia contra o Partizan de Belgrado para passar às dezesseis avos de final, quando caiu diante do Espanyol do técnico Valverde, que na sequência seria vice-campeão da competição) e, principalmente, a injeção de orgulho, a maior que a cidade de Livorno já recebera. Na *curva*, um cartaz: "Vocês podem nos tirar tudo, menos Lucarelli". Por fim, a torcida podia contar com algo que todos queriam e que se mantinha de amaranto por pura lealdade de classe.

Por que terminou, então? Porque tanta paixão acaba explodindo. Lucarelli viu-se devorado por Livorno e pelos livorneses e se converteu em um símbolo que não conseguiu sustentar. Ninguém poderia. Conta-se em seu entorno que toda manhã ele encontrava em sua porta um punhado de pessoas, trabalhadores como ele, que lhe pediam dinheiro. "Para pagar o gás", "para comprar roupa para as crianças". Cristiano, consciência de classe ou consciência apenas, abria a carteira e lhes dava 50, 100 euros, o que tivesse. "O que é esse dinheiro para você?", diziam, e o 99, sentindo-se quase culpado, soltava a grana. E assim num dia, e no outro também. O boato de que havia um Robin Hood que arrematava o balão na cidade se espalhava. E Cristiano cada vez estava mais triste e agoniado.

Aconselharam-no a parar de fazer aquilo. Que não era possível. Sua secretária dizia isso, fazendo o papel meio de amiga, meio de mãe. Quando disse "não", o ídolo caiu. Começou a dizer não a algumas coisas pelas quais nenhum outro jogador do elenco diria sim. Mas era Cristiano. Não era apenas um jogador. E as pessoas, como em toda cidade pequena, passaram a acusá-lo, e as críticas afetavam ele e a família. "Ele se acha o quê?", "Ele mudou." A situação chegou a tal ponto que o próprio Lucarelli admite que, quando terminava de treinar, ia até o escritório da Unicoop fazer trabalho burocrático, só para não ficar em casa e ter que recusar ajuda aos vizinhos.

Com uma situação virtualmente insuportável, chegou o dia 15 de abril de 2007. Partida contra a Reggina, na qual joga seu irmão Alessandro. Às duas equipes interessa o empate e isso se nota no campo. Os ultras do Livorno acham isso inaceitável. As relações com Lucarelli já andavam conturbadas e eles decidem fazê-lo pagar por isso. Começam a vaiá-lo como se fosse um fascista de Milão e vem da torcida o pior insulto que você pode fazer a um italiano: "mafioso". Os torcedores deixam a arquibancada durante o jogo e o esperam na saída. Para xingá-lo, ele, o irmão, a família. Cristiano explode. "Essa bronca rompe o cordão umbilical que me une a Livorno. Vou defender essa camisa e meus amigos até o final desta temporada, depois vou embora." Se o fato de dizer não a algumas coisas estava condenando-o, agora iria dizer sim àquilo que tantas vezes havia recusado: o dinheiro. O Shakhtar Donetsk paga 9 milhões de euros ao Livorno e lhe oferece um contrato por três temporadas, 3 milhões em cada uma, além da oportunidade de disputar a *Champions League*, sonho de qualquer jogador. Por causa daquela bronca dada aos Lucarelli, Maurizio, o pai, para de frequentar o Estádio Armando Picchi depois de mais cinquenta anos de fidelidade ininterrupta. O Livorno, cujo campo leva o nome de alguém que jogou na equipe só até os 24 anos e que é uma lenda na Inter, o Livorno, que de fato tem bem poucos emblemas, transferia o homem que mais gloriosamente defendeu sua camisa. E os ultras escorraçavam com insultos um dos seus. O único jogador que era um dos seus de verdade.

O regresso, o traumático regresso

Cristiano durou um punhado de meses no Shakhtar: foi transferido em julho de 2007, e em janeiro de 2008 já estava de volta à Itália, dessa vez no Parma, em troca de um pouco menos de 6 milhões de euros. Não foi uma questão de rendimento: simplesmente, Cristiano Lucarelli não fazia diferença nenhuma na Ucrânia depois que o Shakhtar foi eliminado da *Champions*. O atacante marcou quatro gols na primeira fase da competição: um no Salzburg de Giovanni Trapattoni na fase preliminar, e já na fase de grupos outros gols no Benfica, no Celtic e no Milan. Esse jogo voltaria a demonstrar que, por mais zangado e desligado que ele se sentisse de Livorno, era impossível dissociar sua imagem de sua casa. O Shakhtar perdeu por 4 a 1 aquele jogo, mas Lucarelli marcou e pôde levantar o punho para a torcida: no "galinheiro", quinhentos torcedores do Livorno vindos de ônibus gritavam o nome de seu ídolo. Cristiano havia perdido os favores da parte mais ruidosa da torcida amaranto, mas para a outra parte continuava sendo o escudo de seu clube.

Em 2009, depois de um ano e meio no Parma, Lucarelli surpreende todo mundo pedindo para ser cedido ao Livorno, que havia subido à Série A. Queria voltar ao lugar em que chorou e sofreu mais do que em nenhum outro. Desejava voltar a jogar no Armando Picchi com a camisa grená, embora sua decisão de voltar não fosse fazer seu pai mudar de ideia: continuaria sem ir ao campo. Não conseguia suportar isso. O autor então decidiu que era hora de visitar Livorno para contar como era possível que esse novo capítulo da novela estivesse acontecendo.

Talvez não tenha sido casualidade, mas o jornalista espanhol que viajou a Livorno para escrever um livro chamado *Futebol à esquerda* hospedou-se, por acaso, em um pequeno hotel bem diante do histórico Teatro Goldoni. Continuei a me surpreender ao verificar que, mesmo no centro da cidade, com suas lojas de grife, as paredes continuavam cheias de pichações contra Pisa e com mais foices e martelos do que você poderia encontrar na periferia operária de qualquer outra cidade. Roberto Filippi, de novo excelente anfitrião, me ofereceu tudo de bandeja nessa viagem. Mostrou-me Livorno e seu caráter em dois minutos. E sem querer. A primeira coisa que fez foi me levar até o passeio marítimo: um livornês não sabe viver sem ver o mar. Depois me levou para comer: um livornês vive na rua. Falamos muito de política: um livornês enlouquece com a política. Por último, passamos às entrevistas a respeito de Cristiano: um livornês adora futebol.

Eu continuava intrigado com a notícia da volta de Lucarelli. Ele não tinha nenhuma necessidade de fazer isso, nem esportiva, nem talvez pessoal. Pelo menos era o que eu achava. Mas o jogador desmontou minha visão com apenas uma frase: "Não é porque você brigou com a sua sogra que você vai se separar da sua mulher". Cristiano era um símbolo político, um escudo dos ultras. Mas o amor pela camisa e pelo lugar era maior do que o acessório. Ele é o *calciatore* (jogador de futebol) comunista, o cara que ergue o punho e pisca o olho para o regime de Fidel Castro. É um símbolo mundial, talvez o maior de todos os tempos, do casamento entre o futebol e a esquerda. Mas acima disso tudo é torcedor do Livorno e é livornês. Um espécime de cidadão que nunca é feliz a não ser que viva em sua casa. E uma raça de jogador que só se sente completamente realizado vestindo a camisa que aprendeu a amar desde criança, contra ventos e marés.

Portanto, Cristiano volta ao Livorno e recebe a indiferença do fundo do estádio. Quando os alto-falantes do Armando Picchi anunciam os nomes da escalação, todos são celebrados menos o seu, para o qual ouvem-se apenas aplausos de uma torcida da arquibancada lateral, a ocupada pelo Clube Luca Rondina. Cristianistas irredutíveis. Aqueles que foram a Milão quando ele jogava no Shakhtar. Os que continuam, eles sim, adorando Lucarelli.

Roberto Filippi me leva até a sede desse clube. Quer que eu fale com Massimo Domenici, seu presidente. Luca Rondina foi um adolescente, torcedor fanático do Livorno, que morreu quando se despedia de uma leva de torcedores que ia assistir a um jogo da equipe em outra cidade. Foi uma tragédia horrorosa: um dos ônibus deu ré e atropelou o rapaz, matando-o. Massimo é tio dele, um homem de uns 50 anos com pinta de personagem de filme de Fellini, com a bondade saltando-lhe pelos olhos. Vive pelo e para o clube. Seu quartel central, uma pequena sala em uma rua afastada da cidade, é um santuário amaranto onde Lucarelli coroa o altar maior, ao lado de Igor Protti, outro dos ilustres livorneses e astro nos anos 1980. Massimo representa a liderança dos resistentes, aqueles que não abriram mão do amor a Cristiano. "Os da *curva* eram seus pseudoamigos. Talvez naquele jogo em Milão ele tenha se convencido de quem são seus verdadeiros amigos. Ele sabe, como sabemos todos, que quando começar a marcar gols o resto do campo vai aplaudi-lo de novo. Mas são apenas uns poucos que irão amá-lo sempre. Agora mesmo, ele ama Livorno muito mais do que Livorno o ama. Mas isso vai mudar", conta.

Um jogador como Cristiano Lucarelli, tão carregado de simbolismo em tudo o que faz, tinha que me presentear com uma história digna de ser contada. E não foi pouca coisa. O Armando Picchi, um estádio com a mesma sensação de abandono que você constata muitas vezes na Itália, recebe o Genoa em 22 de novembro de 2009. É a décima terceira rodada, e nas doze anteriores Lucarelli só marcou um gol (numa derrota por 3 a 1 em Nápoles). A equipe está em décimo oitavo lugar, na zona do rebaixamento, com apenas nove pontos e quatro gols marcados. Um autêntico desastre. O Genoa chega num grande momento: sexto colocado, com o espanhol Alberto Zapater liderando o meio-campo.

Sentado na tribuna de imprensa com Roberto Filippi, ouço a indiferença brutal da arquibancada em relação a Lucarelli. É doloroso. Os ultras gritam o nome de Antonio Candreva, o garoto maravilha que o técnico da seleção Marcello Lippi veio ver ao vivo, e aplaudem com veemência o goleiro do Genoa, Marco Amelia, que jogou no Livorno na campanha do time na Copa da Uefa e marcou o célebre gol nos acréscimos em cima do Partizan. Quando o locutor do estádio cita o 99, silêncio na *curva* e aplausos tímidos no resto da torcida. Do meu lado, Filippi fica branco.

Aos 21 minutos, Candreva foge de seu marcador pela direita e cruza no primeiro pau. Como uma centelha, Lucarelli adianta-se a um par de zagueiros, fuzila contra Amelia e marca. O amigo Filippi enlouquece. O estádio também. Cristiano, fora de si, absolutamente enlouquecido, não segue o caminho habitual: ergue o punho, sim, e deixa de lado seus companheiros para correr em direção à torcida. Mas não vai até o fundo. Corre para a tribuna e saúda o cartaz de Luca Rondina. O gesto é claro: quer deixar patente quem são seus amigos. Qualquer jogador na mesma situação (questionado e, por fim, quebrando seu jejum de gols em casa) teria abraçado seus companheiros e celebrado com eles um gol vital para as aspirações de salvação da equipe. Sem criar confusão. Mas essa atitude não combina com ele. Uma vez mais, Lucarelli demonstra ao mundo que, em Livorno, joga para a torcida. Para os seus amigos. Para os seus afetos. Para a cidade. Estes estão acima de seus companheiros de equipe. Depois de comemorar com a tribuna, cumprimenta, de longe, a *curva*. Como em Livorno as celebrações de Lucarelli são tão importantes quanto seus gols, ninguém perde o detalhe: demonstrou seu afeto para as *Brigate Autonome Livornesi*. O fundo lhe devolve a cortesia cantando *Bella Ciao*. Começa a reconciliação diante dos meus olhos, mas então olho à direita. Roberto Filippi, o amigo fiel, observa com desdém a *curva*: "Agora sim, não é? Agora sim!", diz, entre emocionado pelo gol e com raiva pela afronta. É estranho ver que tudo isso esteja se desenrolando num estádio de futebol profissional, que a essa altura do século xxi, como os demais estádios (e ainda mais para um cético niilista como eu), é um santuário empresarial sem lugar para emoções tão puras. Mas dá para sentir, é palpável. É uma novela de tevê, uma história de amor entre um jogador de futebol e uma cidade. Uma história emocional, sem nuances. Tem futebol, política e principalmente paixão. Paixão à italiana.

    O Genoa empatará com um belo gol de Domenico Criscito. Lucarelli, que não se cansa de dominar chutões para colocar a bola no chão, sofre um pênalti não marcado e o juiz ainda assinala um impedimento inexistente numa jogada que termina em gol do adversário. A tensão é alucinante. Mas para fechar uma partidaça e, de passagem, me oferecer material para escrever uma novela se eu quisesse, aos 47 minutos Lucarelli não consegue arrematar um cruzamento de Davide Moro, mas Nico Pulzetti empurra a bola de cabeça no segundo pau. As escassas 3 mil pessoas que sofrem na arquibancada do Armando Picchi explodem. Termina o jogo. Todos saúdam o fundo. Um menino invade o gramado. Pede a camisa a todos os jogadores do Livorno que cruzam seu caminho, mas apenas um deles lhe concede atenção: Cristiano Lucarelli dá ao menino seu calção. Talvez esse garoto seja daqueles de quem os outros fazem pouco por não torcer pelo Milan ou pela Juve.

O restante da temporada é um vaivém dramático, apaixonado, bem italiano... Lucarelli e o Livorno mantêm uma relação que às vezes deixa de ser romântica e se torna um folhetim. Parece que Cristiano se nega a marcar um gol que não tenha uma história por trás. Como se um roteirista comandasse suas pernas.

Duas partidas depois de segurar o ímpeto do Genoa, o Livorno joga contra o Chievo e Lucarelli é expulso aos 25 minutos. Por ofensa ao árbitro, embora o jogador negue. Tenho a íntima sensação de que ele diz a verdade, porque, se tivesse feito isso, admitiria. O caso é que acaba suspenso por dois jogos, e a equipe começa a atuar melhor sem ele: ganha fora do Catania, rival direto contra o rebaixamento, e em casa vence a Sampdoria, e continua subindo.

Assim que o mercado de inverno é aberto, Aldo Spinelli, o presidente que sempre teve Cristiano na mira, decide *matá-lo* na imprensa: "Está pensando mais em ser empresário do que em jogar futebol", diz, sabendo que esse comentário o atinge em cheio: está insultando-o não só como jogador, mas como operário. Pede, além disso, que vá embora. Lucarelli responde: "Não vou cortar os pulsos se tiver que voltar ao Parma". No meio desse teatrinho todo, chegamos a um jogo que se afigura dramático: Livorno *versus* Parma, no Armando Picchi.

Lucarelli entra como titular depois de cumprir suspensão, em uma decisão do treinador Serse Cosmi que parece um tanto suicida pelo confronto com o presidente, embora na semana anterior o time tenha perdido por 4 a 1 no campo da Lazio. O casamento do jogador livornês com o gol cheio de significado cumpre seu compromisso: aos 17 do segundo tempo, bola na rede, num impedimento que o árbitro não vê. Um 2 a 0 virtualmente definitivo. No fundo da *curva*, na frente de seus inimigos íntimos (ou o que quer que eles sejam), corre enlouquecido de um lado até o outro, punho erguido, enquanto aqueles que pareciam odiá-lo agora o elevam ao trono. Apenas dois anos antes, quando Cristiano voltou ao Armando Picchi de amarelo e azul, um grito partiu do fundo: "Você traiu nossa fé, seu mercenário!". Esse gol é a nova reviravolta: ele ganha o jogo para o time ao qual pertence, o time cujo presidente quer mandá-lo embora, e se reconcilia (definitivamente?) com a *curva*. E ouvimos de novo um grito que não se ouvia havia muitos anos: "*Dai cantiamo che fa gol, Cristiano gol, Cristiano gol*" ("Vamos cantar que ele fez gol, Cristiano gol, Cristiano gol"), saúdam os ultras com o punho erguido; é o velho canto para incentivar seu ídolo.

Lucarelli continua tendo a confiança de Cosmi e é titular indiscutível. O treinador, um cara raçudo e corajoso, já declarara na partida contra o Genoa: "É uma estupidez duvidar de Lucarelli". Mas no submundo do Livorno, o *Cruella de Vil*, o senhor de cabelo branco chamado Aldo Spinelli, que comanda as ações, não tarda em voltar à carga. No início de 2010, Cosmi diz que vai embora, cansado da má relação com o presidente. Parte da mídia italiana especula que a teimosia do técnico em escalar Lucarelli na equipe titular foi o que aumentou o atrito. Spinelli, a essa altura, parece já ter colocado a cruz no atacante com todo o rigor. Mas quando já se fala no ítalo-tcheco Zdeněk Zeman para o banco, tudo se ajeita magicamente. Cosmi continua no cargo.

Chega então a hora da visita ao Giuseppe Meazza para enfrentar o Milan. Enquanto o Livorno vem de duas estrepitosas derrotas nos dois últimos encontros, os milaneses vêm de um revés contra a Inter e de jogar fora meio *Scudetto* (título da Liga), após uma recuperação mais midiática do que verdadeira de Ronaldo de Assis, o Ronaldinho Gaúcho, uma avaliação que não resiste ao vê-lo jogar uma partida. O brasileiro havia alimentado a teoria de uma ressurreição com um *hat trick* diante do lanterna Siena, mas depois a imprensa local publicou que o antigo craque havia saído três noites seguidas antes do dérbi milanês.

E ali comparece o Livorno, em um dos campos que sua torcida mais odeia. O Milan abre com um gol de Massimo Ambrosini, mas no início do segundo tempo, um chute que desvia é transformado em gol por Lucarelli, que com sua rápida e hábil *gamba* [perna] fuzila Christian Abbiati, o goleiro fascista que tem em casa dois bustos de Benito Mussolini. Com um pontapé, Cristiano vinga Cosmi, tira um ponto de ouro do time *rossonero* e dá carniça aos colunistas políticos: "A esquerda freia Berlusconi" é o título que aparece no blog de Leonard Cohen no *La Reppublica*, ligando a ação futebolística ao tumultuado momento político do país, que vivia uma greve de juízes devido ao pertinaz interesse do presidente em acomodar o poder judicial à sua folha corrida de delitos. Lucarelli foge disso. Perguntam-lhe por que ele se dá tão bem contra o Milan, time no qual ele marca seu décimo gol: "Não sei, talvez porque desde pequeno meu segundo time sempre tenha sido a Inter", sorri.

O restante da temporada é um absoluto desastre para o Livorno. É lanterna sem alívio e acabará sendo rebaixado três rodadas antes do término do torneio. Na metade da temporada, Spinelli havia vendido Antonio Candreva, aquele novo ídolo que vinha sendo venerado pela torcida amaranto no início da temporada, mais do que o contaminado Lucarelli, para a Juventus. O jogador declararia, claro, que para ele era um sonho chegar à Juve.

O clube se esfacela durante a campanha. Os conflitos internos são muitos, e Cristiano chega a se negar a falar em público sobre a equipe. Cosmi se demite no início de abril, farto de Spinelli. É um ano desagradável, carente do lirismo que envolveu Lucarelli em toda a sua carreira. Um final feio, absurdo, impróprio.

Em 9 de maio de 2009, o 99 se despede, sem saber que será para sempre, do Armando Picchi. Contra a Lazio, rival propício para dar um tom político ao assunto. Mas não será assim. Cristiano marca para empatar em 1 a 1, mas o Livorno acaba perdendo por 2 a 1 e Gennaro Ruotolo, técnico que dirigiu a equipe no final da campanha, substitui Lucarelli no início do segundo tempo, para que ele possa se despedir.

Lucarelli vai embora da maneira mais simples possível: é substituído e fica com a faixa de capitão. Caminha até a *curva* norte, a que não fazia muito tempo o chamava de "mercenário", faz uma saudação. Joga para eles a faixa de capitão, celebrando o rito definitivo da absolvição por um pecado que não cometeu, mas que necessita expiar. Os ultras assumem sua parte da culpa pelo ocorrido. Irmanam-se. Nem Lucarelli teria conseguido ir embora em paz sem a aprovação de seus ultras nem as *Brigate* poderiam enfeitar sua história com a maior das injustiças. Também precisam do perdão de um jogador como não verão outro igual. Há uma ovação emocionada e ouve-se *Bella Ciao*. Os gestos de Cristiano são simples, nada de exagero sentimental. Cheios de subentendidos, próprios de quem tem uma relação tão íntima e verdadeira que não precisa enfeitar nada.

Assim termina o sonho de um menino de Livorno que gastou mais que ninguém para comprar uma camisa do time do seu coração. O clube e a *curva* nunca lhe deram tanto quanto ele lhes deu. Não terminará sua carreira vestindo amaranto e, pelo que se viu, talvez seja melhor dessa forma. Como quando você de criança idealiza alguma coisa e depois de adulto vê que é uma idiotice. Maldiz a hora em que voltou a ver aquilo. Quem sabe algo parecido tenha acontecido com Cristiano, o protagonista de uma das mais belas histórias que o futebol nos presenteou. Merecia um desfecho de conto e não o teve. Mas foi, até o fim, uma história de amor cheia de uma verdade que não existe no futebol profissional.

Lucarelli continuaria jogando na Série A por mais dois anos, no Napoli, para cujos bons resultados quase não contribuiu. Foram duas temporadas quase sem sua participação, na última estava contundido. Decide se aposentar no verão europeu de 2012 para ser comentarista, e aceita a oferta do presidente do Parma (em que, como em todas as equipes pelas quais jogou, todos têm uma magnífica opinião a respeito dele, como pessoa e profissional) para treinar os juvenis do clube. Todo mundo sabe que ele voltará ao Livorno como treinador, quanto a isso não há dúvida. Porque a paixão, agora madura e atravessada pelos reveses, continuará pulsando.

Domingo, 5 de agosto de 2012. No Armando Picchi de Livorno, a equipe local, que na temporada anterior lutou para não cair para a Terceira Divisão, joga uma partida da Copa da Itália contra um clube da categoria bronze: o Benevento. O calor e a umidade portuária da cidade vão aniquilando aos poucos umas centenas de torcedores que se espalham pela arquibancada. Uma droga pesada livornesa, só para os muito viciados. Nem no jornal local a crônica é muito extensa. No entanto, o jornalista acha espaço para atestar a única presença relevante na arquibancada: "*In tribuna, Cristiano Lucarelli*" ("Na arquibancada, Cristiano Lucarelli"). Como se houvesse alguma dúvida.

O ÚLTIMO MARXISTA

Em 7 de abril de 2005, Kurt Aeschbacher, que apresenta um programa de entrevistas de fim de noite com seu nome na SRF, a televisão pública suíça, tinha um convidado de impacto: Ivan Ergić, jogador do Basel que deixara o país perplexo uns meses antes ao ser internado em um hospital psiquiátrico, e que acabava de sair de sua depressão. O atacante sérvio-australiano queria falar da sua recuperação, de como o futebol e sua competitividade inesgotável devoram os jogadores, e, principalmente, de como aqueles que mostram seus sentimentos e saem do trilho do protótipo de jogador de futebol macho desde a infância são engolidos por um maquinário que não faz prisioneiros. Aeschbacher é um dos jornalistas mais influentes do país (seu programa, semanal, é transmitido sem interrupções desde 2001) e, além disso, ativista gay.

A escolha de seu programa por parte de Ergić não é casual: quer mandar uma mensagem ao mundo, sacudir essa imagem de jogador que considera nociva e arcaica. Aparece no cenário do programa um pouco acima do peso, tentando controlar a timidez, mas é firme em suas convicções: fala de terapia, de acabar com o tabu da depressão no futebol, e tenta explicar – o que faz brilhantemente – porque os homens que por profissão dão pontapés numa bola não têm por que se enquadrar num estereótipo que considera machista. Além disso, fala de como a concorrência que se desenvolve no futebol de alto nível, que define como "puramente capitalista", acabou levando-o à depressão. A conversa é tranquila, sem sobressaltos, e Kurt Aeschbacher não se surpreende com nada do que Ergić diz, já que conhece seu histórico pessoal e percebe-se que preparou muito bem a entrevista, apesar de estar ouvindo um discurso que é inédito para um jogador de futebol profissional.

Mas então o entrevistador comenta que Ergić está fazendo "uma pequena crítica ao capitalismo". Ergić sorri timidamente, e com a mesma tranquilidade começa a falar de política. "Não. É uma crítica *grande* ao capitalismo. Em relação a isso, devo mencionar que uma de minhas grandes fontes de inspiração é Karl Marx", assinala. Pela primeira vez, Aeschbacher muda o tom de voz. Nota-se que está genuinamente surpreso. Isso não constava do roteiro da entrevista. "Karl Marx?" pergunta, desconcertado. "Sim, claro. Há 150 anos Marx mostrou as contradições do capitalismo e os males que o dinheiro provoca no mundo. Nisso o futebol não é uma exceção, e eu me recuso a ser um jogador conformista. Marx escreveu que o capitalismo destruiria a natureza humana e daria lugar à alienação absoluta. Nisso ele tinha razão", avalia Ergić. Logo depois termina a entrevista. O jogador, com seu paletó preto e sua camiseta cor-de-rosa, levanta e sai com naturalidade. Como se não desse maior importância ao que acabava de plantar: os alicerces públicos de uma das personalidades políticas mais impactantes do futebol recente.

Ivan Ergić nasceu em Šibenik, Croácia, lugar mundialmente famoso por ser a pátria do jogador de basquete

Dražen Petrović. Seu pai, Mitch, "um marxista não dogmático", como o define o próprio Ergić, mostrou-lhe o caminho para ser um rapaz que se preocupasse com o mundo e se questionasse. Quando criança, a Guerra dos Bálcãs e um país destroçado levaram-no a emigrar para a Austrália. Ali começaria sua carreira futebolística profissional. Meia com arremate potente, seu jogo não passou despercebido para os melhores clubes do mundo, e em 2000 a Juventus o contratou para emprestá-lo ao Basel suíço. Ali, Ergić conseguiu prestígio como jogador e não demorou para que o clube helvético desembolsasse pouco mais 1,3 milhão de euros para ficar com ele em definitivo. Sua carreira ascendia até que, em 2004, começou a se sentir mal. Acharam que poderia ser mononucleose. Mas não: estava sofrendo de depressão profunda.

    Foi internado na Clínica Universitária da Basileia em junho daquele ano e ali permaneceu por quatro meses. A reação do mundo do futebol foi afastá-lo. E a de Ergić foi denunciar como o futebol profissional *mata* aquele que é diferente. "Para o futebol, ser homossexual equivale a ter problemas psiquiátricos. Ambas as coisas são tabus, e não deveria ser assim. É um espaço em que o machismo e essa virilidade mal colocada podem levar aquele que é diferente à depressão. Quem não se encaixa no modelo de jogador profissional é segregado. Dizem que eu sou fraco e gay pelo fato de estar deprimido", declarou. O Basel manteve o jogador no elenco e até o fez capitão, uma distinção à qual ele renunciou voluntariamente em 2006. Jogou oito temporadas no clube azul e vermelho, ganhando quatro Ligas e quatro Copas, e chegou a disputar a *Champions League*. Também participou do Mundial de 2006 pela Sérvia, país que lhe ofereceu uma posição e com o qual jogou onze vezes até pedir para não ser mais convocado porque ficava assustado com o ultranacionalismo que envolvia a equipe. Em 2009, o novo técnico do Basel, Thorsten Fink, decidiu prescindir dele. Foi contratado pelo Bursaspor Kulübü, equipe modesta com a qual surpreendentemente foi campeão da Liga Turca. No ano seguinte, o time jogou a *Champions* (foi arrasado na primeira fase, com derrotas por 4 a 0 e 6 a 1 para o Valencia) e no final da campanha 2010-11, com apenas 30 anos, Ivan Ergić abandonava o futebol.

Sempre havia sido um homem de esquerda que frequentava pouco os ambientes futebolísticos e se sentia mais próximo de seus amigos jornalistas, escritores e do ambiente universitário. Mas depois de seu ingresso nesses setores, sua visão de mundo mudou. Decidiu dispensar seu agente e teve clareza de que a pressão do futebol profissional havia causado sua depressão. Passou a encarar tudo de outra maneira.

Desde dezembro de 2008, mantém uma coluna no jornal sérvio *Politika*, o mais antigo e prestigioso dos Bálcãs. O jogador é um estudioso da Escola de Frankfurt, a corrente de pensamento que segue as teorias de Marx, Engels e Hegel, e que elaborou a teoria crítica da sociedade contemporânea. Ergić cita com fluência textos de Theodor Adorno, Herbert Marcuse e Erich Fromm e compartilha a visão marxista de sociedade desses pensadores. Em seus textos, inusuais para um jogador de futebol, combate a *desideologização* da pós-modernidade e procura dinamitar os alicerces filosóficos de um mundo tão competitivo e capitalista como o futebol.

 Por exemplo, em um de seus textos denuncia o que, a seu ver, é a falsidade do sonho de todo jogador, que para ele substituiu o sonho americano: "O futebol, como outros esportes altamente profissionalizados, serve para entreter e para mostrar às classes mais pobres que elas têm as mesmas oportunidades que os demais de se tornar ricas e famosas. É a maneira mais pérfida de ser explorado, não só pelo propósito ideológico, mas por propagar o conto de fadas de que é possível escapar da miséria. Assim, a indústria do futebol se beneficia daqueles que não podem ter o mais básico. Esse conto de fadas serve para enganar as crianças que vivem na pobreza e que nunca terão acesso à educação que necessitam para serem médicos, advogados ou banqueiros. E não vão se queixar por isso". Também criticou o futebol moderno, esse que, segundo ele, é cada vez mais parecido com um *reality show*: "Convertem os jogadores de futebol em uma ficção. Cada vez importa menos o que ocorre no campo de jogo: fala-se da vida privada do atleta, fomenta-se sua imagem, sua estética. Uma coletiva de imprensa é tão importante quanto uma partida. Seguindo uma lógica *hollywoodiana*, os jogadores são afastados da realidade, mostrados em cartazes publicitários, na televisão, nas revistas e nos videogames. No final, não há diferença entre um jogador de futebol e um personagem da Disney. O jogador é um produto, e o torcedor, um consumidor. A profissionalização separou os dois completamente".

Seus textos, porém, concentram-se sobretudo na crítica à competitividade, tanto no âmbito profissional como na influência que ela tem na educação das crianças, e em como os papéis de uma masculinidade mal compreendida fazem do futebol profissional um terreno fértil para a depressão e a exclusão do diferente. "A sociedade está cheia de complexos masculinos que não dão espaço para a vulnerabilidade ou para a fragilidade emocional. A maior vergonha de um homem é sofrer uma enfermidade mental ou uma impotência sexual, quando são fenômenos naturais, dos quais não há por que se envergonhar. Ao mesmo tempo, o esporte é apresentado como uma fonte de saúde e de harmonia corporal e espiritual. E não há nada que seja mais distante disso do que a prática esportiva profissional. Os atletas chegam aos seus limites físicos e mentais, tomam anti-inflamatórios e analgésicos para aliviar suas dores e estarem prontos para a batalha seguinte, e usam antidepressivos e uma série de estimulantes para fazer o mesmo com sua saúde mental. Tudo isso, aliado a essa mentalidade de vencedor que lhes é inculcada desde crianças e à necessidade de ter sucesso como única maneira de dar sentido à vida, compõe uma mistura explosiva", escreveu.

Em suas reflexões, Ergić cita com desenvoltura Gilles Deleuze, Jean-Paul Sartre e Albert Camus. Tem como seguidores um pequeno batalhão de leitores que vêm nele uma curiosa combinação de pensamento marxista, profundidade filosófica na análise e uma visão do futebol que convida a repensar o modelo inteiro, desde o início. No caso de Ivan Ergić, o futebol lhe deu e quase lhe tirou a vida. Agora, sem a bola, parece viver em paz.

BUSCA E FUGA

Em agosto de 2011, não havia jogador de futebol mais popular do que Javi Poves. Foi um verão sem grandes torneios de futebol, quase sem nenhuma novela de contratações (Cesc Fàbregas continuava arrastando sua muito anunciada incorporação ao Barça e a mídia já quase não falava mais da história entre Neymar e o Real Madrid) e, com os jornalistas *titulares* de férias, a coisa dava lugar a poucas grandes histórias futebolísticas. Mas então apareceu Poves anunciando que decidira largar o futebol porque se tratava apenas de "corrupção, dinheiro e morte" e dizendo que era preciso ir até os bancos "para queimá-los e cortar cabeças". Era uma bomba e a mídia do mundo inteiro queria localizá-lo. Não era difícil, tanto assim que parecia que o já ex-jogador do Sporting de Gijón estava em toda parte. Por alguns dias, sua história ofuscou todo o resto.

Poves, que jogou nas divisões de base do Atlético de Madrid e no juvenil do Rayo Vallecano antes de passar para a equipe do Las Rozas e para o Navalcarnero, era um jogador do Sporting B que, durante a campanha 2010-11, fez parte da equipe principal asturiana, embora praticamente sem jogar. Só na última jornada da Liga, e como prêmio por seu comportamento durante toda a campanha, Manolo Preciado o fez estrear contra o Hércules, no que seriam seus primeiros minutos na Primeira Divisão e os últimos de sua carreira. Naquele verão, cansado das contradições, decidiu abandonar o futebol com apenas 25 anos e com ofertas na mesa de várias equipes da Segunda Divisão B, como o Logroñés. Com sua idade e suas características, um zagueiro de considerável velocidade que podia também jogar de lateral esquerdo, tinha pela frente um futuro no futebol profissional, mesmo que fosse evidente que dificilmente se tornaria um astro.

Seus pensamentos pesavam demais e ele não via saída. Já havia protagonizado episódios impensáveis para futebolistas de alto nível, como quando devolveu o carro que o Sporting de Gijón lhe dera de presente, por se sentir mal em ter dois carros, ou quando pediu ao clube que não lhe pagasse por meio de transferência bancária porque não queria que ninguém especulasse com seu dinheiro "nem um segundo". Como declarou ao *lainformacion.com*: "Não quero fazer parte de um sistema cuja base é que a gente ganhe dinheiro graças à morte de outros na América do Sul, África, Ásia. Meu eu interior simplesmente me impede de continuar nisso. De que me serve ganhar mil euros em vez de 800 se estão manchados de sangue, se sei que são obtidos com o sofrimento e a morte de muita gente? A sorte dessa parte do mundo é a desgraça do resto. Dizem que sou antissistema, me colocaram esse rótulo, mas eu não sei o que sou. Mas sei que não quero viver prostituído como 99% das demais pessoas".

A tempestade midiática foi descomunal, fora de controle. Javi Poves, empenhado em se explicar, aceitou dar todas as entrevistas que lhe pediram, exceto quando o pedido vinha de uma televisão. Por alguns dias foi o centro do mundo. Coisa demais para um rapaz de Fuenlabrada com um coquetel brutal na cabeça. Então ele começou uma viagem em busca da felicidade e da coerência, que continua até hoje, talvez porque nunca vá terminar. Uma viagem com a intenção de desaparecer, que começou na África e terminou em algum ponto da selva na América do Sul.

Poves começou anunciando sua intenção de viajar à África a fim de investir localmente seu dinheiro em algum projeto para as pessoas de lá. Cumpriu isso. Foi ao Senegal, mas não há registro de que tenha levado a cabo nenhum projeto social, entre outras coisas porque se opunha às políticas das ONGS que atuam no continente africano. Passou vários meses ali, vivendo num bairro da periferia de Dakar com uma família, viajando e conhecendo o país. O ex-jogador já anunciara no programa *Asuntos Propios*, da Rádio Nacional Espanhola, que não tomaria vacinas antes de ir para a África. A razão, uma vez mais, eram suas posições políticas, neste caso contra a indústria farmacêutica. Com isso contraiu malária, apesar de superá-la depois de quatro dias. Sem concretizar nenhum projeto solidário dos que se propusera realizar, voltou a Madri.

Após uma curta viagem a Roma e um tempo em sua cidade, o final do seu relacionamento com uma namorada de anos faz com que acabe de se desapegar da sua casa, embora em suas palavras sempre transpareça uma grande nostalgia por Fuenlabrada e sua família. Para localizar Poves, foi preciso conversar, e muito, com sua mãe e sua irmã. "Nós o apoiamos em tudo, mas não é fácil", declarou uma vez sua encantadora mãe. Faz muitos meses que não vê o filho que um dia foi jogador de futebol, desde que começou a viagem que ainda não terminou e que ninguém sabe quando terminará: para a América Latina.

Javi continua em viagens pelo continente de carona e de ônibus. Vivendo em lugares baratos, na casa das pessoas que o acolhem ou até mesmo na rua, onde já dormiu mais de uma vez. Começou pelo México. Ali reforçou suas teses anti-imperialistas (o endereço de seu e-mail inclui a palavra anti-imperialista e no nome do remetente não aparece Javi Poves, mas Ned Ludd, o homem que deu nome ao movimento ludista, nascido na Revolução Industrial, que se opunha ao maquinismo e à tecnologia do mundo moderno) e foi em seguida para Cuba, onde, em apenas um mês, chega à conclusão de que a Revolução Cubana está longe de ser o que sonhou: fica chocado com a falta de liberdade e constata que há desigualdades sociais que ele não esperava encontrar. Sai profundamente decepcionado dali. Na Venezuela, porém, ocorre o contrário. O governo de Hugo Chávez o impressiona por seu trabalho junto aos mais pobres.

Depois da Venezuela, a selva. Nem Javi nem sua família querem informar onde se encontra, em função de seu desejo de desaparecer e porque, possivelmente entre o instante em que estas linhas estão sendo escritas e sua publicação, talvez já tenha mudado de lugar. Cruzou a fronteira sul da Venezuela e em seus escritos vazam palavras em português que parecem proceder do corretor ortográfico do computador do qual escreve, então é bem possível que esteja vivendo em alguma região da Amazônia. Seja como for, a localização é anedótica. Ali, afastado do mundo, com acesso limitado à internet, conectando-se a cada três ou quatro dias para falar com sua família (nunca por telefone: não tem acesso a nenhum), vivendo sozinho à espera de reencontrar Irina, sua atual namorada, Poves gesta o passo seguinte da aventura. Um dia foi jogador de futebol, hoje não poderia estar mais distante do protótipo. Porque sua cabeça continua sendo um coquetel explosivo de ideias.

Quando anunciou sua aposentadoria, grande parte da esquerda o acolheu como um modelo de coerência. Ele, naturalmente, não retribui o agrado: insiste em que não é de esquerda, nem de direita, mas profundamente contrário ao sionismo e a Israel, a quem culpa por todos os males do mundo. Embarcou em uma fanática busca pela verdade, essa que, sustenta ele, nos é ocultada e que ele conheceu graças às suas investigações, que nascem da tentativa de se afastar do sistema até encontrar a própria coerência, ou deparar com um saber que, segundo ele, é vedado à maioria de nós. Essa é a vida de Javi Poves: perseguir uma plenitude sabe-se lá se real ou, principalmente, alcançável. E, por isso, talvez, necessite de um inimigo, alguém que seja culpado pelo fato de que nem ele nem o mundo consigam essa pretensa libertação. Para o ex-defensor é, sem dúvida, Israel e o sionismo. Sua forma de vida quase ascética, sua decisão de se aproximar do mundo e da pobreza, não fizeram mudar muito seu pensamento daquele que tinha quando jogador de futebol. Aos 26 anos, sua ruptura com o sistema é grande.

Poves aceitou colaborar com este livro. Respondeu um questionário por escrito, única maneira possível de comunicação com ele, mas depois de fazê-lo disse que só admitiria que fossem publicadas suas palavras entre aspas se fosse incluída a totalidade e a literalidade do que contava. Para qualquer um que pretenda escrever uma reportagem, isso é totalmente impossível: havia episódios desconexos, com explicações complicadas de suas viagens, mensagens que ele lançava ao mundo através daquelas páginas, uma linguagem messiânica e nem sempre fácil de entender... em suma, o relato resultava simplesmente impossível de ler. Depois de eu me oferecer para adaptá-lo e torná-lo mais inteligível, Poves decidiu que não queria aparecer dessa maneira neste livro. Às suas reticências acrescentou que não queria fazer parte de páginas que tivessem um prólogo escrito por Gran Wyoming [para a edição espanhola], a quem considera um "mentiroso" por suas opiniões sobre a Guerra da Síria.

Em uma pergunta do questionário que lhe foi enviado (muito franca e muito simples), na qual pedia-se que explicasse seu pensamento hoje, Poves expôs suas opiniões, sempre duvidando da versão oficial, da autoria dos atentados às Torres Gêmeas, do 11-M, da natureza da guerra na Síria, da espontaneidade ou não das revoltas árabes, e inclusive... do Holocausto. Tudo coroado por mensagens de paz e convivência, por uma ou outra citação da Bíblia e dirigindo-se sempre ao jornalista como "irmão". Javi Poves compra quase todas as teorias denominadas, nem sempre com acerto, de *conspiranoicas*, e quanto mais lê e viaja sozinho, mais se reafirma nelas.

Sem dúvida, porém, o objetivo final de Poves é ancorar-se em algum lugar e formar uma família. Não descarta que seja Madri o local onde venha a fazer isso. Com apenas 24 anos, seu pensamento se reconstruiu e ele se viu incapaz de continuar vivendo no Primeiro Mundo e, muito menos, no Ocidente. Abandonou o futebol virando as costas às consciências dos outros. Algum confronto com a polícia no bairro de Lavapiés, onde residia quando estava em Madri, insuflou-lhe ódio suficiente para querer deixar tudo para trás.

A viagem de Javi Poves é de fuga e de busca, em partes iguais. Todos fugimos e procuramos, só que ele mais, com mais força, mais obsessivamente. E é mais jovem: porque o jogador de futebol antissistema, esse pequeno mito, tem só 26 anos. E é, como o definiu magistralmente seu treinador no Sporting de Gijón, Manolo Preciado, "um bom rapaz, mas que bate forte".

O MESMO LEITO DE RIO, MAS DUAS CORRENTES

Esta é a história, simples e asséptica, de mais dois casos de *abertzales* bascos, condicionados por uma história familiar complexa, atravessada por três letras, ETA. Sua história é também a de muitas outras famílias pertencentes a quase todos os estratos da sociedade basca. A particularidade desses dois personagens é que são jogadores de futebol profissionais. Só isso.

Eñaut Zubikarai Goñi

Quem sabe o que andaria pela cabeça dele naquela madrugada de 16 de abril de 1989? Talvez naquela noite de sábado aquele menino de 5 anos estivesse deitado sonhando com futebol. Com a Real. Talvez, não. Era pequeno demais. Mas com certeza se assustou quando, no meio da noite, ouviu batidas, muitos gritos e disparos, sem saber ainda do que se tratavam os disparos. E com certeza sentiu-se aterrorizado quando alguns homens que não conhecia o carregaram da cama nos braços, para levá-lo sabe-se lá para onde, enquanto seus pais eram presos – no final acabariam levando-o para a casa de sua avó. Talvez, antes daquela madrugada de sono interrompido, seus pais, Kandido e Iñake, tivessem lhe contado que aqueles homens que estavam vivendo com eles em casa por uns dias eram amigos. Porque talvez fossem. O certo é que, depois daquela noite, Eñaut começou uma nova vida sem seus pais. Demoraria anos para ver de novo sua mãe em liberdade, e o pai, nada menos que 22 anos, quando Eñaut Zubikarai já era goleiro da Real Sociedad.

Naquela noite, a Guarda Civil entrou na casa de Kandido Zubikarai e Iñake Goñi, na rua Ibaiondo, número 7, em Ondarroa, para detê-los, junto com os três membros do Comando Eibar do ETA que eles escondiam em casa – Iosu Ziganda Eneko, Fermín Urdiain Txiki e Juan Carlos Balerdi. Para o casal, foi o dia em que seu passaporte vital foi carimbado com o selo da prisão. No caso do pai, até converter-se em um preso histórico do grupo. A justiça provou que Zubikarai, que admitiu ser membro do ETA e fazer trabalhos de informação para a sua rede criminosa, participara da logística de dois atentados do Comando Eibar. Um deles, o assassinato com dois disparos do empresário Engraciano González Macho (natural de Ondarroa, o povoado onde morava Zubikarai, e que González Macho abandonara depois de receber ameaças do ETA, para se estabelecer em Getaria), dono do *pub* Antxi de Zarautz, a quem acusavam de tráfico de drogas. O outro, o de dois guardas civis, Federico Carro e Manuel Ávila, com um carro-bomba que foi detonado quando ambos passavam. Nas duas ações, Zubikarai esperava no carro para transportar os terroristas depois da execução de suas vítimas.

A história de Eñaut Zubikarai, que aqueles que o conhecem consideram unanimemente um rapaz educado e humilde, é impossível de dissociar da história de sua família. Jesús María Zubikarai Badiola Jhisa, irmão de seu pai e simpatizante da Euzkadiko Ezkerra (literalmente "a Esquerda de Euskadi", uma dissidência do ETA em fins dos anos 1970, que terminaria integrando-se ao PSOE), foi assassinado a tiros por um comando do grupo de extrema direita Batallón Vasco Español. Ocorreu em 1980, nos anos mais duros do terrorismo em Euskadi, e seu assassino, ou assassinos, nunca foram condenados. Os *polimilis* do ETA, ramo da organização que defendia a complementação da ação política com os atentados, enviaram uma coroa ao seu enterro, ao qual compareceu uma pequena multidão.

Na trajetória profissional de Eñaut Zubikarai, que se desenrolou totalmente sob o manto da Real Sociedad (aos 19 anos, chegou à filial procedente do Real Unión e, com exceção da campanha em que foi cedido ao Eibar, a de 2005-06, não saiu mais do clube *donostiarra*), a sua história familiar tem sempre pairado em torno dele, e o goleiro nunca escondeu sua militância *abertzale*: assinou todos os manifestos da causa (desde os que pedem a oficialização das seleções bascas, aos da libertação de Arnaldo Otegi da prisão ou aquele que apoiava os implicados no *"sumario 18/98"*, o processo iniciado pelo juiz Baltasar Garzón para desmantelar as organizações e empresas satélites vinculadas ao ETA) e o mais polêmico de todos: em 2006, vários jogadores de futebol assinavam o manifesto de Ibaeta, em apoio à marcha que exigia um melhor tratamento para os presos do ETA. Além de alguns clássicos aposentados (José Ángel Iribar, Antonio Karmona, Endika Guarrotxena, Iker

Sarriegi e Inaxio Kortabarria) e de esportistas de destaque em Euskadi (*pelotaris*, *aizkolaris*, *trontzalaris*[46]...), vários jogadores de futebol na ativa manifestaram sua posição. Além de seis jogadores da Real (Mikel Aranburu, Gaizka Garitano, Igor Jauregi, Aitor López Rekarte, Mikel Labaka, Gari Uranga e Igor Gabilondo), também aderiram três jogadores da Segunda Divisão: Eñaut, na época goleiro do Eibar (embora na condição de cedido por empréstimo), a quem se juntou seu companheiro no elenco da equipe azul-grená Aritz Solabarrieta, também nascido em Ondarroa, que no ano seguinte deixaria a equipe para ir ao Atlético de Madrid B, equipe de simbolismo particular após o assassinato do torcedor da Real Sociedad, Aitor Zabaleta, pelas mãos de um ultra do rival madrilenho. E o polêmico documento foi também assinado por um jogador que teria uma trajetória curiosa: Zuhaitz Gurrutxaga, então no Real Unión, que acabaria alternando o futebol com sua carreira na música pop no grupo Vanpopel, um conjunto meio brega (com letras como "*Mientras ella flirtea por ahí / yo toco fondo. / Por Barcelona ella es súper guay*"[47]) que se apresenta em castelhano.

46 Nomes em *euskera* para praticantes de esportes típicos do País Basco: *pelotaris* são os jogadores de pelota basca; *aizkolares*, os praticantes de *aizkola jokoa* ("jogo de machados", um esporte rural basco que se baseia no corte de troncos a machadadas); e *trontzalaris* são os que se dedicam a competições de corte de troncos com serra, em duplas. [N.T.]
47 "Enquanto ela fica paquerando por aí / eu vou fundo. / Por Barcelona, ela é superlegal" [N.T.]

Uma foto do goleiro da Real Sociedad em 2009 no Hartotxu Rock, um festival de música cujo objetivo é conscientizar a sociedade sobre a política penitenciária imposta aos presos do ETA, tornou sua história conhecida para baixo do Ebro. Em um momento do festival e como homenagem, subiram ao palco umas cinquenta pessoas (incluindo crianças) e mostraram fotos de seus familiares presos. Eñaut também estava ali segurando um cartaz com a foto do pai. Embora sua história familiar nunca tenha sido um segredo no País Basco (um lugar bem menor do que parece, onde guardar algo assim é impossível), fora dali quase ninguém conhecia sua situação.

Em 2011, o Hércules se interessou em obtê-lo por empréstimo para ser o goleiro titular na Segunda Divisão. Uma boa oportunidade esportiva para Zubikarai, que poderia ter a continuidade que nunca conseguira na Real, e, além disso, viver em uma cidade com uma aura emocional muito forte para ele: na prisão de Fontcalent (a 10 quilômetros de Alicante), seu pai, Kandido, cumpria os últimos meses de cárcere. Embora devesse ter saído em 2006, foi-lhe aplicada a Doutrina Parot, pela qual a redução de pena por atenuantes penitenciárias (o pai de Eñaut havia conseguido redenção por estudos, pois cursara sociologia, jornalismo e pedagogia) é aplicada a cada pena individualmente e não sobre o máximo legal permitido de permanência na prisão. Sua soltura ficava adiada para setembro de 2011. Nesse exato momento, se a contratação pelo Hércules tivesse acontecido, teria sido possível publicar a imagem do goleiro esperando seu pai na porta da prisão. O clube alicantino, que viu as redes sociais se encherem de mensagens pedindo que Eñaut não vestisse sua camisa, não quis essa foto. No início de julho, anunciava o cancelamento das negociações, sem maiores detalhes. Nem era preciso, pois a razão ficara evidente.

Koikili Lertxundi del Campo

Quem sabe o que andaria pela cabeça dele no dia 16 de abril de 1989? Talvez na noite anterior aquele menino de 8 anos tivesse deitado sonhando com futebol. Com o Athletic. Talvez, não. Era pequeno demais. Mas com certeza não esquece que naquele dia detiveram sua mãe, Maria del Rosario, em sua casa, e que ficaria sabendo que também seu pai, Javier, havia sido capturado pela polícia. Sua mãe foi liberta em seguida, mas depois daquela noite, Koikili começou uma nova vida sem o pai. Demoraria quase uma década para voltar a vê-lo em liberdade, quando Koikili Lertxundi já dava sinais de que poderia ser um bom jogador nas categorias operárias do futebol basco.

A Guarda Civil detêve Javier Lertxundi Barañano em Cuenca, acusado de tentar reativar a estrutura do Comando Madri do ETA (desarticulado meses antes), e sua mulher, María del Rosario del Campo, em Otxandiano, basicamente por ser sua esposa. Ela ficou livre, mas ele, que viajava com identidade falsa, foi acusado de ser um membro ativo da logística *etarra* havia dois anos. Sob as ordens diretas de Santiago Arrospide Sarasola, *Santi Potros*, um dos nomes de trajetória mais sangrenta e ortodoxa da história do ETA (entre outros delitos de sangue estava implicado no atentado ao Hipercor em Barcelona, que matou 21 pessoas), havia cumprido suas diretrizes até que o lendário terrorista foi detido. A Promotoria acusou Lertxundi de ter fornecido informações sobre objetivos do ETA (desde guardas civis em Barcelona, Zaragoza e Valência, até, inclusive, localizações para promover atentados no Parque de Atrações de Madri), apesar de ele ter negado ser informante do grupo. Reconheceu apenas ser membro da organização e ter feito trabalhos de logística. A promotoria pediu 24 anos de prisão, mas ele foi condenado a doze anos e quatro meses.

A história de Koikili Lertxundi, que aqueles que o conhecem consideram unanimemente um rapaz educado e humilde, é impossível de dissociar da história de sua família. Roberto Lertxundi Barañano, membro dos primórdios do ETA (de 1968 a 1972), passou para o Partido Comunista de España (até 1981) e deste para a Euzkadiko Ezkerra, a dissidência do ETA que terminaria integrando-se ao PSOE. Depois de se aposentar em 2009, o Partido Socialista pediu-lhe que fosse senador por esta legenda. Xabier Lertxundi, irmão de Koikili, foi detido duas vezes, ambas em 1997: em fevereiro, junto com seu pai, acusados de fazerem parte de um grupo e apoiarem o ETA; e em novembro, na operação contra o suposto membro do Comando Araba do ETA, Santiago Pedro Magunazelaia. Em ambas foi libertado sem acusações, pois não fizera nada de ilegal.

Koikili foi um operário do futebol basco durante toda a sua carreira. Jogou no Aurrera de Vitoria, Osasuna B, Gernika (em duas ocasiões), Beasain e Sestao River, até que o Athletic de Bilbao o tirou do ostracismo e o tornou titular. Seu passado como lutador greco-romano (chegou a ser campeão da Espanha) veio à luz, e apesar de nunca ter sido segredo a sua aberta simpatia pelo mundo *abertzale*, sua carreira fora de Euskadi não teve destaque. Como jogador do Gernika, manifestou-se contra o processo judicial que recaiu sobre o ambiente juvenil radical, sob os nomes de *Jarrai* (Continuar), *Haika* (Levantar-se) e *Segi* (Seguir), e foi um dos jogadores que mais lutaram a favor das seleções bascas (leu o manifesto em *euskera* em um dos protestos). Fora do futebol, gerencia com seu pai e seu irmão Xabier uma empresa de consultoria em Vitoria, a Itzarri Consulting, e é ativo defensor do *euskera*, que incentiva entre os jovens por meio do esporte.

Manifestou-se politicamente outra vez quando da morte do torcedor do Athletic, Íñigo Cabacas, em um confronto policial (atingido por uma bala de borracha do esquadrão antidistúrbios), ocorrida após o jogo entre o clube vizcaíno e o Schalke 04 na Liga Europa. O jogador publicou então uma duríssima carta no site de contrainformação *KaosenlaRed.net* contra a ação das forças de segurança e o fato de se negarem a assumir a responsabilidade pela morte do torcedor, além de criminalizá-lo atribuindo-lhe a ideologia *abertzale*. "Sinceramente acho que ainda estamos acostumados a um tipo de garantia da ordem pública que, mais que prevenir, tende a aproveitar certas circunstâncias para executar seu protocolo de dissolução (normalmente contra um setor específico da população)", escreveu Koikili.

Após o término de seu contrato com o Athletic, pelo qual jogou por cinco temporadas, assinou com o Mirandés, a um passo de Vitoria, onde mantém sua empresa. Naquele mesmo verão, despertou interesse do Celtic de Glasgow, a equipe escocesa de tradição católica e pró-irlandesa, bastião da causa da independência da Irlanda do Norte. Era uma contratação que fazia sentido, embora não tenha se concretizado, sem mais explicações. Que nem seriam necessárias, pois a razão se mostrava evidente.

A VIDA DE VILLA SEM VILLA

No começo do século xx, ninguém era mais famoso na bacia do Nalón, na aguerrida província de Astúrias, do que um cara apelidado de *Trótski*, de tão esquerdista que era – e havia mérito em se destacar nesse sentido naquele lugar, que na época abrigava muitos esquerdistas de verdade. O caso é que Vicente Martínez Amores – o nome real de *Trótski* – era um revolucionário incorrigível. Tanto que, em 1917, quando na Rússia os comunistas triunfavam e abriam caminho, na Espanha seu discípulo era exilado para o Marrocos, onde passou cinco anos por se negar a cumprir o serviço militar. Ao voltar, mostrou-se ainda mais radical. Em 1929, casou-se – na igreja, porque não havia outro jeito –, com sua noiva, Carolina. O padre perguntou se eles acreditavam em Deus, e *Trótski* não perdeu a deixa: "Não o conheço, e ali perto de casa com certeza ele não mora", gracejou. Seu fervor revolucionário estendeu-se ao nome dos filhos: pôs-lhes Trótski, Lênin, Stálin e Libertad. Até que chegou Franco, claro, e acabou com aquela ostentação de onomástica comunista, obrigando-o a batizar os meninos com nomes como Deus manda: José Maria, Laudino, Vicente e Carmen, respectivamente, foi como passaram a se chamar os filhos de *Trótski*, se bem que o Vicente ninguém deixou de chamar de *Talín*, apócope apócrifa que vá lá saber se o Stálin original teria achado engraçada. Muito provavelmente, não teria achado graça nenhuma.

Libertad, depois Carmen, criou família, e continuaram morando em Tuilla, o pequeno povoado asturiano que hoje ronda os mil habitantes e continua dando acolhida a seus descendentes. Um de seus netos é o filho mais famoso que a localidade já produziu: David Villa, o camisa 7 da seleção da Espanha. Mas o viés esquerdista e revolucionário da família que fora plantado por *Trótski* não vingou em David, ou pelo menos é o que parece. O nome e a alcunha do tão comentado bisavô foram herdados por outro rapaz, paradoxalmente nascido quinze dias antes de Villa, paradoxalmente no povoado de Tuilla, paradoxalmente amigo de infância do jogador do Barça e paradoxalmente jogador de futebol. E já são paradoxos suficientes. O *Trótski* original, o pai de Libertad, avô de David Villa, morreu por volta de 1980. Vicente Díaz *Trótski*, o herdeiro involuntário do epíteto, foi até recentemente o zagueiro central do Club Deportivo Tuilla, a equipe do povoado, que continua se debatendo na Terceira Divisão, que se veste de azul e tem um campo chamado El Candín, grudado à linha do trem. Um estádio deslumbrante, considerando que está em um povoado tão pequeno. Vicente nasceu e viveu a vida toda ali e é mineiro. Usa barba, cabelo comprido e tem pinta de revolucionário. E é. Cresceu com David Villa, na mesma escola e na mesma classe, e seu menor talento para o futebol o levou a viver uma existência muito diferente da do *Guaje*. E talvez, também, a tomar outro caminho ideológico. Bom, isso nunca se sabe, porque o máximo que ouvimos Villa falar de política foi numa entrevista à revista *Don Balón*, por volta de 2009, quando lhe perguntaram "Zapatero ou Obama?", e ele respondeu lacônico: "Nesse caso, Zapatero, porque é nosso".

Antes de David Villa, os dois vizinhos mais ilustres de Tuilla eram filhos de seu tempo e de seu lugar. José Ángel Fernández Villa, histórico sindicalista mineiro e socialista de respeito, um dos personagens mais importantes das greves mineiras dos anos 1980 e que continua hoje como referência nas mobilizações; no enterro da mãe do sindicalista, entre os muitos que compareceram estava Mel, o pai de David Villa, que conhecia bem. E o outro vizinho famoso da era pré-Villa foi Gaspar García Laviana, o padre revolucionário que lutara na Nicarágua ao lado dos sandinistas e morrera em fins dos anos 1970 comandando uma coluna guerrilheira. O povo é tão orgulhoso de seu conterrâneo que, em 2008, ergueu-lhe um monumento, financiado por doações particulares, no qual os cidadãos depositam flores em todo dia 11 de dezembro, data em que caiu em combate na Nicarágua, onde todos o chamavam de *Comandante Martín*.

Nas eleições gerais de 2011, as da maioria absolutíssima do PP, os dois partidos majoritários dividiram em proporção igual seis das oito cadeiras que correspondiam a Astúrias (as outras duas foram para o Foro Asturias e para a Esquerda Unida). Mas não foi assim em Langreo, o distrito a que pertence Tuilla, onde a soma de PSOE e IU deu maioria mais que absoluta, com quase 52% dos votos. Ali as pessoas são de outra índole, temperada pelas minas: um sim, um não, é mineiro, filho de mineiro, amigo ou parente de mineiro. E os mineiros são de esquerda. Mineiro era Mel, o pai de David Villa, que em dezembro de 1989 desceu pela última vez à mina para deparar com o horror: um incêndio levou embora quatro de seus companheiros, provocou o fechamento do Pozu Mosquitera onde ele trabalhava e o levou a se aposentar antes da hora. *Guaje*, que já jogava futebol melhor do que ninguém no povoado, tinha 8 anos de idade. "Quando criança, eu queria ser como o meu pai, ele era meu ídolo, mas conforme passavam os anos, vi o quanto era difícil ser mineiro e fazer aquele trabalho. Por isso, mudei de ideia e escolhi jogar futebol", declarou ao *Mundo Deportivo* quando assinou com o Barça. Para se garantir, na adolescência aprendeu a instalar aparelhos de ar-condicionado, caso o futebol não desse certo como ele esperava. Mas não foi preciso. Segundo relembra *Trótski*, o amigo de Villa: "Éramos muito pequenos, mas sem dúvida lembro que para as crianças da cidade aquilo foi duro, pois imagine o quanto intimida você ver que vizinhos seus tiveram um acidente na mina e alguns morreram. Aqui todos conhecem parentes e amigos daqueles mineiros que foram embora".

A vida de um menino dos vales mineiros de Astúrias, quando Villa era pequeno, tinha poucos incentivos além do futebol. Ali se joga muito, e o tempo todo. O menino David sonhava em jogar em campos de grandes arquibancadas, como o Camp Nou. Conheceu o estádio com Vicente e os demais da classe numa viagem da escola a Blanes, na Costa Brava de Girona. Na excursão ao campo do Barça, ficou alucinado. Por isso, quando o apresentaram com uniforme azul-grená, *Trótski*, sua mulher e dois amigos resolveram pegar o furgãozinho e ir até lá. No caminho, ligaram para David, que deu ordens para que pudessem entrar com ele no salão Paris do estádio, e ali ficaram, compartilhando com o rapaz do povoado os momentos que antecederam a descida dele ao gramado. "Fiquei muito feliz quando fui para a arquibancada e o vi ali, diante de 40 mil pessoas... Não parava de rodar na cabeça dele tudo o que tinha acontecido. O que é a vida", relembra Vicente.

Mas essas coisas são uma em um milhão. O normal é que Villa tivesse sido mineiro, ou que pelo menos tivesse tentado. O normal é que tivesse sido de esquerda, embora tampouco se tenha notícia hoje de que não seja. O normal é que tivesse levado a vida de qualquer um dos rapazes nascidos na década de 1980 na pacata Tuilla. O normal é que Villa tivesse sido como Vicente Díaz *Trótski*, seu companheiro de classe e de primeiros chutes na bola, seu amigo com o qual tem quinze dias de diferença e compartilha muitas outras coisas. Mas, para brincar de adivinhar como teria sido a vida e o pensamento político do jogador do Barça se não tivesse se saído tão bem jogando bola, é preciso visitar Tuilla, *Trótski* e o campo do Candín.

Quando se chega a Tuilla por Oviedo, por um caminho escuro no meio de bosques, a sensação é de que o GPS aprontou alguma sacanagem com você. Vicente confirma isso, já no Candín, numa noite fria e fechada. "Ele o traz por aqui porque é o caminho mais curto, mas você tem razão, o GPS aprontou com você", brinca, vestido de cima a baixo com o agasalho (Adidas, é claro, e com muito boa pinta) do time do C. D. Tuilla, do qual, depois de pendurar as chuteiras ao final de doze anos na equipe, é delegado, segundo treinador e o que mais for preciso. "Trabalho com a diretoria e sou, mais ou menos, a pessoa de confiança dentro do C. D. Tuilla", diz orgulhoso. Vicente é, como o descreveu um artigo da imprensa local, "o segundo habitante mais famoso de Tuilla". Toda vez, e são muitas, que um jornalista vem ao povoado para colher informações sobre as façanhas infantis de Villa, lá está Vicente, seu amigo da infância, repetindo que o 7 continua o mesmo de sempre, que não mudou nada e que, quando vem à cidade, é como se fosse apenas mais um deles.

Vicente ganhou o apelido de *Trótski* mais por uma brincadeira infantil do que por algo ideológico. "Os meninos mais velhos estavam estudando a Revolução Russa na aula e aí saiu o nome do Trótski. Um aluno da turma achou engraçado e o primeiro cara com quem ele cruzou na rua fui eu. De pequeno, você leva na esportiva, só mais tarde é que eu soube quem foi Trótski. Mesmo depois de saber, evidentemente não rejeitei o apelido, nem rejeito", diz Vicente, que se define como socialista "por convicção, por causa da mina e por tradição familiar". Agora, os jovens como ele, que têm 31 anos, são "uns privilegiados" por terem trabalho debaixo da terra. "É duro, mas a gente precisa trabalhar. O pessoal formado tem de sair de Astúrias, às vezes até da Espanha, e para os asturianos, poder trabalhar aqui, e mais ainda nas regiões de mineração onde você nasceu, é um orgulho", conta. Há dois anos, depois de sobreviver em trabalhos esporádicos desde que parou de estudar, teve a oportunidade de entrar na mina, de seguir a tradição de onde nasceu, e não pensou duas vezes. Trabalha do lado de casa, no Pozu Carrio. "Levanto bem cedo, porque vinte para as sete estamos descendo à mina. Uma vez lá dentro, você faz os trabalhos próprios de mineiro até uma e meia, que é mais ou menos quando a gente sai. Ao terminar, fico com a minha mulher e o meu menino de 1 ano, e depois venho para o campo de futebol, que é o que eu mais gosto de fazer", resume.

Vicente é militante do Sindicato dos Operários Mineiros de Astúrias, que integra a Federação de Indústrias Afins (Soma-Fitag), a seção mineira da União Geral dos Trabalhadores, o sindicato majoritário. Não participou da grande passeata de julho de 2012, em Madri, embora diga "participei ativamente" das mobilizações na mina, muito mais duras e radicais. Os mineiros tinham sido uma referência da luta operária, principalmente nos anos 1980, e as novas gerações, as do 15-M e outras formas muito diferentes de protesto inspiraram-se nos caras durões e no rosto sujo de fuligem como exemplos de como lutar por seus direitos.

"Defendemos o futuro da mineração e das comarcas mineradoras. Em Astúrias, temos trabalho, mas se nos tirarem a mina estaremos arruinados", analisa Vicente. "Nós, jovens, vivemos uma situação muito complicada. Se nós não lutarmos, quem vai lutar? Eu sou um lutador, como as pessoas daqui. Não consigo imaginar um futuro sem a mina. Vamos continuar lutando para que seja o nosso sustento e o daqueles que vêm chegando. Nós, mineiros, continuamos muito unidos, lutando, negociando e mobilizando-nos. Não há qualquer dúvida, vamos continuar assim", diz, firme, com aquele forte sotaque asturiano que torna tudo mais convincente. Vicente tem um filho. É um pai orgulhoso, e as maçãs do seu rosto se incham acima da barba quando fala dele. "Não sei que futuro aguarda meu filho, e nem o futuro que me espera. Mas não há outro jeito a não ser lutar, porque se ficarmos em casa de orelha abaixada, aí é que a coisa não se ajeita mesmo", analisa.

David Villa tem sido um dos jogadores mais decisivos do futebol espanhol nos últimos anos, embora suas façanhas tenham ficado ofuscadas pelas de Xavi Hernández, Andrés Iniesta e companhia. Sua terrível ruptura de tíbia no Mundial de Clubes de 2011 afetou a temporada do Barça, que perdeu pulso até se tornar uma equipe mansa, de quem o Real Madrid arrebatou a Liga por bravura. Convém lembrar, além disso, que Villa marcou cinco dos oito gols da Espanha no Mundial da África do Sul em 2010, um fator com poucos precedentes na história das Copas do Mundo. É o goleador máximo da história da seleção espanhola e, na hora em que escrevo, é o décimo terceiro de todos os tempos na Liga Espanhola.

Ao contrário de Juan Mata e Santi Cazorla, asturianos que jogam um futebol cheio de imaginação, Villa corresponde mais ao protótipo de Luis Enrique: rápido, aguerrido, com muitos gols e efetivo, embora também dotado de uma qualidade técnica espetacular. Virtudes que o conduziram pela trilha reta do estrelato. "A verdade é que não imagino uma vida diferente para David, porque desde bem pequeno ele tinha tanto talento para jogar futebol que você sabia que iria se dedicar a isso. Mas o normal, para um rapaz daqui, aquilo a que nós, os amigos de infância de David, nos dedicamos é a mina, ser bombeiro, trabalhar na construção, no setor naval... ou ficar desempregado", opina seu amigo Vicente. A diferença entre a mina e ser um jogador multimilionário de fama internacional reside na habilidade de chutar a bola. Nada mais, nada menos. Villa sem dúvida sabe que o futuro que aguarda seus filhos, duas meninas e um menino, está garantido. Vicente, não. "Jogava de zagueiro central e de lateral. Era mediano, só isso. Gostava de Juanma López e Pablo Alfaro, defensores rápidos. Na Terceira Divisão, se pratica um futebol muito intenso, e toda equipe tem de ter um cara do tipo durão. Eu era esse cara no meu time", define, sorrindo, seu jeito de jogar. Os Alfaro não costumam sair da mina. Os Villa, sim.

Vicente e David cresceram nos mesmos pátios da escola, jogaram com as mesmas bolas e viveram os mesmos sonhos. Quando Villa foi para o Langreo, Vicente foi com ele, mas um ano depois teve que mudar de equipe porque seu pai não tinha tempo para levá-lo para treinar. Quando o 7 foi para o Sporting de Gijón, Vicente ocupou seu lugar, não sua posição no campo, no Langreo. "Mantemos uma relação bastante fluente. Ele sempre me pergunta pela equipe, e eu pergunto da vida dele, se bem que, como você já deve imaginar, é mais fácil para mim saber como estão indo as coisas da vida dele do que o contrário", brinca. "David está informado do que acontece na mina. É normal. Ele me pergunta do mesmo jeito que os amigos devem perguntar a você como está indo no seu trabalho, e ele está em contato com muita gente próxima da mina", acrescenta.

Os meninos da região mineira que saíram para vencer jogando futebol, como Villa ou Santi Cazorla, não esquecem a mina. É impossível. O jogador do Arsenal visitou no verão de 2012 os mineiros do Pozu Candín, presos em Langreo, para solidarizar-se com eles. Uma representação de jogadores do Sporting, entre os quais se encontrava Roberto Canella, o rapaz nascido no núcleo mineiro de Pola de Laviana, deu de presente aos presos uma camisa da equipe assinada pelos jogadores. "São muitos os que têm um parente ou amigo ou alguém próximo que é da mineração. É normal: é uma atividade vital para Astúrias e para o movimento operário. Os mineiros sempre foram exemplo de luta", analisa Vicente. "Quando David teve a oportunidade de apoiar, ele veio. Gente que socialmente é importante como David faz isso", ressalta, sobre seu amigo. Sem dúvida, suas demonstrações de apoio aos trabalhadores em luta são muitas e vêm de longe. No verão de 2012, Villa também compareceu, como Cazorla, em apoio a essa mina que compartilha nome com o campo do C. D. Tuilla: "Espero que os mineiros sejam ouvidos, que sejam levados em consideração. Pelo bem do setor e dos mineiros que estão ali embaixo, que são os que mais sofrem, e por seus familiares e filhos", declarou então o filho de Mel, o mineiro precocemente aposentado.

A mina não é só um lugar de trabalho: é um laboratório de organização social. Diz Vicente Díaz: "Lá embaixo não é permitido ficar sozinho, porque pode acontecer algum acidente. Em todos os serviços, temos que ajudar uns aos outros, trabalhamos sempre em equipe. Então, o companheirismo está arraigado. Não sei como é viver na cidade, e não pagaria para ver, porque estou muito bem vivendo em Tuilla, mas nos povoados, pelo menos nos das comarcas de mineração, esse companheirismo é exportado para a vida diária, e estamos sempre preocupados uns com os outros". E é também um evidente polo ideológico: "Nós, mineiros, somos majoritariamente de esquerda. Não conheço ninguém de direita", comenta. David Villa jamais se manifestou politicamente. Uma vez, foi alvo de críticas do setor de jogadores de esquerda (e da admiração de alguns fóruns da internet de tendência política contrária) quando, na celebração da conquista da Eurocopa de 2008, gritou na Plaza de Colón, em Madri "¡*Arriba España!*". Um grito que, no caso dele, não parecia nada além de juntar *arriba* e *España*, sem maior conteúdo ideológico. Se bem que, se o seu bisavô *Trótski* o ouvisse dar esse grito, com certeza se reviraria no túmulo. Só faltaria seu bisneto não ser de esquerda. Difícil isso acontecer. Seria um grande desgosto.

OUTRAS VIDAS, OUTRAS HISTÓRIAS

Matthias Sindelar:
O primeiro a lutar contra o fascismo

Cinquenta anos antes do futebol de Maradona, antes de suas pernas de ouro, antes de sua velocidade lisérgica, houve Matthias Sindelar: "Seu tento foi uma obra de arte que ninguém mais conseguiu repetir contra um adversário tal qual eram os ingleses na época. Sindelar arrancou da metade do campo, driblou com sua inimitável elegância todos os que surgiram à sua frente e culminou seu *slalom* caindo para um lado e disparando para as redes", descreve o árbitro belga John Landenus o gol desse jogador austríaco contra a Inglaterra em 1932, como prefácio visionário do gol de Diego contra os britânicos no México em 1986. Antes do compromisso de papel machê de Maradona, antes de sua pose revolucionária, antes do seu discurso rebelde, sabe-se lá se com causa, também houve Matthias Sindelar.

Sua história, ou sua lenda, mostra-o como um judeu resistindo ao nazismo. Tem parte de verdade e parte de mito. Ao que parece, Sindelar, austríaco com raízes tchecas, negava-se a jogar pela seleção alemã de Adolf Hitler, que anexara a Áustria (estamos em 1938) e decidira que seus melhores jogadores deveriam atuar pelo *Wunderteam* (*Equipe Maravilha*, apelido dado à seleção austríaca dos anos 1930) do *Reich*. Dizem que Sindelar simulava lesões e dava desculpas para não ir, mas que mesmo assim decidira jogar aquela que seria a última partida da seleção austríaca antes que ela desaparecesse anexada pelos alemães: um amistoso contra os germânicos após a *Anschluss* (anexação). Dizem que os austríacos tinham ordens para não marcar, e que Sindelar, chamado de *Homem de papel* por sua graça de movimentos, driblava toda a equipe adversária e, ao chegar ao gol, chutava para fora, com ar de deboche. Há registro escrito de que, no segundo tempo, marcou o primeiro gol da partida, e, em vez de ir com o braço erguido para dedicar o gol ao *Führer*, plantou-se diante da tribuna e dançou, zombando dos uniformizados e de Hitler. A história prossegue contando que o ditador alemão o condenou à morte, e que ele teve que viver na clandestinidade desde então. Sabe-se com certeza que morreu em 23 de janeiro de 1939, em seu apartamento de Viena, junto com sua companheira, a italiana Maria Castagnola (com a qual estava junto havia apenas dez dias), por intoxicação de monóxido de carbono procedente de uma estufa.

    Sindelar era um jogador de extraordinário sucesso, embora jogasse para o Austria Viena, time que na maior parte de sua trajetória lutou para evitar o rebaixamento, mas com o qual ganhou três Copas da Áustria, uma Liga e, em 1933, uma Copa Mitropa (ou Copa da Europa Central, competição da qual desde 1927 participavam os clubes do Império Austro-Húngaro – Hungria, Áustria, Tchecoslováquia e Iugoslávia –, mas que depois se abriria para Suíça, Romênia e Itália. Essa competição continuou sendo disputada depois da Segunda Guerra Mundial até 1992). Sindelar estreou na seleção da Áustria com 23 anos e marcou em seus três primeiros confrontos, mas o técnico, Hugo Meisl, deixou-o fora da lista por catorze jogos – três anos – porque ele não passava a bola a ninguém. As pressões da imprensa forçaram sua volta. Em 1932, aos 29 anos, já era capitão da seleção e conquistou a Copa da Europa de seleções, que pode ser considerada precursora da atual Eurocopa. Naquele mesmo ano, a Áustria perdia por 4 a 3 em Londres contra a Inglaterra, mas o gol de Sindelar, descrito pelo árbitro da partida no início deste texto, e o fato de ser a primeira equipe nacional que marcava mais de um gol nos ingleses em seu campo fizeram com que o *Homem de papel* entrasse para a história do futebol. No Mundial de 1934 na Itália, uma arbitragem escandalosa (o juiz fora designado por Benito Mussolini) a favor da seleção local – perguntem à Espanha sobre os juízes e sobre os italianos naquela competição – acabou com a trajetória da Áustria nas semifinais.

A história do jogo contra a Alemanha, do seu desafio, de sua dança e da ira do *Führer* não poderia ser mais bonita. Talvez bonita demais. Na verdade, não fica claro que tenha acontecido desse jeito, e em torno dela foram criados tantos mitos e histórias que convém deixar tudo em quarentena, como no chamado "jogo da morte", que colocou frente a frente jogadores do F. C. Star ucraniano e soldados da *Wehrmacht* (Forças Armadas alemãs) e que acabou com os jogadores do F. C. Star diante de um pelotão de fuzilamento de soldados nazistas, uma história que tem tanto de futebol quanto de propaganda comunista. Por exemplo, está escrito, inclusive nas letras grandes de uma manchete, que Matthias Sindelar era judeu, o que é absolutamente falso: o Austria Viena, sim, era o clube da burguesia judaica da cidade, e os ascendentes de Sindelar eram da Morávia, a região tcheca de onde muitos judeus partiram para a Áustria, mas a família Sindelar e a educação que o jogador recebeu eram estritamente católicas. Sua namorada tampouco era judia, ou teria ocultado isso muito bem para poder driblar o radar dos nazistas, pois conseguira comprar um bar alguns meses antes.

Sem dúvida, porém, há fatos constatados na trajetória de Sindelar que o tornam o primeiro paradigma de jogador de futebol a sofrer por ter defendido suas ideias de esquerda. Não era segredo seu apego público à social--democracia, que surgira no seio dos partidos socialistas e do movimento operário pouco mais de meio século antes, e da qual era firme defensor. Também é certo que desafiou os nazistas e se negou a jogar pela Alemanha. Além disso, em agosto de 1938, comprou um café em Viena do judeu Leopold Drill pagando um preço justo de 20 mil marcos, num tempo em que os judeus eram obrigados a ceder seus bens de graça aos arianos. Sabe-se ainda que as autoridades começaram a colocá-lo na mira porque se negou a divulgar a propaganda nazista em seu estabelecimento.

As causas de sua morte, aos 36 anos, não ficaram claras. Foram constatados em sua casa alguns defeitos na sua lareira, que tornam possível a tese de que o vazamento de gás tenha sido por acidente. Há quem diga que se suicidou, incapaz de aceitar que seu país se visse tragado pela sombra do nazismo, e que, para ele, o futebol havia acabado. A hipótese de assassinato, fruto da condenação à morte por Hitler devido à sua importância, mal se sustenta. Seu enterro teve o comparecimento de 15 mil pessoas. Em seu túmulo no cemitério central de Viena, cheio de heróis de guerra e mártires políticos, com nichos ornados de símbolos heroicos, há apenas uma bola de futebol. Nada mais. No final das contas, Sindelar foi acima de tudo um jogador de futebol sensacional e um homem digno. No início do século XXI, Sindelar foi eleito o melhor esportista austríaco do século que acabava de se encerrar.

Pahiño: o jogador que riu do franquismo

"Saiba o senhor que vou atendê-lo porque gostei muito do assunto de seu livro", me disse por telefone Manuel Fernández Fernández, Pahiño, e era possível ouvir ao fundo a filha dele dando risada. Ela acabava de levar uma pequena bronca do pai por interrompê-lo enquanto ele assistia a uma partida de Rafa Nadal. A conversa, porque não era o momento adequado e porque o mítico ex-jogador já era bastante idoso, não rendeu muita coisa, mas quando se trata de uma vida como a dele, não render muita coisa é mais do que outros jogadores de futebol sequer poderiam sonhar. Pahiño contou que nunca gostou de ditaduras, que os militares o faziam rir muito e, principalmente, que gostava de ler. Adorava. Tinha que fazer muitos esforços na Espanha franquista para conseguir livros de seus autores favoritos, que, para aumentar o problema na época em que lhe coube viver, eram russos, em especial Liev Tolstói e Fiódor Dostoiévski. Conseguia livros deles quando ia até Barcelona ou quando fazia turnês pelo exterior.

Pahiño, galego de Navia (Pontevedra), onde hoje o campo de futebol leva seu nome, entre 1943 e 1957 jogou no Celta de Vigo, no Real Madrid, no Deportivo de La Coruña e no Granada. Mantém a melhor média de gols de um jogador espanhol da história do Real Madrid (108 em 126 partidas, média de 0,86 gol por partida; Cristiano Ronaldo é, de fato, o único jogador que o superou) e é o décimo terceiro maior artilheiro da história do clube. No entanto, não foi à Copa do Mundo de 1950 no Brasil. "Por que era de esquerda", me disse. "Você precisava ficar de olho, e contar com parentes e amigos, para que não acontecesse nada com você." Ao que parece, antes de um amistoso contra a Suíça, em 20 de junho de 1948 em Zurique, no Estádio Hardturm, do Grashopper, um militar franquista entrou no vestiário e pediu--lhes "colhões e espanholismo", antes de entrarem em campo. Pahiño riu. Todos viram isso. Foi uma gargalhada de incredulidade e de zombaria, a de alguém inteligente que não consegue condescender com um espetáculo tão pueril e estúpido. Era seu primeiro jogo internacional, e formou o ataque com Epi (Epifanio Fernández), Miguel Muñoz, Silvestre Igoa e Piru Gaínza. Aos 7 minutos, pôs em vantagem a seleção treinada por Guillermo Eizaguirre, e a partida terminou em 3 a 3. Mas nos ouvidos da hierarquia superior ressoou mais a sua gargalhada do que os gritos de gol. Como uma espécie de condenação, iriam se passar sete anos, cinco meses e 21 dias até que fosse perdoado.

Apesar de ter sido em 1948 o artilheiro da Liga (23 gols em 22 jogos com o Celta) e de em 1952 voltar a conseguir o feito (28 gols em 27 encontros, já no Real Madrid), sendo um dos poucos que faziam sombra a Telmo Zarra, o que não é dizer pouco, foi convocado para a seleção apenas três vezes. Ao voltar, em outro amistoso no Dalymount Park de Dublin, marcou contra a Irlanda os dois gols espanhóis (empate de 2 a 2). Já não era jogador do Real Madrid, mas do La Coruña. No jogo seguinte, em Wembley, a Espanha foi derrotada por 4 a 1; e Pahiño, apesar de ter sido convocado, não jogou. Seria seu último dia com a seleção nacional. Sua estatística é impactante: três gols em três partidas, embora na realidade tenha jogado em apenas duas. Apesar da contundência dos números, sua participação no selecionado pátrio foi anedótica. Foi vetado, e bem vetado. Não jogou naquele Mundial de 1950, o do *Maracanazo*, no qual a Espanha conseguiu um quarto lugar que foi *science-fiction* até 2010. Pahiño morreu aos 89 anos de idade, em Madri, com a certeza de que suas ideias o impediram de chegar mais longe.

Sua figura, porém, inspirou muita gente. Como o jornalista e escritor galego Ramón Chao, pai do músico Manu Chao, que, como contou em um artigo, teve uma curiosa influência de Pahiño: este o fez abandonar o sonho de ser jogador de futebol e encaminhou sua vida para as letras. "Pahiño tinha uma paixão incompreensível para um esportista de nossos dias, que era a paixão pela leitura. Também naquela época era algo insólito, por isso os críticos de futebol o chamavam de 'o leitor de Dostoiévski'. Nas entrevistas, falava aos atônitos comentaristas a respeito desse escritor russo, sobre *Crime e castigo* e *Memórias do subsolo*. Como eu o admirava muito, iniciei um processo de mimese, tanto no jogo de cabeça e no toque de bola como nas leituras. Aqueles romances citados foram os primeiros que li, quando tinha 12, 13 anos. Pouco a pouco cedi ao vício nefasto da leitura. Em Madri, *lataba* (cabulava, em galego) as aulas para ir à Biblioteca Nacional, onde pedia os livros que meu centroavante havia comentado. Alternava o escritor russo com os galegos Eduardo Pondal, Ramón Cabanillas e Xosé María Chao Ledo, um poeta *costumbrista*[48] meio parente meu. Estes eu lia em galego, e se depois de tantos anos fora da minha terra conservo nosso idioma, devo isso a eles e a Pahiño. Mais ainda: quando vim a Paris e fui abrindo os olhos para a realidade política, comecei a ver que Pahiño era meio esquerdista e, consequentemente, que os esquerdistas não tinham chifres na cabeça nem rabo entre as pernas, como nos era ensinado na escola."

---

48 O *costumbrismo* é uma corrente literária particularmente presente no cenário hispânico do final do século XIX, relacionada ao realismo e ao romantismo, que dá forte ênfase ao retrato da vida cotidiana, dos maneirismos e costumes locais. [N.T.]

José Cabrera Bazán: o jogador de futebol que encarou a prisão

Ele terá um lugar pequeno na história do futebol, se quem for escrevê-la se limitar a números, gols e sucessos. Mas José Cabrera Bazán, jogador de Betis, Sevilla e Jaén nos anos 1950, é uma lenda do futebol espanhol por suas peripécias políticas. Porque a manchete de sua vida é apetitosa: foi o único jogador de futebol da Espanha que passou pela prisão por ter defendido seus direitos trabalhistas.

Aconteceu em 1953. Eis o relato dele em uma entrevista a Alfredo Relaño ao *El País*: "O Real Jaén me devia 50 mil pesetas, que não me queria pagar porque não constavam do contrato federativo [que registrava a renda perante a Liga de Futebol Profissional e que era o único documento válido na esfera trabalhista]. Lembro que éramos três nessa situação: José Luis, Arregui e eu. Esperamos chegar às vésperas de um jogo contra o Valencia, que era muito importante para o clube para arrecadar uma boa bilheteria, e anunciamos que se não pagassem o que nos deviam não jogaríamos aquela partida. Meus companheiros se deixaram convencer, mas eu, não", contava. A peripécia, muito patronal e muito da Espanha em branco e preto, levou Cabrera até Madri de trem, pois ele quis ficar tranquilo naquele dia em que renunciava a jogar, e também evitar represálias. Má ideia. Ao chegar à Estação Atocha, dois policiais o algemaram, puseram-no de volta no trem e, ao chegar a Jaén, o levaram à prisão. "Por incrível que pareça, a detenção foi ordenada pelo governador civil da província. Era um fanático do Jaén e um homem politicamente interessado em que a equipe fosse bem. De vez em quando, desviava fundos da Beneficência, sobre os quais não havia nenhum controle, para nos dar prêmios por partidas vencidas. Às vezes ligava para mim ou me convidava para ir à casa dele tomar café, porque gostava de conversar sobre futebol comigo. Com a minha atitude, deve ter se sentido traído, e foi ele quem ordenou minha detenção. As acusações eram incitação à greve e alteração da ordem pública", contava o ex-jogador. Se Luis García Berlanga[49] tivesse ficado sabendo disso, poderia ter ampliado sua filmografia. Porque o relato em primeira pessoa continuava assim: "Puseram-me nas mãos de um policial que era admirador meu e achava um disparate me prender por causa disso. Ficamos dando voltas pela cidade, ao meio-dia, enquanto ele aguardava o resultado de algumas providências que havia mandado tomar. Mas a coisa não se resolveu, e à primeira hora da tarde entrei na prisão. Quando as portas se fecharam atrás de mim, perdi toda a coragem que havia tido até então e comecei a pensar nas histórias que se contam sobre violações de jovens por outros reclusos e coisas do tipo. Fiquei preso numa cela circular, com batedores de carteira, proxenetas e assaltantes com canivetes. Eu vestia um terno Príncipe de Gales e contrastava bastante com eles. Mas vários me conheciam como jogador de futebol e me trataram bem",

---

49 Premiado cineasta e roteirista espanhol (1921–2010), autor de dezessete longas, além de documentários e filmes para a televisão. [N.T.]

declarou. No final, conseguiu sair da prisão depois de 24 horas por interferência pessoal de um antigo promotor. Mas as 50 mil pesetas ele não conseguiu receber.

Cabrera foi aposentado do futebol por duas lesões de menisco, mas então tomou outro rumo na vida. Enquanto jogava, começou a estudar direito, e ao largar o esporte formou-se num piscar de olhos, dezessete disciplinas seguidas. Era uma cabeça. E tinha inquietudes: em 1968, filiou-se ao PSOE clandestino. "Sou socialista convicto porque, acima de tudo, acredito na justiça. A justiça, para mim, é quase uma necessidade estética, uma questão de bom gosto. Comecei a me interessar pelo socialismo na minha época de jogador a partir de conversas que tive com um velho socialista já falecido, Diego Vadillo", contava. Começou a defender jogadores contra os seus clubes, procurando introduzir justiça no futebol. Tentou ser diretor do Betis, mas discutia com Joaquín Sierra, Quino, o lendário jogador que passou um ano sem atuar por suas reivindicações trabalhistas, e sempre acabava dando-lhe razão. Não servia para ficar do outro lado. A vida o levaria, em 23 de janeiro de 1978, a ser uma das duas figuras notórias da Associação de Futebolistas Espanhóis, fundada naquele dia, que foi o primeiro sindicato de jogadores de futebol da história da Espanha. Quino era o presidente e Cabrera Bazán, seu assessor. Na época, já subia na hierarquia do PSOE, e pouco depois chegou a senador, em uma campanha com o *slogan* "Marque um gol no Senado", que serviu para aumentar as críticas que sofreu quando passou a assessorar a AFE: que usava o futebol para ascender na política.

Casado com Carmen Laffón, pintora e Prêmio Nacional de Artes Plásticas em 1982, sua carreira como senador durou enquanto sua relação com Felipe González foi boa. Quando a maioria absoluta obtida no ano da Copa do Mundo na Espanha já ficara para trás, contrariou Felipe em um assunto e este ditou a sentença: "Os cemitérios políticos estão cheios de cabeças quentes como você", espetou. Cabrera achava González "frio como uma serpente". Como presidente do Tribunal de Contas da Junta de Andaluzia, tentou investigar Jesús Gil[50] e foi o primeiro que o levou aos tribunais, pelo afã deste em ocultar os números da Prefeitura de Marbella. Cabrera, nesse sentido, tampouco tinha as mãos totalmente limpas: foi assessor em uma operação imobiliária para urbanizar 200 hectares em Barbate (Cádiz). Andava por ali, como intermediário daquele negócio, um nome que lembra os subterrâneos do poder e a corrupção: Juan Guerra, irmão do eterno número dois do PSOE e reconhecido corrupto maior do reino dos governos socialistas de González. Foi o começo do célebre caso Juan Guerra. Para solucioná-lo, Cabrera Bazán pronunciou uma frase no mínimo infeliz: "O tráfico de influência deixa de ser negativo quando o

---

50 Gregorio Jesús Gil y Gil (1933- 2004) foi um empresário, político e dirigente esportivo espanhol, presidente e maior acionista do Atlético de Madrid entre 1987 e 2003, e prefeito de Marbella entre 1991 e 2002. Sofreu muitos processos judiciais por prevaricação e desvio de dinheiro público, e chegou a ser preso, tendo que abandonar o cargo de prefeito de Marbella. [N.T.]

que se tramita através dessa influência é perfeitamente legítimo". Juan Cabrera Bazán morreu em 28 de abril de 2007, aos 77 anos de idade.

Rachid Mekhloufi: a revolução antes do futebol

Mekhloufi podia ser um dos astros do brilhante Saint-Étienne dos anos 1950, podia ser um cara bem-sucedido na vida e no futebol, podia estar no melhor momento da sua vida com a convocação para a seleção francesa na Copa do Mundo de 1958; mas, apesar disso tudo, nunca conseguiu deixar de ser um revolucionário e um menino de Sétif, Argélia, o país onde 800 mil colonos franceses submetiam, havia mais de um século, 8 milhões de muçulmanos argelinos. Não tinha feito 9 anos quando, ao fim da Segunda Guerra Mundial, as pompas pela celebração do 8 de maio de 1945 em sua cidade foram confrontadas pelos que queriam a independência. Um punhado de ativistas da Frente de Libertação Nacional (FLN), o grupo revolucionário socialista que lutava pelo fim da ocupação, saiu às ruas com a bandeira argelina, proibida pelos colonos. À altura do Café de France, os gendarmes abriram fogo. Houve dezenas de mortos e durante duas semanas foi deflagrada uma terrível batalha entre o exército francês, que chegou para sufocar a revolta, e os que eram chamados de indígenas, que com canivetes e latas de gasolina tentavam fazer frente aos fuzis. O menino Rachid Mekhloufi viu coisas que uma criança nunca deveria contemplar. Morreram 50 mil civis argelinos.

Com 18 anos, foi contratado pelo Saint-Étienne e emigrou para a França, escapando da Guerra de Independência de seu país, que iria eclodir logo após sua saída. Mas o anseio por um futuro melhor e seu afã de fugir do horror não o fizeram esquecer os excessos dos soldados franceses em Sétif.

Em 1957, Mekhloufi ganhou a Liga Francesa e representou a seleção militar do país, que ganhou o Mundial Militar de Futebol na Argentina. Não era o que queria. No ano seguinte, foi convocado para jogar a Copa do Mundo da Suécia com a seleção de Raymond Kopa e Just Fontaine, que sonhava em destronar o Brasil (perderiam dos brasileiros na semifinal por 5 a 2, com três gols de Pelé). Tampouco era o que desejava. Na sua cabeça só lhe ocorria fazer algo pela Argélia. Assim, em 13 de abril de 1958, desapareceu da França sem avisar ninguém. Aquilo era como uma estranha e surpreendente praga, pois ao mesmo tempo esfumaram-se vários jogadores argelinos que atuavam na seleção da França. Mekhloufi era o mais representativo, junto com o atleta do Monaco Mustapha Zitouni, outro francês que também havia sido chamado para o Mundial. Naquela temporada de 1957-58, havia 33 argelinos jogando na Primeira Divisão francesa, 22 deles vindos nas duas últimas temporadas. Estima-se que quase todos davam 15% de seus salários à Frente de Libertação Nacional para ajudar as tropas argelinas em seu país. Mas foram onze os que se esfumaram junto com Mekhloufi.

A razão da deserção coletiva era um plano secreto elaborado pela FLN, que pretendia mostrar aos franceses que até os jogadores de futebol profissionais se envolviam em sua luta, por meio da criação de um combinado nacional formado pelos atletas que haviam sumido da França, sob o nome da Frente de Libertação Nacional. Mohamed Boumezrag, que havia sido jogador profissional na França, recebeu a incumbência de selecionar os nomes e viajou em segredo para a França, de seu exílio em Túnis, para visitar um por um aqueles que ele queria que fizessem parte da equipe. Vários recusaram o convite, mas a base do bloco aceitou. Começava uma aventura inédita na história do futebol: durante os dias 13 e 14 de abril, os jogadores desertaram, saindo por estrada ou de trem, para reunirem-se em Roma, onde eram aguardados para serem levados a Túnis. Vieram buscar Mekhloufi dois outros jogadores que também debandavam: Mokhtar Arribi, atacante do Avignon, e Abdelhamid Kermali, também atacante, mas do Olympique de Lyon. Não por acaso, os três que empreendiam viagem haviam nascido na mesma cidade: Sétif.

Em Túnis, treinaram e iniciariam uma turnê de jogos por diferentes lugares da Europa, América, Ásia e África, defendendo a causa da FLN e da independência. Mekhloufi fez quarenta desses jogos entre 1958 e 1962, quando a independência da Argélia levou à dissolução da seleção apátrida e à formação do combinado argelino de forma oficial. O melhor jogo foi aquele em que ganharam de 6 a 1 da Iugoslávia, com um estilo de futebol alegre, similar ao do Brasil. Mesmo assim, a equipe nunca recebeu o reconhecimento oficial da Fifa. Mas isso não preocupou Mekhloufi, que abriu mão de sua carreira profissional (praticamente arruinou-a) e da oportunidade de jogar uma Copa para defender seu país dando pontapés numa bola. Em compensação, a consciência do menino de Sétif estava tranquila.

Finalizada a Guerra de Independência argelina, era preciso voltar à Europa. Jogou um ano no Servette, com o qual foi campeão da Suíça. O Saint-Étienne voltou a chamá-lo, e começou sua segunda etapa vestido de verde. "Nunca me trataram como membro da FLN, apenas como jogador de futebol", relembra em uma entrevista concedida ao semanário *Le Nouvel Observateur* em sua residência atual, em Túnis, por ocasião de uma visita de François Hollande à Argélia. "Na estreia, quando entrei em campo, fez-se um silêncio terrível. Achei que iam me destroçar quando pegasse a bola. Mas na primeira vez que fiz isso foi para dar um drible e fazer um passe que terminou em gol. Todo mundo me aplaudiu", rememora. Na época, a equipe estava na Segunda Divisão. Subiu naquele mesmo ano, guiada por um Mekhloufi que já não era apenas um goleador, mas um jogador criativo, que sabia fazer muito mais coisas além de arrematar. Seu futebol era mais completo. Antes de ir embora, em 1968, ganhou mais três vezes a Liga pelo Saint-Étienne. Depois jogou dois anos no Bastia, no qual iniciaria sua carreira de treinador, cargo que ocupou na seleção da Argélia (com a qual ganharia o ouro nos Jogos do Mediterrâneo de 1975 e os Jogos da África de 1978) em três etapas distintas, a última delas na

Copa do Mundo da Espanha em 1982, na qual a brilhante seleção liderada por Rabah Madjer ganhou da Alemanha, que depois foi vice-campeã, na primeira fase por 2 a 1, no Molinón. Mas acabou desclassificada depois de uma visível arrumação no Estádio de Gijón entre alemães e austríacos, para que os primeiros ganhassem por 1 a 0 e deixassem os norte-africanos de fora.

Mekhloufi lembra de si mesmo como um jovem revolucionário que lutou pela independência de seu país. "Na França, nós, jogadores de futebol, não podíamos falar de política, portanto não fiz isso em público... Até ir embora, claro. Muitos franceses e pessoas ao redor do mundo ficaram sabendo o que acontecia na Argélia graças a nós", conta agora, aos 77 anos. "Ainda tem gente que diz que fui ameaçado para ir embora. Posso dizer que não é verdade. Qualquer menino de Sétif teria feito o mesmo que eu", conclui.

Egil Olsen: futebol com toques maoístas

Em certa ocasião, um jornalista criticou Egil Olsen, então técnico do selvagem Wimbledon, dizendo que no final da temporada 1999-2000 havia dilapidado sua grandeza, aquele seu jogo especialmente direto e rude, deixando entrever que talvez achasse melhor o do guru trabalhista Alex Ferguson. Ou foi isso, pelo menos, que o norueguês entendeu. Olsen olhou para ele, e, para explicar por que fazia suas equipes jogarem desse jeito, disse muito sério: "Eu não sou socialista, sou comunista".

Olsen é chamado na Noruega de *Drillo* (diminutivo de *dribbling*, "drible" em inglês), um apelido que vem de sua época de jogador nos anos 1960, quando seu cabelo comprido e sua pinta de jovem revolucionário destacavam-se tanto quanto seu futebol. Crescera em um bairro de classe trabalhadora da cidade de Fredrikstad, o que o marcou politicamente e lhe deu um sentimento de classe do qual continua sentindo orgulho. Mesmo assim, o apelido vem de sua habilidade e rapidez para driblar. Sempre jogou em equipes locais de nomes não muito conhecidos fora do país (Øtsidien, Vålerenga, Sarpsborg, Frigg, Hasle-Løren...), mas chegou a vestir dezesseis vezes a camisa da seleção nacional. Diz a lenda, isso sim, que ele era tão bom que teria merecido mais, mas sua ideologia e sua aparência deixavam com o pé atrás o treinador do país nórdico no início dos anos 1960, o austríaco Willy Kment, que não gostava nem um pouco que ele fosse comunista.

Em 1973, quando Egil Olsen tinha 31 anos, mas ainda lhe restavam uns poucos de futebol ativo, fundou em Oslo o AKP, Arbeidernes Kommunistparti (m-l) (Partido Comunista dos Trabalhadores – marxista-leninista), o *alter ego* e rival maoísta do pró-soviético Partido Comunista da Noruega. O novo grupo de ultraesquerda decidiu não concorrer às eleições, mas exigia que todos os seus membros fossem ativos na luta pela consecução dos objetivos estabelecidos – entre eles, o apoio à luta armada, como parte de seu ideário. Nunca se soube o número exato de membros do

AKP, como é lógico por sua natureza clandestina, mas Egil Olsen admitiu ser um deles. Como bom militante, era ativo na estratégia do grupo: sabe-se que participou de algum dos campos de treinamento, onde eram instruídos ideologicamente. Como parte de sua obediência aos preceitos do partido, já na condição de ex-jogador, mostrou-se aplicado nos estudos superiores. Formou-se pela Universidade do Esporte do país, onde é professor desde 1982. Fala inglês, francês e alemão e é um livro de geografia ambulante. Da combinação do treinamento ideológico e acadêmico nasceu o futebol no qual acreditou como treinador, muito diferente daquele anárquico que praticava quando era jogador.

Olsen é um estudioso do futebol e nele incorporou elementos científicos que hoje continuam vigentes – já que ainda é treinador e tem notável sucesso. Em 1974, publicou sua tese de doutorado, *Como marcar gols no futebol*, demolidoramente sistemática. Defensor do sistema 4-5-1, do passe longo desde a defesa como forma de montar o ataque (sua teoria afirma que os passes curtos e contínuos criam o risco de perder a bola em zonas perigosas) e de sua crença científica de que são marcados pouquíssimos gols nas defesas solidamente organizadas (é um escrupuloso defensor da marcação por zona e da disciplina na defesa), é acusado de um jogo chato, de "chutões", atacante alto como referência para passar a bola e muito movimento sem a bola, mas o certo é que os bons resultados quase sempre o têm acompanhado.

Com a seleção norueguesa conseguiu classificar-se para os Mundiais de 1994 e 1998, um feito inédito no futebol do país – que só havia conseguido participar da competição de 1938 –, e que não se repetiu mais desde então. Seus números são descomunais para uma equipe que até então era de terceira categoria: em 88 partidas oficiais, 46 vitórias, 26 empates e 16 derrotas, com 168 gols a favor e 63 contra. Em sua segunda etapa à frente da seleção nacional, que começou em janeiro de 2009 (na metade da fase de classificação para a Copa de 2010, da qual a Noruega ficaria fora), só não conseguiu classificar a equipe à Eurocopa por saldo de gols, depois de empatar por pontos com Portugal. Quando assumiu a seleção, ela estava em 59º lugar no ranking da Fifa; em dois anos, fez com que subisse para 11º.

Não se sabe desde quando e até que momento foi militante do AKP. Ele não se dispõe a falar muito de sua participação naquele grupo de maoístas que aplaudiu sem constrangimento o genocídio de Pol Pot no Camboja ou que erguia com orgulho a bandeira de Stálin. Mas sabe-se que continua se definindo como comunista, e com muita honra. O AKP era profundamente feminista. Olsen, também: em 1995, utilizou sua condição de votante no Melhor Jogador do Ano da Fifa para escolher a jogadora Hege Riise e defender o papel feminino no futebol. O AKP sempre esteve próximo da causa palestina, e em 2010 Olsen assinava um documento, junto com outras 99 pessoas de destaque da Noruega, reivindicando um boicote cultural e acadêmico contra Israel. Declarou: "É o pensamento de 90% dos noruegueses. Você pode ter a ideologia que for, mas a ocupação da Palestina é imoral e ilegal". Choveram aplausos, e também recriminações, já que se especulou que o treinador se negaria a dirigir sua equipe se tivesse que enfrentar Israel na classificação da Eurocopa 2012, algo que finalmente foi evitado pelo sorteio.

Anos antes, em 1995, Olsen viu um de seus comandados assumir uma posição política clara e inequívoca. Lars Bohinen, meio-campista da seleção norueguesa e que jogava na época no Nottingham Forest inglês, negava-se a atuar num amistoso contra a França em Oslo. O presidente, Jacques Chirac, havia retomado os testes nucleares no sul do Pacífico, no atol polinésio de Mururoa, e sua atitude desatou um protesto internacional. Nesse caso, foi o jogador quem estimulou a mobilização da arquibancada: em função de sua denúncia, nos momentos que antecederam a partida houve uma manifestação maciça, com cartazes e cânticos do público norueguês contra a atitude francesa. Olsen declarou que teria desejado que Bohinen achasse outra maneira de protestar, mas que apreciava seu comprometimento. "Tenho certeza de que é uma decisão sobre a qual ele ponderou muito", disse. O jogador nunca foi sancionado.

Um dos maiores êxitos esportivos de Egil Olsen foi a vitória contra o Brasil na fase de grupos do Mundial de 1998. O técnico sempre teve implicância com o futebol brasileiro, que ele critica pela falta de disciplina, algo que, segundo ele, onera seu grande talento. Após aquela vitória por 2 a 1, que se somava a uma anterior de 4 a 2 em um amistoso antes da competição, declarou que sua equipe havia ganhado "porque a defesa do Brasil é tão organizada quanto o lixo da minha casa". Ordem, disciplina, compromisso. O futebol com toques de maoísmo.

Danny Jordaan: um jogador de futebol ao lado de Steve Biko

Na África do Sul do *apartheid*, o reinado do maior racismo da história recente da humanidade, o futebol era um ato de resistência. "Jogar numa equipe ou comparecer aos jogos era uma maneira de fazer frente à proibição de nos reunirmos em multidão que nós, os não brancos, tínhamos", diz Danny Jordaan. Nos anos 1970, enquanto na universidade começava a militância da South African Students Organization, ramo estudantil do movimento antiapartheid liderado pela imponente e revolucionária figura de Steve Biko, Jordaan jogava futebol. Dentro da categorização racial criada pelo delirante modelo de governo sul-africano, aquele estudante era considerado "de cor", isto é, de raça mestiça, portanto tinha alguns direitos a mais que os negros. Esse "privilégio" o levou a se movimentar com maior desenvoltura nos protestos estudantis que nos anos 1970 inundavam os *campi* universitários sul-africanos, e a poder ajudar nas ruas o movimento defendido por Biko, um socialista que queria uma África do Sul igualitária não só no aspecto racial.

    Danny Jordaan, um sujeito alto e atlético, jogava críquete, o esporte favorito dos brancos junto com o rúgbi, mas sua grande paixão era o futebol, o jogo que encantava os negros e que na África do Sul, como nos Estados Unidos e no Canadá, sempre foi chamado de *soccer* (termo inventado pelos jogadores de rúgbi britânicos em fins do século XIX, em tom pejorativo. O rúgbi naquele momento era chamado de *rugby football*, e o futebol de *football association*, e então o *association* foi encurtado para *assoc*, e daí para *soccer*). Mas o máximo que um não branco poderia aspirar no futebol sul-africano era disputar a *Federation Professional League*, uma liga de caráter semiprofissional catalogada como não racial: ou seja, na qual não brancos tinham permissão de jogar. Ali, foi atacante do Port Elizabeth United, equipe da cidade onde nasceu. Era o nível máximo em que podia jogar alguém que fosse de outra raça que não a dominante. Jordaan teve esse *status* por uma temporada, em uma carreira que durou treze anos. "Nunca teria podido jogar na seleção nacional. Não era considerado um cidadão. Na verdade, só fui votar pela primeira vez aos 42 anos", declarou Jordaan em uma entrevista ao *The Guardian*.

Como discípulo de Biko, Jordaan imbuiu-se do pensamento do movimento inventado e difundido pelo lendário ativista: o Consciência Negra. Muito arraigada nas igrejas, essa linha ideológica, que acabou sendo adotada pela maioria dos ativistas antiapartheid, pregava a negação total em assumir os papéis sociais impostos pelos brancos, e a rejeição à condescendência que alguns setores brancos menos fanáticos mostravam ter em relação às demais raças. "Homem negro, você está sozinho", gritavam. Negavam-se a falar africâner (língua derivada do holandês e idioma da minoria branca, imposta como oficial ao resto da população) e a aceitar qualquer medida que não fosse a de uma igualdade total. Danny Jordaan viveu na pele o Massacre de Soweto (1976), quando um protesto de estudantes para acabar com o uso do africâner nas escolas terminou com duzentos mortos nas mãos da polícia. Pouco mais de um ano depois, esses mesmos agentes da ordem branca matavam Steve Biko, e com isso os negros tomavam plena consciência daquilo que teriam que enfrentar se levantassem a voz. Na época, Jordaan já era militante do Congresso Nacional Africano, o partido de Nelson Mandela, que hoje continua ligado à Internacional Socialista.

Jordaan, que foi eleito membro do Congresso do país nas primeiras eleições completamente livres, encaminhou em 1994 seus passos políticos para o esporte. Como vice-presidente da Federação Sul-africana de Futebol, ajudou a unificar os quatro subgrupos raciais em que estava dividido o futebol sul-africano. Homem de confiança de Nelson Mandela, primeiro, e depois de seu sucessor como presidente, Thabo Mbeki, foi eleito para liderar a candidatura olímpica da Cidade do Cabo e, posteriormente, a da África do Sul para a organização da Copa do Mundo, primeiro em 2006, quando não conseguiu, e depois em 2010, quando levou a competição a um país que sempre adorou o futebol. Naquela Copa, vencida pela Espanha, houve sérios problemas na construção dos estádios devido às greves dos operários. Certa ocasião, perguntaram-lhe o que o seu comitê organizador pretendia fazer diante desses protestos. "O que pretendemos fazer? Nada. Veja bem, neste país a greve foi um direito que custou muito a ser adquirido, então não vamos tentar freá-lo, e sim buscar uma solução", respondeu.

O Mundial da África do Sul é lembrado por ser o maior evento esportivo já organizado no continente e, na

Espanha, pela brilhante vitória da sua seleção. No entanto, a seleção da África do Sul, os *Bafana Bafana* (os rapazes), não passou da primeira fase, apesar de ter empatado na partida inaugural contra o México e vencido sua última partida contra a França por 2 a 1. Entre os dois jogos, uma derrota dura por 3 a 0 contra o Uruguai, que seria a grande revelação do torneio. No dia seguinte a essa dolorosa derrota, que se deu no dia do 34º aniversário da tragédia de Soweto, Jordaan, o ex-atacante e velho ativista, pronunciou as seguintes palavras: "Ontem foi 16 de junho, e nesse mesmo dia, em 1976, a juventude foi massacrada nas ruas da África do Sul, suponho que, em parte, para nos dar a esperança de um futuro melhor. Espero que o massacre no campo dos *Bafana* ontem à noite sirva também para que no futuro haja esperança para o futebol sul-africano". Em ambos os terrenos, o das ruas de Soweto e o do gramado de Pretória, Danny Jordaan sabia bem do que estava falando.

Serge Mesonès: futebolista, humanista, comunista

Não há ninguém mais importante na história do Auxerre do que Guy Roux. Talvez seja a pessoa mais influente que um clube profissional de futebol já teve. Como jogador, sua curta carreira o levou a vestir por três anos a camisa da equipe, mas com 23 já era seu treinador. Na época, jogava na categoria amadora. Seria seu técnico na temporada 1961–62, voltaria a assumir a equipe em 1964 e, com apenas um ano de descanso, só deixaria o banco em 2005, uma permanência no cargo mais própria de um trabalhador de fábrica, na época em que o sistema permitia trabalhar quarenta anos no mesmo lugar. O Roux treinador foi definido como "um comunista com mensagem capitalista", referência à sua ideia de jogo coletivo, mas com o obsessivo objetivo de ganhar. Embora sempre tenha sido considerado um homem próximo da social-democracia (segundo foi publicado, um prefeito socialista de uma grande cidade chegou a lhe oferecer um cargo na política), o certo é que, se é possível transferir ideologias para a tática do futebol e se, efetivamente, Guy Roux tinha algo de comunista, isso teria se dado sem dúvida por influência de alguém que foi seu discípulo e amigo: Serge Mesonès.

Mesonès era comunista. Só passou a militar no Partido Comunista Francês depois de parar de jogar, mas sempre foi. Nascido na cidade de mineração de Aveyron, as lutas sindicais de seus pais marcaram seu caráter para sempre. Isso, ao que parece, não foi problema para o seu treinador em sua época no Auxerre, pelo qual jogou de 1975 a 1980, aliás, muito pelo contrário: os dois travaram uma amizade que os levou até a passar férias juntos. Roux contou que passava na banca e comprava o jornal de esportes *L'Équipe* para ele e o *L'Humanité*, o jornal comunista, para Mesonès. Meio-campista muito criativo, mas sempre comprometido com a equipe, é lembrado na história do Auxerre pelo gol de empate na final da Copa da França de 1979, que sua equipe acabaria perdendo para o Nantes, por 4 a 1. Nunca foi convocado para a seleção francesa.

No campo, demonstrava uma inteligência superior, e quase todos os perfis dele que foram elaborados o definem como um humanista. Depois que se aposentou, foi jornalista esportivo, mas sempre para veículos afins à sua ideologia: um jornal local chamado *La Montagne*, fundado em 1919 por Alexandre Varenne, na época dirigente de um partido denominado Seção Francesa da Internacional Operária, e o *L'Humanité*. Em 1997, trabalhou no Ministério da Juventude e do Esporte da França, no governo do socialista Lionel Jospin, sob o comando da ministra Marie-George Buffet, que era também secretária-geral do Partido Comunista da França. Ali terminou seus dias políticos, pois em 2001, no campo do Aubin, quando o time de sua cidade, no qual jogou de 1966 a 1968, disputava uma partida contra uma equipe chamada Variétés, formada por famosos de diferentes setores da vida pública francesa, sofreu um infarto e morreu. Tinha apenas 52 anos.

Guy Roux foi sem dúvida uma das pessoas mais afetadas pela morte de Mesonès. "Era um de meus melhores amigos", declarou. E para mostrar ao mundo o temperamento de Mesonès, relembrou as origens do A. J. Auxerre, em que se conheceram e viraram amigos. Na cidade havia uma rivalidade: entre o clube laico, o Stade Auxerrois, e o clube católico, o A. J. Auxerre. O primeiro continuou como um clube local e existe até hoje, mas o A. J. fez-se grande nas mãos de Roux. Nunca perdeu, porém, sua essência católica. Não parecia o lugar mais adequado para o comunista Serge Mesonès jogar, mas, como disse Roux em seu enterro, "ele era comunista, o clube era católico, e a maneira como soube levar essa divergência fala em favor de sua grandeza pessoal. Houve uma temporada em que eu me sentia muito mal pela morte de alguém próximo e não tinha ânimo para trabalhar. Pedi que ele treinasse a equipe. E ganhamos seis jogos seguidos".

Na vida de Mesonès, o futebol e o comunismo se entrelaçaram sem conflito. Em 1996, em meio a uma grave crise econômica do *L'Humanité*, Mesonès escreveu uma carta aberta aos leitores para salvar o jornal. Fazia muitos anos que abandonara os campos de futebol, mas quis deixar registrado que, em seu pensamento político e social, o futebol havia sido um ponto de referência, não de contradição. "Precisamos de ideias diferentes na mídia, que sejam independentes da ditadura do dinheiro. É uma referência que temos de salvar a todo custo. Ser amigo de alguém com problemas requer ação. Essa solidariedade me foi ensinada pelo futebol."

Ewald Lienen: o *Lênin* vegetariano

Usava cabelo comprido, negava-se a dar autógrafos e era (e continua sendo) vegetariano convicto e militante. Ewald Lienen, que em Tenerife é lembrado como auxiliar do treinador Jupp Heynckes (de 1995 a 1997) e, posteriormente, como treinador efetivo por curto período do clube na Segunda Divisão (em 2002), foi um jogador atípico e politizado. Diziam que era muito próximo do Partido

Comunista alemão, e, por traços de seu caráter e pelo sobrenome similar, coube-lhe o apelido de *Lênin*. Como jogador, pertenceu ao Arminia Bielefeld e ao Borussia Mönchengladbach (duas temporadas em cada clube) e se aposentou no MSV Duisburg. Em 1984, em sua segunda etapa no Gladbach, fez parte da lista eleitoral da *Die Friedenliste* (A Lista da Paz), uma organização pacifista, nas eleições europeias. Em 1987, fundou junto com outros companheiros o sindicato dos jogadores alemães. *Lênin*, pelo menos o jogador, é mais um pacifista de esquerda do que um ortodoxo comunista.

Juan Carlos Pérez López: capitão para Cruyff, inimigo para Tejero

Em 15 de junho de 1977, nas primeiras eleições gerais da Espanha após a eterna sesta do Generalíssimo Franco, você podia votar se tivesse 21 anos ou mais e, se fosse muito de esquerda, podia depositar sua confiança nas urnas apoiando um meio-campista do Racing de Santander chamado Juan Carlos Pérez López. Juan Carlos, seu nome como jogador, que vivia os últimos anos no futebol profissional, havia dado um passo adiante em sua militância e constava como quinto nome da lista do Partido Socialista Operário Espanhol (Setor Histórico) na região da Cantábria. Esse partido, de onde saiu o Partido de Ação Socialista (Pasoc), um dos fundadores da Esquerda Unida, era uma dissidência do PSOE de 1972 e representava, em torno da figura de seu líder, Rodolfo Llopis, os socialistas exilados após a Guerra Civil. Era a esquerda da esquerda. E ali militava Juan Carlos López enquanto jogador na ativa. "Eu sentia um pouco de desconforto. Havia ganhado dinheiro no futebol, tinha um belo carro, vivia bem... Algo me fazia pensar que a lista de candidatos devia ter apenas gente modesta, mas Paco Cuadra (outro nome ilustre do futebol da Cantábria), que estava à frente da candidatura, me convenceu de que o objetivo de um partido de esquerda não era igualar as pessoas na pobreza, mas melhorar o nível de vida de todos", declarava Pérez em 2011 ao *Diario Montañés*.

Juan Carlos era de esquerda desde o berço. Seu pai, militante da UGT na Segunda República e que viveu o franquismo entre a clandestinidade e a prisão (algumas vezes, quando garoto, foi à prisão visitá-lo e levar-lhe comida) inoculou-lhe o vírus. O futebol não o afastou de suas convicções.

Torcedor do Racing de coração, Pérez López jogou no Barcelona por sete temporadas, de 1968 a 1975. Quando Johan Cruyff chegou ao clube, quem mandava no vestiário era o cantabriano, já capitão *azulgrana*. Ganhou a Copa do Generalíssimo de 1971 e foi figura-chave na Liga de 1974, como titular indiscutível em todos os jogos, marcando o quarto gol no lendário 5 a 0 do Barça sobre o Real Madrid no Santiago Bernabéu. Só foi da seleção duas vezes, por seus problemas nos joelhos. Em 1975, pediu rescisão de contrato e, embora tivesse melhores ofertas, quis ir para o seu Racing de Santander, pelo qual também foi capitão. Parou de jogar em 1978.

Em 23 de fevereiro de 1981, levou um susto mortal quando o tenente-coronel da Guarda Civil Antonio Tejero entrou no Congresso de arma em punho. Todos que tivessem mantido vínculo com a esquerda de forma mais ou menos oficial correram para se esconder, por precaução. Juan Carlos Pérez fez o mesmo, e desapareceu naquela noite sem dizer nada à sua família (desse modo evitaria causar-lhe problemas se o tumulto chegasse a triunfar), e foi dormir na casa de um amigo em Torrelavega. No dia seguinte, quando tudo se acalmou, voltou a aparecer em casa são e salvo. Não muito tempo depois, foi-lhe passada uma lista que circulava, na qual, segundo constava, era um dos "vermelhos" a ser depurado caso o golpe vingasse.

Juan Carlos Pérez continuou ligado ao futebol, como comentarista da rádio local, até que, como diz o lugar-comum, uma longa enfermidade o levou embora com apenas 67 anos de idade, no dia 16 de janeiro de 2012. A tradição política da família continua: sua filha, Judith Pérez Ezquerra, é hoje porta-voz do Grupo Municipal Socialista na Prefeitura de Santander.

Vicente del Bosque: a prudência de esquerda

O radialista José Ramón de la Morena, com aquela calculada despreocupação com que faz perguntas importantes às personalidades do futebol, soltou a seguinte ao treinador da seleção espanhola, Vicente del Bosque:

"Certamente, o senhor deve ter ficado surpreso hoje com as declarações de Guardiola pedindo a independência da Catalunha?". A chave de La Morena é esse "certamente", essa aparência de que não está perguntando ou de que o faz de forma casual, e que desmonta a pessoa entrevistada, que acaba falando quase sem se dar conta. Del Bosque, que analisava um jogo contra a Geórgia, teorizando sobre o muro defensivo que havia sido levantado pelo adversário e demais tópicos futebolísticos, até gaguejou diante da pergunta do apresentador do programa *Larguero*[51]: "Bem, é gente que dentro do contexto do que é a Espanha sempre foi um homem que tem... naquilo que é a Espanha, uma... uma Espanha... Mas também estão defendendo sua posição, não é mesmo? Como catalães, defendem a independência. Bem, é a liberdade que cada povo tem de decidir seu futuro", disse.

Direito de decidir, essa expressão que no imaginário político significa autodeterminação, estava sendo pronunciada pelo treinador da seleção nacional de futebol num momento de máxima tensão entre a Catalunha e o governo espanhol, após a manifestação pró-independência da *Diada*[52] no ano de 2012. Os partidos catalães

---

51 *Larguero* em espanhol é "travessão", a barra horizontal da meta, sustentada pelas traves. [N.T.]
52 *Diada* é o Dia Nacional da Catalunha (11 de setembro, quando após longo cerco Barcelona foi tomada em 1714 pelas tropas de Filipe V, neto do rei francês Luís XIV, da dinastia Bourbon, que pôs fim à autonomia da Catalunha). [N.T.]

aproveitaram a deixa: Josep Antoni Duran i Lleida, da Unió Democrática de Catalunya, criticava a vice-presidente do governo espanhol, Soraya Sáenz de Santamaría, porque "nega [aos catalães] o direito de decidir seu futuro, [...] enquanto Del Bosque o defende: a Espanha anda perdida, e a seleção é vitoriosa. Pensem nisso!". Pere Macias, substituto de Duran como porta-voz da CiU[53] pela ausência temporária deste naquele momento, dirigiu-se a Mariano Rajoy citando o treinador. "Uma maioria [de catalães] não se sente confortável diante de um projeto de Estado no qual a Catalunha parece não caber. E a Catalunha diz isso sem ir contra ninguém, com um civismo e um respeito extraordinários, com serenidade e firmeza e com grandes doses de expectativa diante do processo que se abre. [...] Senhor presidente, 'cada povo deve ter a liberdade de escolher seu futuro'. A frase não é minha, sequer de um catalão, é de Vicente del Bosque. Isso, nada mais nada menos, é o que pedimos nós, 1,5 milhão de catalães", clamou da tribuna.

Em qualquer outra situação, isso teria sido uma bomba impossível de desativar para um treinador da seleção. Imaginem, por exemplo, que Luis Aragonés, personagem muito mais antipático e ciclotímico diante do público, tivesse dito a mesma coisa. Mas Del Bosque,

---

53 A CiU (em catalão: Convergència i Unió, "Convergência e União") foi uma coalizão de partidos políticos nacionalistas que governou a Catalunha de 1980 a 2003 (presidência de Jordi Pujol) e depois de 2010 a 2015 (sob Artur Mas), quando foi dissolvida. [N.T.]

homem tranquilo, tirou de letra. O progressista tolerante e espontâneo, filho de um ferroviário que durante o franquismo, por ser supostamente de esquerda, passou três anos em Murgia (Álava) em um "campo de concentração" (como o próprio Del Bosque o definiu em uma entrevista a Enrique Ortego no jornal *ABC*), saiu imaculado de um charco que para qualquer outro teria significado a morte civil. Na realidade, assumiu essa atitude de não querer misturar esporte e política, de ser um homem de empresa, como definia a si mesmo, tanto para o Real Madrid como para a seleção espanhola, e nunca procurou confronto. Mas José Ramón de la Morena, de novo, conseguiu tirar dele a centelha política. Foi em 2003, depois de Del Bosque ser demitido do Real Madrid.

– *Um homem progressista, um homem de esquerda, tem lugar em um Madrid como este?*
– Vejo o Madrid como um clube muito plural, absolutamente plural. As pessoas vão para se divertir, não para expressar suas ideias. Isso não tem nada a ver. [...] E também não preciso me esconder; mas estando no Real Madrid não me manifestei nunca, não é? O que se faz necessário é desenvolver o trabalho em prol do clube, e nada mais.
– *Já conversou com [Jorge] Valdano alguma vez sobre política?*
– Claro, algumas vezes, sobre questões da atualidade, por que não?
– *Quem é mais de esquerda, o senhor ou ele?*
– [Risadas] Não sei.

No domingo de 28 de novembro de 2010, na entrevista descontraída que concedeu a Karmentxu Marín para a página 2 do *El País*, o treinador da seleção saía em defesa do presidente José Luis Rodríguez Zapatero no momento de seu prestígio mais baixo. "O senhor agora é tão importante quanto o presidente do governo?", pergunta Marín. "Somos castelhano-leoneses. E eu simpatizo com ele. Um homem que vem sendo tão insultado, tão agredido, acho que é uma pessoa limpa e que está tentando fazer o melhor para o país", respondeu Del Bosque. Nem sempre suas declarações foram tão claras, por exemplo quando disse que havia pagado imposto sobre tudo que ganhara "como um bom espanhol", talvez querendo criticar aqueles que falam da pátria da boca para fora, mas que em questões de grana estão mais com a seleção da Suíça. Ou quando se posicionou contra dois cortes na Lei de Dependência de Mariano Rajoy, com certeza movido pela síndrome de Down do seu filho Álvaro, mas também por seu perfil de esquerda. Do mesmo modo que defendeu a Lei da Memória Histórica de Zapatero, talvez por influência de seu passado familiar, mas com certeza também por convicção: "Tirar a poeira dos mortos não é um ataque à concórdia", disse ao jornal *Mundo*. Ou quando se manifestou a favor do 15-M: "São movimentos que, desde que sejam feitos a partir de boas intenções, na tentativa de transformar as pessoas e a sociedade sem o uso da violência, merecem nosso apoio", destacou à revista *Jot Down*. Se bem que talvez a melhor definição de si mesmo seja a que deu ao *Mundo* para a jornalista Elena Pita. "Dizem que Del Bosque é conservador no que diz respeito ao jogo (em contraposição a inovador) e progressista no que se refere ao social (em contraposição a reacionário)", expôs a redatora. Ao que o nativo de Salamanca replicou: "Pois eu me sinto confortável com essa definição; é correta, sim: sou conservador em algumas coisas, ou prudente, mas também gosto que o país e a sociedade avancem".

O aspecto progressista de Del Bosque, que ele sempre expressa às pessoas de sua confiança, não é fruto da maturidade do ex-jogador. Já era de esquerda quando jogava, inclusive há quem fale de sua proximidade com o PSOE quando era das divisões de base. Em meados dos anos 1970, no Real Madrid que viu a morte de Franco, o salmantino era um destacado membro de um vestiário progressista que contribuiu com camisas, bolas e solidariedade para várias greves de trabalhadores. Em busca de apoio, os sindicatos recorreram algumas vezes aos jogadores do Real Madrid, apesar de sua suposta imagem de franquista, e sempre encontraram. Trabalhadores amotinados fizeram rifas com material cedido por seus jogadores para financiar suas lutas, e curiosamente, ou nem tanto, não encontraram a mesma receptividade no Atlético de Madrid. Além de Paul Breitner admitir ter doado 500 mil pesetas aos grevistas da fábrica Standard, que a mantinham ocupada, houve mais alguns casos. Os que vestiam aquela camisa, cujos detratores tachavam de emblema do franquismo, eram em meados da década de 1970 tudo menos direitistas.

Del Bosque sempre foi sensível às reivindicações para as quais lhe pediam apoio. No final das contas, ele mesmo foi um sindicalista. Para o Canal Plus, avaliou a sua participação na criação da Associação de Futebolistas Espanhóis da seguinte maneira: "Quando se começou a gestar a associação, eu estava naquele grupo que pôs a AFE para funcionar, e sinto muito orgulho disso. Acho que em relação à etapa que estamos vivendo na sociedade espanhola hoje, foi mais um passo para que o jogador de futebol se integrasse à sociedade com seus direitos e deveres. Lançamos a primeira pedra do que foi a AFE. O momento não era como o de agora, com essa cordialidade e boas relações que existem entre a AFE e a Federação, tirando uma ou outra discrepância. Foram momentos difíceis, mas acho que tudo foi levado a bom termo".

O treinador contou em *petit comité* que, ainda como jogador do Real Madrid no início da década de 1980, compareceu com Paco Grande e suas respectivas esposas a um ato público de Felipe González, e que ficou fascinado por sua figura.

Apesar de tudo, Del Bosque não concordou em participar de um livro com um título tão explícito como este, avaliando que poderia ser mal interpretado. Progressista, muito. Prudente, mais ainda. Assim é Vicente del Bosque.

Joan Cordero: o incômodo do Valencia

A Argentina havia vencido o Mundial de 1978 e o Valencia se convertera em uma equipe célebre naquele país ao abrigar Mario Alberto Kempes, herói alviceleste e, queira ou não, veículo cabeludo de propaganda para o regime militar de Videla. Assim, a equipe espanhola fez uma turnê por aquele país, aproveitando o gancho de *El Matador*. Durante essas maratonas de viagens e jogos, sobra tempo para se conversar de tudo; até sobre temas que costumam estar bem em baixa no ranking de assuntos de bate-papo numa equipe de futebol, como a política. Numa dessas conversas, Joan Cordero, o rapaz que vinha da base, forte zagueiro de peculiar bigode, 1m85 de pura potência e destacada contundência, falava com outros membros da delegação sobre a ditadura argentina, agora que a Espanha conseguia pôr a cabeça para fora do lodo da própria: "Um daqueles dirigentes do clube, não lembro o nome dele, disse-nos que os argentinos só podiam ser governados assim, com mão firme. Nessa hora, bem, você aguenta quieto", diz hoje, aos 61 anos, Cordero. Mas se arrepende por não ter sabido responder, por não ter estado preparado para contestar um dirigente tão marcial quanto aquele. Tinha 26 anos e era jogador de futebol. Só isso. Embora naquele tempo já fosse delegado da recém-criada Associação de Futebolistas Espanhóis, o sindicato que nascera no início daquele ano de 1978, reconhece que não tinha nenhuma formação política. "Quando Franco morreu, usei um bracelete preto, mas não dei nenhuma importância àquilo", diz. "Vários dirigentes do Valencia eram franquistas convictos, isso é um fato", acrescenta. "Agora mesmo estou lendo um livro, chamado *La Pesta Blava* [A peste azul, escrito por Vicent Bello, 1988], que radiografa os dirigentes do Valencia, que eram fascistas." Nesse futebol cresceu Joan Cordero, cego pela própria ignorância.

No entanto, o sindicato começou a fazê-lo enxergar. Joaquín Sierra Vallejo, Quino, que depois seria o primeiro presidente da AFE, foi seu companheiro no Valência, a equipe para qual se transferiu depois de ficar um ano sem jogar pelo Betis para forçar sua transferência. Quino era um homem instruído e muito próximo do PSOE, que apoiou por escrito nas eleições de 1982. Ele estimulou Cordero a ler: primeiro, *La Família de Pascual Duarte*, de Camilo José Cela, depois *Réquiem por un campesino español*, de Ramón J. Sender. O valenciano lembra com nitidez. "Foi meu guia cultural, meu assessor. É um homem muito culto. Me marcou", destaca o valenciano, que cresceu em uma família humilde e estudou apenas um pouco de contabilidade. Sua formação foi escassa, como era norma entre os jogadores de futebol da época, que não tinham além do primário. "De fato, não lembro de nenhum jogador que tivesse feito faculdade", acrescenta Cordero.

Pela mão de Quino e da própria rebeldia contra a injustiça vivida pelos jogadores de futebol em suas relações de trabalho, tornou-se o primeiro delegado da AFE no Valencia. Na época, os jogadores assinavam um contrato vitalício com os clubes, recebendo em troca um aumento de 10% no salário por ano. Não podiam sair. Mesmo assim, o futebol era tão bem pago que Cordero sequer pensou em se dedicar a outra de suas paixões: ser cozinheiro. Em seu último ano como amador, com 22 anos, chegara a fazer um curso. Mas ganhar 400 mil pesetas por ano, com prêmios incluídos, era demais para qualquer um; uma prisão, certo, mas com barras de ouro. Por isso, embora

Joan não fosse alguém que pensasse em futebol 24 horas por dia, fez do esporte sua vida.

Jogou seis temporadas no Valencia (de 1974 a 1980) e é lembrado por uma marcação implacável a Johan Cruyff. No final dessa fase, depois de um ano sem praticamente ser utilizado pelo treinador, assinou por dois anos com o Burgos da Segunda Divisão, mas no primeiro ano não lhe pagaram, então se aposentou, cansado do futebol, e montou um bar. Ainda não tinha 30 anos. Já nessa época sua consciência política estava despertando. Quando ainda jogava no Valencia, a cidade viveu a chamada Batalha de Valência, o conflito de identidades, amplo e aberto, durante a transição[54], que opôs os *pancatalanistas*, partidários da integração nos *Països Catalans* (Países Catalães, territórios nos quais o catalão é a língua autóctone e que inclui, além da Catalunha, a Comunidade Valenciana, as ilhas Baleares, o Roussillon francês e algumas regiões de Aragão e Múrcia), e os *claveros* (defensores da faixa azul que diferencia a bandeira valenciana da *senyera* catalã), regionalistas de direita. Uma rixa que até gerou violentos enfrentamentos entre as duas facções. Ali começou a descobrir Joan Fuster, grande bandeira intelectual do *pancatalanismo* (na realidade, os membros dessa corrente eram também chamados de *fusteristas*), e modelo do nacionalismo valenciano de esquerda. Hoje, Cordero reconhece Fuster como sua grande referên-

---

54 Transição é como os espanhóis se referem ao período que engloba o final da ditadura franquista e os primeiros anos da democracia na Espanha, grosso modo de 1974-75 ao final dessa década. [N.T.]

cia intelectual e continua lendo-o com paixão: "Se tivesse escrito em outra língua, possivelmente seria considerado um intelectual de primeira linha na Europa", diz.

Como consequência das leituras de Fuster, começou a participar das reuniões em sua cidade natal, Godella (província de Valência). Ouviu todos os partidos, mas voltou-se para o compromisso social, o nacionalismo e a defesa do catalão como língua própria. "Meus pais são de León e emigraram, mas eu comecei a ler que aqui em Valência tínhamos uma cultura, uma língua, e uma história próprias, que nos haviam sido ocultadas. Então passei a frequentar cursos para aprender a falar catalão e a utilizá-lo como língua habitual", conta. Embora a língua tenha sido uma de suas grandes lutas, tem clareza sobre suas prioridades: "O principal é a consciência social. É possível defender as classes trabalhadoras em castelhano, em catalão, como for".

Agora, quando analisa sua carreira futebolística, percebe que como jogador também era um homem de consciência e incômodo para seus dirigentes franquistas, só que não havia canalizado essa inquietação em um discurso político elaborado. "Ali era costume o presidente tratar você como se ele fosse uma espécie de pai, no mau sentido. Se você era um garoto da base, era muito comum você assinar coisas em branco e que eles dirigissem sua carreira. Eu sempre lutava contra isso, e sei que os incomodava. Enquanto lhes fui útil, me aceitaram, mas quando tive algum percalço, caíram em cima de mim. No futebol ninguém quer gente que questione as coisas", assinala. Cordero teria gostado de trabalhar no Valencia, embora não ache que merecesse isso mais que outras pessoas. O caso é que nunca o chamaram. "Você vê que entram outros, que você conhece e tem certeza de que não sabem desenhar um O com o copo, mas que você também vê que são dóceis e não vão criar problemas", analisa. Além disso, acredita que o Valencia "não é que esteja aliado ao poder do PP na cidade, ele está dentro do poder. O clube é do Bankia, e esse empréstimo tem o aval da Generalitat Valenciana"[55].

Em 1987, Cordero encabeçou a lista de Godella do partido nacionalista de esquerda Unitat del Poble Valencià (Unidade do Povo Valenciano), que concorria em coalizão com o partido Esquerda Unida. Conseguiu ser a terceira força política mais votada, depois do PSOE e da Alianza Popular, com 16,7% dos votos, e fez dois vereadores. Cordero começou sua aventura na política municipal nessa legislatura e acabou desencantado. "Essa democracia de nível miserável de que padecemos não vem de agora. No tempo em que estive na oposição, cansei de exigir transparência, de tentar ver as contas, mas era impossível. Nunca acontece nada, entre outras coisas pela imensa conivência da imprensa", assinala. Abandonou a política ativa, embora até uns meses atrás tenha sido militante do Bloc Nacionalista Valencià (Bloco Nacionalista Valenciano), partido do qual continua se sentindo

---

55 Bankia é um banco espanhol criado em 2011, com sede em Valência e Madri. A Generalitat Valenciana é o conjunto das instituições do autogoverno da Comunidade Valenciana, um dos vários governos autônomos do Estado espanhol. [N.T.]

próximo. "Vou votar no Compromís [Compromisso]", diz, referindo-se à coalizão formada por Bloc, Iniciativa del Poble Valencià (Iniciativa do Povo Valenciano) e Els Verds-Esquerra Ecologista del País Valencià (Os Verdes--Esquerda Ecologista do País Valenciano).

Aos 61 anos, continua lendo Fuster sem abrir mão de sua atitude incômoda para todos, inclusive para os seus. "Nos partidos políticos, aquele que não concorda com o líder também tem problemas", reconhece. Ele nunca foi uma pessoa cômoda para o poder. Em 1983, dois anos depois de se aposentar, o Real Burgos ainda lhe devia quase 5 milhões de pesetas. Junto com outros dezesseis jogadores, todos eles bastante modestos, tomaram à força a sede da Real Federação Espanhola de Futebol para reclamar a infinidade de dívidas que os clubes tinham com eles. Pablo Porta, o polêmico e nada transigente presidente do órgão máximo do futebol espanhol de então, continuava protelando. A situação chegou a tal ponto que três dos jogadores, Juan María Esnaola (ex-companheiro de Cordero no Burgos e ex-atleta da Real Sociedad), Alfonso, do Getafe, e Lacasa, do Zamora (rebaixado da Segunda B para a Terceira Divisão por inadimplência), declararam-se em greve de fome. No final, os jogadores conseguiram receber por volta de 80% do que lhes era devido. Foi graças àquela ação que temos hoje um fundo de garantia salarial para os jogadores de futebol.

Naquela greve, em 1983, Cordero já entendia muito bem o que acontecia e tudo o que passava por seu filtro político. Já experimentara o que significava abandonar o futebol profissional: "Um dia, a sua história como jogador termina e na semana seguinte as pessoas já não deixam mais você entrar no *pub* onde antes o convidavam para tomar cerveja", rememora. Mesmo assim, ficou mais surpreso ainda com a reação de um grupo específico de pessoas. "Era normal que os dirigentes do futebol nos atacassem, nos chamassem de *playboys*, todas essas coisas que diziam. Mas enquanto estávamos ali acampados, com três companheiros passando muito mal em greve de fome, a seleção espanhola se encontrava em Zaragoza. Era a época de Luis Miguel Arconada, Antonio Maceda e outros. Pois bem, os jornalistas fizeram-lhes perguntas sobre a nossa situação, e não houve um só que tivesse dado a cara para bater em favor do que estávamos pedindo. Repare bem, nossos próprios companheiros", diz, com um meio sorriso, entre irônico e amargo. Cordero nunca foi um jogador como os demais... e nunca entendeu bem seus "companheiros". Tampouco compreende o futebol atual e seus protagonistas. "Gosto do futebol, mas não vejo com bons olhos que tenha se convertido no principal. Os que presidem o governo e o próprio rei acompanham as equipes como se fossem razões de Estado, e os jogadores parecem estrelas de cinema já desde a apresentação. Quando vejo que um jogador de futebol não gasta dinheiro com cultura isso me soa mal, mas pior ainda é ver Eduardo Zaplana[56] e companhia não gastarem. Também sou contra um jogador

---

56 Eduardo Zaplana (1956-) é um político espanhol de tendência direitista, ex-presidente da Comunidade Autônoma Valenciana e ex-ministro do Trabalho na gestão de José María Aznar. [N.T.]

de futebol ganhar milhões de euros e um trabalhador com uma jornada diária de dez horas não conseguir ter dinheiro no fim do mês", declarou em entrevista ao *El País*.

O sociólogo, filólogo e jornalista valenciano Toni Mollà, um dos grandes defensores da cultura e da língua catalãs na região, disse que na apresentação de *Camí d'Ítaca* (2006), o livro de Oleguer Presas, lembrou-se de Joan Cordero, "um jogador que teve que abandonar o Valencia por aquilo que pensava". Cordero recebe essa afirmação com um sorriso. "Rapaz, eu não diria que me transferiram por uma questão puramente política. Eu era um jogador como muitos outros na Primeira Divisão, sem nada de especial. Mas ser incômodo com certeza não me ajudou na carreira. Na época, eu não tinha a clareza de pensamento político que tenho hoje, e se mesmo assim a coisa já foi como foi, imagine se eu pensasse como penso agora...", diz, e cai na risada.

Hughton, Galvin, McGrath, McQueen, McClair: a guerrilha anti-Thatcher

O futebol britânico e a esquerda têm tido uma longa história de amor nos bancos dos estádios. Aqueles que são talvez os três maiores treinadores do último meio século na Grã-Bretanha sempre se posicionaram sem rodeios a respeito.

Brian Clough, o lendário técnico, entre outros, do Derby County e do mítico Nottingham Forest (treinou o time entre 1975 e 1993, e com ele ganhou duas *Champions League* depois de fazê-lo subir da *First Division* para a *Premier*), foi um destacado esquerdista, que apoiou ativamente as mobilizações dos mineiros e teve até duas ofertas para concorrer às eleições pelo Partido Trabalhista. Bill Shankly, talvez o treinador mais respeitado na Grã-Bretanha de todos os tempos, arquiteto do Liverpool vencedor de três Ligas e da Copa da Uefa de 1973, sempre foi socialista. Ao morrer, teve em sua homenagem um minuto de silêncio numa convenção do Partido Trabalhista. E o grande treinador das duas últimas décadas na Grã-Bretanha, comandante do Manchester United *sir* Alex Ferguson, ganhador de doze Ligas, duas *Champions* e duas Recopas da Europa (uma delas com o Aberdeen), entre muitos outros títulos, é outro guru da esquerda britânica. Ele consta como um dos doadores privados mais importantes do Partido Trabalhista e também andou namorando um salto para a política. Na realidade, o primeiro homem a quem Tony Blair pediu conselho para revolucionar a esquerda moderada foi ele, e em 2011 os trabalhistas escoceses enviaram 10 mil cartas a "lares indecisos" com uma mensagem escrita por Ferguson pedindo seu voto.

No entanto, depois que cruza a linha de cal e entra no terreno dos caras com chuteira de travas, a esquerda não contuma encontrar muito apoio. Aqueles que se manifestaram em política compõem um exército famélico, e do lado da esquerda encontramos apenas uma brigada de resistentes. Em nenhum período a coisa ficou mais difícil do que no governo de Margaret Thatcher. De 1979 a 1990, o furor conservador do Reino Unido também ganhou os gramados: os poucos jogadores dispostos a falar faziam isso em apoio à *Dama de Ferro*.

Chris Hughton, que jogou a maior parte da sua carreira (de 1977 a 1990) como lateral esquerdo do Tottenham, nasceu em Londres, de pai ganês e mãe irlandesa, e escolheu jogar pela seleção do país materno. No final da década de 1970, um amigo o convidou a escrever em um jornal chamado *News Line*, algo que não teria nada de mais se não se tratasse do órgão porta-voz do Partido Revolucionário dos Trabalhadores, o grande partido trotskista. Homem preocupado com as questões sociais e defensor dos serviços públicos, nos anos 1980 foi premiado pelas Nações Unidas por sua atividade contra o *apartheid* na África do Sul. Mesmo assim, nunca foi um revolucionário: "[Colaborar no *News Line*] Soa mais dramático do que é. Eu simplesmente escrevia sobre futebol", esclarece em uma entrevista ao *Daily Mail*. Depois de se aposentar como atleta, foi treinador por um breve período no Tottenham Hotspur, e com maior continuidade no Newcastle e no Birmingham City. No início da temporada 2012-13, assinou contrato com o Norwich City. No Tottenham, foi companheiro de outro irlandês, Tony Galvin, que antes de assinar com os Spurs havia se formado em estudos russos (um curso que teve certo auge durante a Guerra Fria, no qual você aprendia o idioma, a cultura, a geografia e a história do país) pela Universidade de Hull. Nos anos 1980, os mais duros do thatcherismo, apoiou, aparecendo em fotos de propaganda, a campanha de um dos sindicatos mais importantes da Grã-Bretanha, o Sindicato Geral e do Transporte (TGWU, *Transport and General Workers' Union*), em defesa da melhoria do salário mínimo. Ao largar o futebol, dedicou-se ao ensino.

Paul McGrath e Gordon McQueen foram companheiros no Manchester United e compunham uma pequena ala vermelha nos *Red Devils*. McGrath, da seleção da Irlanda e ativo em campanhas contra o racismo, recentemente apareceu na mídia visitando os trabalhadores da fábrica de espuma de poliuretano Vita Cortex em Cork, Irlanda. Os empregados ocuparam as instalações da empresa de dezembro de 2011 a maio de 2012 para protestar pela execução por parte da companhia de uma demissão coletiva por acordo judicial. McGrath foi veemente em seu apoio aos trabalhadores, alguns deles com até 47 anos de serviços prestados à Vita Cortex: "Pensei que a Irlanda era um lugar melhor. Não é justo que tratem essas pessoas assim. Apoio o que estão fazendo e espero que ganhem essa luta", declarou. McQueen, por sua vez, foi o jogador britânico que nos anos 1980 mais abertamente se declarou a favor do Partido Trabalhista. Natural de Ayrshire, sul da Escócia, região tradicionalmente de esquerda ("sim, lá há mais comunistas do que conservadores", descreve com ironia McQueen), o jogador ia regularmente às reuniões do partido e participava ativamente da arrecadação de fundos. "O futebol é dinheiro e ambição. Os jogadores vivem fora da realidade. Eu diria que 99% deles são completamente indiferentes à política", escreveu no *Daily Mirror*.

Brian McClair jogou no United de 1987 a 1998 e então passou a dirigir suas categorias inferiores por indicação de Alex Ferguson. Uma vez, antes de uma partida, perguntaram o que lhe dava mais medo. "Um governo de Margaret Thatcher", respondeu. Seja como for, jogadores de futebol britânicos de esquerda nos anos 1980 são um evento episódico. O thatcherismo contou com grande apoio, ou pelo menos com o silêncio de aprovação, da grande maioria deles. O que não está tão claro é se o thatcherismo devolveu ao futebol o favor que recebeu de seus profissionais. Em 2011, o treinador do West Ham United, Sam Allardyce, deixou claro que a época de cortes e desmonte do setor público sob o governo da *Dama de Ferro* não havia sido, a seu ver, exatamente uma bênção para o futebol: "Thatcher matou o futebol. Quando deixou de pagar um pouco mais aos professores para que fizessem atividades com os meninos fora de seu horário, acabou com a base. Esse é um jogo das classes trabalhadoras, e era das escolas públicas que vinham os maiores talentos. Agora essa oportunidade ficou restrita aos meninos das escolas particulares. E a maioria deles prefere jogar rúgbi".

Nacho Fernández: a renúncia que nunca houve

Quando, em 2005, a seleção galega de futebol voltou a jogar uma partida internacional em Compostela, depois de 69 anos no ostracismo, apenas um par de jogadores que a formavam sabia cantar *Os Pinos*, seu próprio hino. O resto, ou mexia os lábios de qualquer jeito enquanto soava o hino ou simplesmente olhava para o infinito. Nesse jogo contra o Uruguai, a seleção treinada por Fernando Vázquez e Arsenio Iglesias ganhou por 3 a 2. Muito depois da Catalunha e de Euskadi, a seleção galega retomava sua atividade, iniciada em 1922. Para muitos foi apenas mais um jogo de uma seleção regional, como os disputados por Murcia ou La Rioja, mas para um ex-jogador, que quando esse encontro ocorreu tinha 38 anos e estava aposentado, entrar em campo teria sido realizar um grande sonho. Nacho Fernández Palacios com certeza saberia cantar o hino.

A seleção galega, sob a proteção do governo de coalizão do Partido Socialista da Galícia e do Bloco Nacionalista Galego, jogou mais três partidas e foi enterrada em 2009, com a chegada de Alberto Núñez Feijóo (Partido Popular) à presidência da *Xunta*. Antes, nos anos 1990, a seleção havia contado com o apoio declarado de jogadores muito representativos, como os irmãos González, Fran e José Ramón, ou Michel Salgado. Nos últimos tempos, Iago Aspas, a nova jovem estrela do futebol galego, tem mostrado sua vontade de que ela volte. Foi o que declarou à revista *Líbero*: "É uma pena que já não exista mais, porque era uma forma de representar a Galícia. Temos falado a respeito, vários jogadores galegos, e achamos que seria bom que ela não desaparecesse. Mas acho que houve razões políticas por trás disso". Foram poucas declarações favoráveis e poucos apoios abertos à seleção galega. Nem tem ela as raízes fortes da basca e da catalã, nem conta com uma estrutura sólida para respaldá-la. De fato, quando se pensa nesse combinado, o que mais vem à mente é aquele jogador que nunca vestiu sua camisa: Nacho.

Em 1995, um fenômeno sacudiu o futebol espanhol: chamava-se Compos, abreviatura familiar da Sociedad Deportiva Compostela, nome oficial do clube. Vindo do nada, a equipe galega que no final dos anos 1980 começou a ser presidida por José María Caneda surpreendia o mundo inteiro vencendo o Subcampeonato de Inverno. Fazia apenas um ano que estava na Primeira Divisão, e as proféticas palavras de sua estrela e capitão, o prodigioso brasileiro Fabiano Soares, na apresentação da equipe haviam-se cumprido: "Menos samba e muito *trabalhar*". O Compos trabalhava, e o seu treinador, um sujeito com pinta de seminarista chamado Fernando Vázquez (substituto de Fernando Castro Santos, que, depois de comandar sucessivas ascensões da equipe havia ido para o Celta de Vigo), corria pela lateral do campo cada vez que o time marcava, e o Estádio San Lázaro vivia uma magia de forte impacto a cada partida. Aquele Compos de 1995-96 enfiou quatro gols no Deportivo La Coruña e encantou a Espanha. "A referência dos torcedores, principalmente dos mais jovens, os que viviam de forma mais intensa o futebol, era Nacho, sem dúvida alguma. Um jogador galego e humilde que chegou ao ponto mais alto", declarou em uma reportagem da Televisión de Galicia (TVG) Xosé María Rodríguez, sócio adolescente do clube naqueles anos, traduzindo o sentimento da torcida.

Então, o treinador da seleção, Javier Clemente, pronunciou três palavras que qualquer um que acompanhasse futebol naquela época teria endossado: "Gosto de Nacho", disse em Alicante, quando lhe perguntaram o que achava do jogador. Quem poderia ter dito o contrário? Naqueles meses de evidência era o segundo melhor em sua posição no campeonato, atrás de Sergi Barjuan. Ángel Cappa, então técnico assistente do Real Madrid, também falou de sua admiração pelo futebol do jogador. E no meio daquilo tudo houve uma entrevista na TVG em que Nacho, despreocupado e sem experiência em lidar com a mídia (nunca foi nada além de um operário qualificado, um operário do futebol, bem entendido: sua carreira se resumiu a seis anos no Celta e oito no Compos, sempre entre a Primeira e a Segunda Divisões), falou abertamente da possibilidade de ser convocado pelo selecionador espanhol. "Nem tenho muito interesse, nem me atrai que ele me convoque. Acho que não sirvo para esse tipo de coisa. Tem gente neste Estado espanhol que pode receber isso muito bem e que se identifica com a seleção espanhola, o que eu acho fenomenal. Mas, sem dúvida, minha ambição não é essa. Prefiro ficar como estou, me sinto mais à vontade." E começou o furacão.

Resguardado do furor midiático, Nacho não voltou a se pronunciar publicamente sobre aquilo, exceto por um "não vou tratar de uma coisa que não aconteceu". Nem mesmo dezoito anos depois ele quis falar para este livro. Na época, soube-se e falou-se muito a respeito dele. Diziam que participava de manifestações sindicais, que era um galeguista de esquerda conhecido por todos em sua terra. Que achava que os jogadores de futebol ganhavam dinheiro demais e que viviam desconectados da realidade. Não se contava mais nenhuma história sobre sua renúncia à seleção, mas o assunto era um prato cheio para os jornalistas: um jogador humilde, vindo do nada, que diante da oportunidade de jogar a Eurocopa da Inglaterra de 1996 e ver como a sua vida iria mudar para sempre, dava um passo atrás. Mas, se o assunto cresceu, não foi só por culpa dos jornalistas: tratava-se de uma fábula saborosa demais também para a esquerda (e a não tão esquerda assim) nacionalista, que o exaltava, e uma mina para a direita, que o aniquilava na imprensa e onde quer que fosse preciso opinar. Nacho, em silêncio, esperou a tempestade passar e continuou vivendo do mesmo jeito. Vestindo-se, como escreveu Xosé Hermida no *El País*, "como um estudante progressista". Participou em 1997 de um disco, uma coletânea chamada *Selección Xá!*, cantando com o grupo de ska Xenreira, para reclamar a volta da seleção galega, uma aventura reivindicativo-musical da qual participaram também os irmãos González e Salgado.

    O problema dessa história toda é que Nacho nunca renunciou à seleção. Porque, para isso, ele precisaria ter sido convocado. A lenda em torno do galego irreverente fez circular o boato de que Javier Clemente havia conversado com ele, e acabara decidindo não o convocar. A história fazia sentido: o selecionador, nacionalista basco assumido, compreendia o rapaz. Era um dos seus. Sobre essa história, Nacho nunca mentiu: simplesmente cansou de dizer que não queria falar de uma coisa que nunca tinha acontecido. O lógico teria sido perguntar à outra parte da história, Javier Clemente. Mas, talvez porque toda a imprensa andasse com a ordem de busca e captura contra ele debaixo do braço, ninguém foi consultá-lo.

Passado todo esse tempo, esclarecer a história da suposta renúncia formal de Nacho foi fácil: bastou perguntar a Clemente. E sua resposta foi clara e simples. "Nunca liguei para ele. Simplesmente, não tinha nível para a seleção." Fim da história.

Teria Nacho renunciado à seleção se tivesse recebido o convite? Qualquer resposta será pura ficção, se bem que ele parecia de fato um sujeito determinado em suas ideias e ninguém pode negar que ele disse o que disse. Agora já sabemos o que aconteceu na verdade.

Juampi Sorín: o kirchnerista

Juan Pablo Sorín, capitão da seleção argentina no Mundial de 2006, lateral esquerdo que jogou no Barça e no Villarreal, o cabeludo que sempre se apresentava com um destacado sentido ofensivo, foi criado num lar de classe média, de perfil intelectual e, principalmente, muito inclinado à esquerda. Seu pai, Jaime, ex-vice-reitor da Universidade de Buenos Aires, ex-decano da Faculdade de Arquitetura, Design e Urbanismo (Fadu) e atual diretor do Instituto de Moradia da Fadu, foi militante da Federação Juvenil Comunista nos anos 1960. Em 2008, junto com outros intelectuais, fundou o Espacio Carta Abierta, um coletivo de personalidades da cultura que apoia sem divisões o governo de Cristina Fernández de Kirchner, de quem é próximo.

Seu filho Juampi sempre se interessou não só por futebol, mas também por música e literatura. Escrevia crônicas para a revista espanhola *Mediapunta*, e também fez incursões na poesia; um poema seu foi publicado pelo *El País* durante o Mundial de 2010. Nos anos 1990, chegou a ter um programa de rádio na emissora de FM La Tribu, no qual dividia o microfone com seus companheiros de faculdade. Em 2005, coordenou o lançamento de um livro chamado *Grandes Chicos*, no qual ele mesmo escrevia um capítulo, com textos de Fito Páez, Roberto Fontanarrosa, Eduardo Galeano e do poeta Juan Gelman (membro fundador, junto com Jaime Sorín, do Espacio Carta Abierta), cujos rendimentos foram destinados a duas escolas. Casado com a atriz Sol Cáceres, aposentou-se em 2009 no Cruzeiro, depois de vários problemas com lesões. Continua trabalhando como comentarista e colaborando com vários veículos de comunicação.

Atualmente vive no Brasil, embora nunca tenha deixado de apoiar a presidente de seu país: "Estamos em um momento de crescimento, a Argentina saiu de uma situação terrível, depois daquela grande crise, parecida com a que a Espanha vive hoje. O governo vem fazendo uma gestão exemplar para aquilo que se quer como país, e tomara que seja possível terminar de conciliar um período de transição, porque acho que a Argentina pode voltar a ser uma das grandes potências em nível econômico, turístico, social e cultural. Como país, acho que tem se fortalecido muito. Esse governo é muito consciente de querer erradicar os males de sempre, como a pobreza e a miséria, e também melhorar a educação", declarou.

Vikash Dhorasoo: o rebelde demasiado rebelde

Sua cor de pele indica: origem asiática. Mais especificamente das Ilhas Maurício, de onde o pai emigrou para a França para que ele nascesse. E sua cor de pele o define, lutador infatigável contra o racismo no futebol e contra toda forma de discriminação. Vikash Dhorasoo tinha pinta de intruso mesmo no mundo multicultural do futebol francês, e seu jeito de intelectual maldito não era mera pose: nunca se calou, nunca se acomodou.

    Quando jogava, exibia modos demoníacos no ataque, rápido e imaginativo, e quando saía de campo não costumava ficar calado. Manifestou-se sem reservas em favor da integração dos mais pobres da França, a partir de uma perspectiva bem política, sem o paternalismo caritativo de seus companheiros de profissão. Deu voz ao coletivo homossexual, que, se não era atacado, era no mínimo silenciado no futebol, o que talvez seja a pior forma de ataque. Enquanto foi jogador da ativa, apadrinhou o Paris Foot Gay, um time de futebol de homossexuais que luta contra a discriminação no esporte. Politicamente tampouco se eximiu de correr riscos. É um esporão do Partido Socialista francês que apoiou publicamente Ségolène

Royal nas eleições de 2007 (as que acabaram vencidas por Nicolas Sarkozy) e depois fez o mesmo com François Hollande. Seu apoio à medida do governo francês – que no final não foi aprovada – de elevar para 75% o imposto de quem ganha mais de 1 milhão de euros ("O país está em crise. Precisamos conseguir dinheiro daqueles que o têm", escreveu) colocou-o contra os milionários de seu país e contra boa parte do mundo da bola: o jornalista do Canal Plus, Pierre Menes, um peso-pesado do futebol francês, chamou-o de "hipócrita" e disse "é muito fácil você apoiar isso quando anda de Aston Martin". Dhorasoo manteve-se firme: "A proposta é boa para o país. O que importa se é boa ou não para o futebol profissional?".

Dhorasoo jogou no Le Havre, Olympique Lyonnais, Girondins de Bordeaux, Milan, Olympique de Marselha e, embora nem tenha estreado, assinou um breve contrato ao final de sua carreira com o Livorno Calcio (de onde tentaria sem sucesso voltar para o Le Havre, então na Segunda Divisão). Foi bicampeão da França com o Lyon e eleito o melhor jogador do Campeonato Francês em 2004, antes de ir para o Milan. Jogou dezoito vezes com a seleção francesa, participando da Copa do Mundo de 2006. Ao terminar, cansado por seu papel e pela forma como foi tratado pelo treinador Raymond Domenech, pediu para não ser mais convocado à seleção: "Se me chamarem, não vou dizer não, mas a equipe nacional parou de me interessar", disse.

Sua heterodoxia não foi só social e política, mas também futebolística. No Mundial de 2006, que todos lembram pela cabeçada de Zidane em Materazzi, deu um passo inimaginável para um jogador profissional, normalmente escravo dos códigos não escritos da intimidade das equipes. No vestiário, como se fosse um passatempo pessoal, dedicou-se a gravar o que acontecia com uma câmara Super-8. Ninguém, nem os próprios companheiros, sabia que essas tomadas iriam se tornar um estranhíssimo documentário de arte e ensaio chamado *Substitute*, de Fred Poullet. Havia mostrado – sem pedir autorização a seus companheiros – o vestiário, o lugar onde qualquer um sabe que trair as lealdades equivale à sua morte perante os colegas. Mas sua amizade com Poullet, cineasta e escritor, e sua vontade de comunicar e expressar sua visão do futebol para além dos pontapés na bola foi mais importante que a lei do silêncio das duchas. Com seu amigo, escreveu *Hors Champ* (Fora do campo, 2008), uma estranha autobiografia na qual o tom predominante é o ensaio sobre si mesmo, e que se afasta do relato convencional linear de sua existência. O título brinca com as conotações esportiva e cinematográfica, e explica bem seu caráter alheio aos códigos do futebol e aos convencionalismos da vida.

Depois de se aposentar, apareceu em um filme (*La très très grande Entreprise*, 2008) e em uma série de televisão (*La collection pique sa crise*, 2010); atualmente é colunista renomado e continua muito ativo no mundo do futebol. Tentou presidir seu clube de origem (o Le Havre A. C.), mas não conseguiu. Ofereceram-lhe encarregar-se do L'Entente Sannois Saint-Gratien, time de amadores fundado em 1989, cujo estádio ostenta o nome de Michel Hidalgo, mas recusou-se. Apresentou uma candidatura/

manifesto para presidir a Federação Francesa, chamada "Tatane". A chapa reunia intelectuais, jornalistas e alguns ex-jogadores, como o ex-Barcelona Emmanuel Petit, e se apoiava em uma reivindicação que propunha uma volta do futebol às suas origens lúdicas e populares (seu lema, bem adequado, era "Por um futebol alegre e sustentável"). Entre seus princípios fundacionais figuravam frases como "para formar um jogador é preciso formar um cidadão" ou "porque Garrincha curtia mais jogar do que marcar gols". Como previsto, a chapa não foi eleita.

Além de toda essa atividade pós-futebol, Vikash Dhorasoo descobriu um talento em outra superfície verde: o da mesa de pôquer. Como jogador profissional, ganhou milhões. No futebol, sempre jogou com dois baralhos e costumava perder. Mas na mesa, com as cartas, os heterodoxos e audaciosos não são malvistos.

Juan Pedro Ramos: o *Pirata* do 15-M

Os jogadores das classes populares, criados no lado difícil da vida, têm a ilusão de que o futebol irá afastá-los da rua. Juan Pedro Ramos, o *Pirata*, conquistou dinheiro e reconhecimento com o futebol, mas sempre procurou, e conseguiu, que isso não lhe tirasse os pés do chão, do asfalto que queria continuar pisando: o de seu bairro em Jerez de la Frontera. Lembra que ali nos anos 1980, quando pequeno, o cheiro de maconha entrava em seu quarto vindo da rua, e ele via meninos pouco mais velhos que ele que só conseguiam sair do reinado genocida da heroína dentro de um caixão de defunto. Na época, quando ninguém sabia direito que aquilo que o pessoal nos bairros de baixa renda injetava nas veias podia matar, Ramos jogava bola a céu aberto, como todo mundo. Não havia outro jeito. Tinha um olho nos drogados de toda uma geração morta a golpes de seringa, e o outro na bola. Com 4 anos de idade disputava a bola com meninos de 11.

Por mais criança que fosse para testemunhar tudo aquilo, não havia vida fora da rua, não dava para fugir. Embora seu esforço e o da sua família lhe dessem uma carreira no futebol, quando teve a oportunidade de sair de lá se negou a fazê-lo. Sempre teve clareza de que ali, onde aprendeu que a vida pode ser um muro alto e sujo, na realidade era onde estava sua âncora. "Fui um jogador atípico. Enquanto meus companheiros iam tomar drinques numa discoteca, eu continuava bebendo com meus amigos na rua. Do futebol, hoje conservo muitos conhecidos, gente que eu respeito, mas amigos, amigos mesmo, são apenas quatro ou cinco", diz. "Nunca deixei de ter contato com a rua porque eu sou o que sou. Quando jogava, tinha dinheiro, mas nunca comprei um carro zero. Uma vez que a gente subiu para a Segunda Divisão e deram um Mercedes de presente para cada um, eu vendi o meu e dei entrada num apartamento. Foi um companheiro meu que me aconselhou a fazer isso: '*Pirata*, para que você quer um Mercedes se quando quebrar o retrovisor não vai ter grana para comprar outro?'. Eu ia treinar no carro do meu pai", conta.

Primeiro como lateral, depois como zagueiro de área, Ramos, apelidado de *Pirata* porque era comum os jogadores do time B do Xerez se botarem apelido, virou uma instituição do clube: ficou dez temporadas vestindo a camisa azul do time entre os anos 1990 e o começo do século XXI, capitão indiscutível, torcedor do Xerez e nativo da cidade, amante da cultura local, um ícone. Mas um ícone rebelde. Como capitão, brigava com os companheiros que quando iam juntos comer fora recusavam-se a dar um pouco mais da parte que lhes cabia na conta para que os jogadores do time B não precisassem pagar. Arregalou os olhos e teve que controlar a indignação quando viu um companheiro seu gritar "Tenho dinheiro sobrando!" e queimar 5 mil pesetas (30 euros de hoje) no vestiário. Sempre teve atritos com os dirigentes do clube por defender seus direitos. Estavam com oito meses de salários atrasados no Xerez e Juan Pedro Ramos, familiarizado com as entranhas do clube, sabia de coisas demais. "Alguns anos antes eles haviam vendido Dani Güiza e o dinheiro não tinha ido para o clube. Não pagavam nosso salário, e o dinheiro nunca aparecia. Então, no final, todos os jogadores entraram com uma ação na AFE reclamando o pagamento. Por acaso eu me contundi, e além disso fui afastado, treinava separado. O presidente na época, Luis Oliver, um homem muito inteligente, aplicou a política de dividir para governar e chegou a dobrar o salário dos jogadores que concordassem em retirar a ação. Usava muito bem a linguagem: dizia que havíamos denunciado o clube, quando na verdade tínhamos apenas reclamado o que era nosso. Teve gente que chegou para mim dizendo que eu não era *xerecista* por causa daquilo. Mas fui em frente e não retirei a reclamação, por uma questão de dignidade, porque não, e ponto final. Enquanto não pagassem tudo, eu não ia desistir. No final, chegaram a um acordo comigo em 1º de fevereiro de 2004, bem na hora em que se encerrava a janela de mercado do inverno, porque eles achavam que desse jeito iam me foder, porque eu não poderia mais assinar contrato com outro clube. Mas eu, que não sou bobo, já havia me informado, e por causa da minha situação trabalhista eu podia, sim, ir jogar em outro time." No dia 2 de fevereiro era apresentado pelo Numancia, que se preparava para voltar à Primeira Divisão.

Luis Oliver, aquele presidente do Xerez, é um desses pássaros tão abundantes no futebol. Empresário da construção, depois de deixar a equipe gaditana afundada e endividada foi para o Cartagena, e em seguida tentou comprar as ações do Betis em mãos de Manuel Ruiz de Lopera (tudo acabou com uma juíza decretando a suspensão cautelar da sua presidência no Betis por falsidade documental) e surgiram rumores de que iria para o Zaragoza pelas mãos de seu grande amigo, Mario Conde. O futebol profissional espanhol e as sociedades anônimas esportivas atraíram para os clubes esses personagens com gel no cabelo e honestidade duvidosa. Um mundo onde Ramos, o *Pirata*, não conseguia se movimentar muito bem. Então, foi embora para o Numancia, com o qual subiu para a Primeira Divisão e viu nevar pela primeira vez em sua vida aos 28 anos, mas no ano seguinte foi cedido ao Rayo Vallecano, que começava a penar na Segunda B nas mãos de Carlos Orúe, técnico de Xerez, em quem seus conterrâneos, os Ruiz Mateos, depositaram esperanças de ascensão. Técnico que levou a torcida a exibir no fundo do Estádio de Vallecas um cartaz histórico dizendo "Não ao futebol bonito". E como era tudo muito chato, pediu que lhe trouxessem o *Pirata*, que ele havia treinado no Xerez. Os dois combinavam bem. Ele jogou com regularidade. Mas no dia 6 de janeiro de 2005, em um treino, Ramos voltou a ter uma ruptura no joelho esquerdo. Era a segunda "tríade infeliz[57]", e foram cinco operações. Indenizaram-no por acidente de trabalho e o mandaram de volta, de um dia para o outro, à vida civil. Tinha 29 anos. "Já vi muito companheiro ficar mal por ter que largar o futebol. É fácil parar de comer mortadela e passar a comer pernil defumado, mas o contrário pode ser muito difícil. Por sorte, eu sempre tive clareza de quem eu era e do que ia acontecer, então foi um processo normal", conta.

Aos 14 anos, Juan Pedro Ramos comprou sua primeira guitarra. Na sua família havia muitos músicos, como um tio seu, que curiosamente vivia em Vallecas e foi trompetista com Miguel Ríos e com o grupo Ketama, mas o *Pirata* não tinha sido criado em ambiente artístico. No entanto, sempre gostou de música, quase tanto quanto de futebol. Tem uma fita demo gravada com a ajuda do grupo

---

[57] Lesão grave, que consiste no rompimento do menisco e dos dois ligamentos cruzados do joelho. [N.T.]

Los Delinqüentes, instituição *garrapatera*[58] de Jerez e que são amigos dele, fez muitos shows "em troca das cervejas" e atualmente toca com um grupo que se chama Pank Rayao, que segundo sua página no Facebook faz *rockanrró poligonero*[59], e com o qual espera voltar a tocar nos bares em breve. Filho musical de Pata Negra, Extremoduro ou Albert Pla, sua voz também tem lhe servido para reivindicar o que quer: participou, junto com Marcos del Ojo, mais conhecido como *Er Canijo de Jeré* (ex-membro de Los Delinqüentes, agora em carreira solo) e outros artistas locais que gravaram *Sevillanas indignadas*, a canção que lançou o 15-M de Jerez e com a qual fizeram turnê pela Espanha.

É aí, no movimento de base, onde o *Pirata* encontrou seu lugar político. "Meu comportamento e aquilo que penso tendem para a esquerda, mas não gosto de partidos nem de ideologias; gosto dos fatos. É neles que as pessoas se revelam. Por isso gosto do 15-M. Agora está um pouco parado, mas acho que, com tudo o que está acontecendo neste país, ele voltará a ganhar força", analisa.

Em 2009, Ramos se comprometia com o Partido Socialista de Andaluzia, a dissidência esquerdista do Par-

---

58 *Garrapatero* é uma gíria de Jerez, que significa "aquilo ou aquele que é natural, da rua, autêntico e brincalhão, feliz com o pouco que tem". [N.T.]
59 Termo pejorativo que designa um estereótipo de jovens de classe baixa da periferia andaluz, que gostam de música aflamencada, usam roupa pseudoesportiva bem justa, óculos escuros, brincos grandes de aro (as garotas) ou argolinha na orelha e gel no cabelo (os garotos), e que dão muita atenção a seus veículos (motos ou carros). [N.T.]

tido Andaluzista, e convertia-se em seu filiado número mil. "Um favor que me foi pedido por alguém em quem acredito e confio, e fiz isso para ajudá-lo, porque sou conhecido aqui em Jerez. Mas nunca estive dentro de fato", esclarece. Agora colabora com um partido local, Bases de Unión Xerezana, que concorreu às eleições municipais de 2011 e obteve 654 votos (0,67%). "É essa a política em que acredito, a local, próxima do eleitor. Estou muito à vontade ajudando-os", diz o *Pirata*. Sempre ligado a Jerez, onde chamam seu filho de *Piratita*, onde todos o conhecem. Foi por dois anos coordenador das divisões de base do Xerez e depois assumiu o Arcos C. F. da Terceira Divisão. Luta para não cair. Como treinador, do mesmo modo que quando estava do outro lado da linha de cal, continua apegado a quem o faz se sentir mais próximo da rua. Pergunto pela sua equipe, e não me fala de futebol: "Admiro meus jogadores. Trabalham das sete da manhã às sete da noite e, quando saem, dão tudo no treino. E isso pelos 100 euros que ganham, o que não dá nem para gasolina", diz orgulhoso.

Damiano Tommasi: a esquerda cristã

Houve um tempo, não muito distante, em que ganhar mil euros não era uma aspiração social, mas um estigma. Era assim em 2005, quando Damiano Tommasi, jogador da Roma, pediu que o clube baixasse seu salário para 1,5 mil euros pelo tempo que ele levasse para se recuperar de uma lesão. O gesto, que poderia ser um troféu na galeria de qualquer outro atleta, era impossível que servisse a esse fim a um homem de moral impecável como ele, representante de uma esquerda cristã que não teve no futebol uma zona fértil em vocação. Por causa disso, Tommasi passou a ser chamado pelo locutor esportivo do Estádio Olímpico de Roma de *Anima Candida* (Alma Pura), e o apelido, tão pouco futebolístico, pegou.

Pacifista, muito envolvido em causas sociais e de caridade, em sua carreira Tommasi foi um exemplo de retidão moral. Desde o princípio: quando em 1998, com 24 anos e ainda firmando seu nome na Roma, foi chamado pela primeira vez para a seleção italiana, saiu daquele lugar-comum do "estou realizando um sonho" e fez uma declaração inesperada: "É evidente que se trata de algo que não mereço", disse. A Itália e o mundo passaram então a habituar o ouvido ao seu discurso, o de um pacifista que foi objetor de consciência.

Em 2006, após dez campanhas na Roma, já recuperado de sua lesão e com menos dinheiro no bolso do que lhe caberia, foi para o Levante. Dois anos mais tarde, a rede Popular tv do Mediterrâneo publicou uma conversa entre o presidente do clube, Julio Romero, e o jogador do Levante Iñaki Descarga, na qual ficava evidente que a partida contra o Athletic de Bilbao na última rodada da Liga 2006–07 havia sido comprada, conforme revelavam os protagonistas do telefonema, a fim de buscar aproximação com Ángel María Villar, ex-jogador, assumido torcedor do time de Bilbao e, sobretudo, presidente da Real Federação Espanhola de Futebol. Como ocorre com tudo o que se relaciona com seus subterrâneos, o futebol espanhol esqueceu de investigar o fato. Tommasi negou ter-se vendido, e na guerra de subentendidos que envolveu tudo aquilo saiu ileso: ninguém duvidou dele.

Depois de passar pelo Queen's Park Rangers e também pelo futebol chinês, o italiano, casado e com cinco filhos, abandonou a carreira. Não demorou muito e foi eleito presidente da Associazione Italiana Calciatori, o sindicato dos jogadores italianos, sucedendo no cargo o histórico Sergio Campana, que estava havia 43 anos no comando da organização. Paradoxalmente, quem ocupa esse mesmo cargo sindical na Espanha é Alberto Rubiales, companheiro seu naquele Levante que supostamente teria se vendido para perder contra o Athletic. Sua respeitada figura serviu para unir o coletivo dos jogadores profissionais italianos, embora não tenha servido de escudo contra as críticas. Colunista do *Corriere della Sera*, Aldo Grasso escreveu sobre ele: "Apesar de sua postura antiglobalização, Tommasi defende uma casta de hiperprivilegiados. Hoje figura como alguém alternativo, de esquerda, mas isso nada mais é do que parte do espetáculo".

Essas não foram as palavras mais duras lançadas contra Tommasi. Ele foi atacado até pela esquerda, e muito especialmente pelos coletivos homossexuais, quando disse que não era conveniente que os jogadores de futebol gays saíssem do armário. Embora suas declarações parecessem mais de índole prática do que ideológica (dizia que o atleta que declarasse sua homossexualidade "ficaria rotulado por sua condição sexual e só seria reconhecido por isso", e viveria marcado para sempre), o certo é que suas palavras ofenderam: "No futebol, há uma convivência entre colegas que é diferente daquela em outros locais de trabalho. Sair do armário é difícil em todas as partes, mas no futebol mais ainda, porque você compartilha sua intimidade com os outros. Nunca conheci um atleta homossexual, ou pelo menos nunca soube que alguém o fosse", declarou. Porque Tommasi é de esquerda, sim, mas é também católico, italiano e jogador de futebol. Uma mistura que, como a contraindicação de um remédio, pode produzir efeitos colaterais.

Oleguer Presas: sempre na estrada

Oleguer diz que tem mais perguntas do que respostas. Talvez por isso quase não conceda entrevistas nem emita juízos de valor, embora tenha pagado mais do que ninguém pela ousadia de expressar suas opiniões políticas. Oleguer é citado quase sempre que se fala com algum jogador de futebol de esquerda. Ocorreu em várias das conversas realizadas para este livro. "Não foi afastado por ser nacionalista. Foi afastado por ser incômodo, por estar à margem, com os *okupas*; por questionar tudo", diz dele Ángel Cappa. Iker Sarriegi: "Onde é que Oleguer iria jogar depois daquela história do De Juana? Só se fosse na

Real Sociedad...". A "história do De Juana" foi seu famoso artigo, publicado em *La Directa* e no jornal basco *Berria*, no qual criticava a atitude da Espanha diante da greve de fome do terrorista do ETA Iñaki de Juana Chaos e, de passagem, atacava as práticas de tortura dos sucessivos governos espanhóis, assim como os indultos a policiais torturadores. Com aquele artigo produziu-se o escândalo: foi repreendido até por Joan Laporta, então presidente do Barça, que depois faria uma estrambótica carreira na política a partir do independentismo catalão. A Kelme rescindiu-lhe o contrato ("Patrocinamos jogadores de futebol, não políticos", disse seu executivo-chefe, Benjamin Clarí, que no ano seguinte seria obrigado a se demitir do cargo por uma gestão que levou a empresa à beira da falência). Quase com a mesma diligência com que perdeu a marca valenciana, Oleguer ganhou patrocínio da Diadora, embora tenha doado tudo o que recebeu dos italianos.

Alfonso Ussía[60] chamou-o de "rei dos chutões", "marginal de salão", e disse que ia acabar "jogando futebol na mansão de Carod-Rovira[61], quebrando os vasos".

---

60 Alfonso Ussía (1948-) é um jornalista madrilenho que habitualmente expressa opiniões satíricas contra bascos e catalães. [N.T.]
61 Josep-Lluís Carod-Rovira (1952-) é um político catalão de esquerda, foi vice-presidente do governo autônomo da Catalunha de 2006 a 2010, e presidente do partido Esquerra Republicana de Catalunya (ERC) de 2004 a 2008. [N.T.]

Federico Jiménez Losantos[62] acusou-o de "apoiar um terrorista". Ao contrário, o jornalista Jordi Basté reivindicou sua figura como símbolo do jogador de futebol pensante e honesto: "Se eles [os jogadores] só trepam, jogam, saem à noite e compram carrões, são garotos mimados; se expressam opiniões, são intelectuais de segunda categoria [...]. Só faltaria que não saíssem à noite, não pensassem, andassem de Kombi e não transassem com putas".

O certo é que o assunto De Juana tornou insustentável a situação de Oleguer no futebol espanhol. Em 2008, após quatro temporadas na equipe titular do Barça, foi para o Ajax de Amsterdã (por 3 milhões de euros), no qual sua trajetória não foi nada do outro mundo: jogou 26 partidas em sua primeira temporada, treze na segunda e nove na terceira. Abandonou o futebol aos 31 anos. Não se pode afirmar 100% que o fato de ter aberto a boca tenha gerado mais obstáculos à sua carreira, mas ao que parece foi isso o que ocorreu. Tudo explodiu com seu texto sobre a situação de um preso do ETA, se bem que sua trajetória de posturas antiglobalização, anticapitalistas e independentistas já vinha de longe e ele nunca escondeu isso. Quando jogava no Barça, morava em um apartamento compartilhado e circulava com uma Kombi amarela. Sua mãe, Mercè Renom, é uma historiadora de prestígio, especialista em movimentos sociais na Catalu-

---

62 Federico Jorge Jiménez Losantos (1951-) é um jornalista ativo em programas de rádio e televisão, que costuma assumir posições contrárias aos nacionalismos catalão, basco e galego. [N.T.]

nha, com inúmeras publicações sobre o assunto. Oleguer nunca foi um jogador como os demais, embora negasse ser especial. Ganhou a fama que acabou tendo graças a vários momentos cruciais.

Em 27 de setembro de 2003, a polícia mandou desalojar, por reclamação de barulho feita pelos vizinhos, o bar Bemba, de Sabadell, frequentado por ativistas de esquerda de todo tipo. Entre eles, Oleguer. O Bemba estava celebrando seu fechamento, pois não queriam renovar o contrato de aluguel do local, ao que parece por pressão política de um prefeito que não gostava dos esquerdistas que ali se reuniam. O que aconteceu naquela noite não se sabe ao certo, mas os envolvidos falam de brutalidade policial na batida (houve vinte feridos) e vários passaram a noite nas celas da delegacia. A versão policial refere-se a um grupo reduzido de jovens que atirou pedras e garrafas nos agentes da lei. Entre eles, Oleguer. Acabava de passar para o primeiro time do Fútbol Club Barcelona. Em 2008, a promotoria pediu pena de prisão para apenas onze dos jovens. O atleta de Sabadell estava entre esses onze. Atualmente, o ex-jogador ainda tem pendente uma sentença de dois anos de prisão por delito de atentado e por agressão com lesões, já que, segundo o promotor, feriu um agente policial no cotovelo com uma pedra.

Em abril de 2005, Oleguer marcava seu primeiro gol com a equipe profissional do Barça (que ao longo dos anos seria o único que marcaria em partida oficial vestindo o uniforme *azulgrana*). Foi contra o Málaga, num rebote após um escanteio, no Estádio da Rosaleda, recebendo o abraço emocionado de toda a equipe na celebração, especialmente de Ronaldinho e Andrés Iniesta. Diante da imprensa, dedicou o gol a David, um garoto de 14 anos, de Sabadell, que havia sido detido pela polícia local por colar adesivos antifascistas nas paredes da cidade. Denunciava assim a repressão policial constante que os grupos de extrema esquerda da cidade estavam sofrendo por parte da polícia local, a mando de Paco Bustos, irmão do prefeito Manuel Bustos, do Partido Socialista de Catalunya – que governava com maioria absoluta na época e que foi reeleito em 2007 e em 2011, com ampla maioria, enquanto a Candidatura d'Unitat Popular (CUP[63]), o partido que no ano seguinte seria apoiado por Oleguer, conseguia apenas 3% dos votos. Os Bustos, com amplo poder no Partido Socialista de Catalunya, acabariam sendo acusados de corrupção na contratação de obras dentro do caso Mercurio, e o prefeito foi obrigado a renunciar.

Em 2006, junto com seu amigo de infância e poeta Roc Casagran, escrevia *Camí d'Ítaca* (Caminho para Ítaca), um texto que trazia as conversas dele com Casagran sobre política e futebol. O livro foi lançado dois dias antes de um jogo contra o Real Madrid e Oleguer, que se declara admirador da literatura de Bernardo Atxaga, David

---

63 A CUP (em catalão, *Candidatura d'Unitat Popular*, "Candidatura de Unidade Popular") é um partido político espanhol de extrema esquerda, defensor da independência da Catalunha e dos Países Catalães, e da sua saída tanto da União Europeia como da Otan, além da nacionalização das entidades financeiras. [N.T.]

Trueba e Ferran Torrent, recebeu a imprensa (só a catalã) no centro social *okupado* Can Vies, no bairro de Sants. Em sua trajetória no Barça, manifestou-se contra o Estatuto de Autonomia da Catalunha de 2006 ("Fica muito aquém. Se você tem que pedir autorização ao governo do Estado para ter competências ou poder de decisão, acho que não é um bom *Estatut*") e contra o capitalismo ("Gostaria que houvesse um sistema mais justo e igualitário").

No magnífico livro *La Patria del Gol* (2007), de Daniel Gómez Amat, Oleguer se define como um utópico, eterno perseguidor de uma Ítaca que lhe serve de norte, mas à qual nunca se chega. Embora reconheça que "as pessoas que incomodam são apedrejadas", não se arrepende de ter falado às claras: "Sou plenamente consciente de onde estou me enfiando na hora de fazer as coisas. Corro risco porque quero e porque acho que é o que eu tenho que fazer e dizer, porque sou assim e tenho essas ideias. O jogador Oleguer não consegue se separar do Oleguer ser social", dizia, e acrescentava haver "muitos que querem me tirar do caminho". Também afirmava que sua mensagem havia chegado manipulada e que as pessoas não conheciam seu verdadeiro eu. Mesmo assim, recusou conceder uma entrevista para este livro, alegando que já não dava mais entrevistas, embora durante a redação deste texto tenha atendido pelo menos dois veículos durante a campanha eleitoral catalã de 2012. É mais fácil reclamar que as pessoas não entendem você do que responder a quem tem a intenção de deixar que você se explique.

Em *La Patria del Gol*, Oleguer se mostra crítico em relação à política ("Ela deveria tender muito mais a explicar ideias, tentar construir uma sociedade melhor, avançar em função da ideologia de cada partido, e me parece que aqui a única coisa que se faz é tentar alcançar o poder") e afirma que não se vê "em uma organização política" e que é melhor "opinar de fora, ainda mais quando você não gosta do sistema político em que vive". Mesmo assim, cinco anos mais tarde faria parte (no último lugar, de maneira simbólica) da lista da CUP nas eleições para a *Generalitat* de 2012. Essa plataforma separatista, que algum cronista definiu como "apêndice antissistema do *Parlament*[64]", conseguiu surpreendentes três deputados. Oleguer fez campanha ativa para esse partido, e, apesar de numa entrevista para o *Nació Digital* ter evitado falar de futebol, na Rac1, no programa *El Món*, de Jordi Basté, um dos jornalistas que sempre o defenderam, o ex-jogador contou o que era um segredo de Polichinelo: que havia se recusado a jogar pela seleção espanhola.

Em 2005, Luis Aragonés convocou uma jornada de convivência com um amplo grupo de jogadores que poderiam chegar a fazer parte da seleção espanhola. Oleguer compareceu e sua foto com o agasalho da Espanha foi a mais procurada e comentada. "Conheço jogadores que atuaram por três seleções", afirmava Aragonés, sempre integrador e que nunca emitiu nenhum julgamento a respeito de Presas. O 23 do Barça não chegaria a estrear

---

64 O Parlamento catalão. [N.T.]

com a seleção (seu rendimento caiu um pouco a caminho da Copa de 2006) e ele relatou sua conversa com Luis da seguinte forma: "Falei com ele sobre a minha maneira de ver o mundo e disse que, se não há envolvimento ou sentimento suficiente, é melhor que vão outras pessoas. Não houve nenhum problema com ele. Foi muito franco e muito honesto. Eu me neguei, mas não tenho plena consciência de como foi a conversa. Não tenho pretensão de ser o único, nem o primeiro, nem o mais puro, nem seja lá o que for... Todo mundo toma suas decisões", declarou.

Essa ideia, de não ser um exemplo, mas apenas um a mais que simplesmente pensa por si mesmo, tem sido e é uma obsessão vital para Presas. Contam as pessoas de seu entorno que foi feliz em Amsterdã, onde levou uma vida tranquila, indo a todos os lugares de bicicleta e, principalmente, resguardado do escrutínio político. Apenas uma aparição sua em uma manifestação *okupa* na capital holandesa (um grupo de ativistas, muitos deles encapuzados, promoveu uma passeata sob o lema *Jullie Wetten Niet de onze* [A sua justiça não é a nossa], e ali estava Oleguer, câmara fotográfica na mão, dando seu apoio) desviou-se daquilo que ele procurava: que esquecessem um pouco dele. De todo modo, não viveu o protagonismo que tinha em *Can Barça*[65], onde durante uma época o clube recebeu mais pedidos de entrevistas com Oleguer do que com Ronaldinho Gaúcho, a estrela daquela equipe.

---

65 Como os catalães se referem à "casa do Barça". [N.T.]

Agora continua morando em Sabadell, aprofundando seus conhecimentos de economia, perseguindo essa Ítaca que sabe que não irá alcançar. E nem deseja. "Não quero ser um ícone. Não vou dizer que vejo isso com maus olhos, porque não seria educado para com essas pessoas, mas não quero essa pressão. Quero a tranquilidade necessária para tentar ser coerente. Claro que é agradável quando um cara de 50 anos vem cumprimentar você na rua. Mas sempre sinto que ele fez muito mais na vida do que eu."

Lilian Thuram: quando a realidade o faz ser de esquerda

Um dos melhores amigos que Oleguer Presas teve no vestiário do Barça foi Lilian Thuram, brilhante jogador de defesa, central e lateral, campeão do mundo e da Europa com a França, respectivamente em 1998 e 2000, e que jogou as duas últimas temporadas de sua carreira (2006-08) no Barça. Em março de 2007, os dois viajaram até uma escola de Perpignan, cidade francesa na fronteira com a Catalunha, para apoiar um manifesto em defesa do uso do catalão nas regiões francesas onde ele ainda é falado. O texto, assinado por várias outras personalidades do futebol, como o então presidente do Barça Joan Laporta e seu jogador Ludovic Giuly, além do treinador francês de origem catalã Raymond Domenech, foi lido em francês por Thuram, que se dirigiu a um grupo de alunos: "Para mim, que sou de Guadalupe, esta é uma experiência extraordinária. É uma honra ter sido convidado. Parabenizo esses pais porque, para que as crianças possam tornar-se adultos responsáveis e abertos a outras culturas, é preciso ensiná-las primeiro a amar a sua própria. É muito importante que todas as pessoas possam defender sua tradição e falar a língua de seus avós; é assim que a identidade cultural pode ser preservada", disse.

Essa defesa de sua origem nas Antilhas, essa obsessão pela educação a partir da identidade e da integração, esse orgulho por ser descendente de escravos e a permanente consciência de ter vivido na própria carne o racismo fizeram de Thuram um homem de esquerda. "Nasci em Guadalupe e quando cheguei a Paris, aos 9 anos, assisti a uns desenhos animados nos quais apareciam duas vacas: uma preta, muito estúpida; e uma branca, muito inteligente. Meus colegas me chamavam de *Noiret* [Negrinho]. Perguntei a respeito disso para a minha mãe e ela disse: 'É assim mesmo, eles são racistas'. Depois, por sorte me explicaram o que é racismo", conta em seu segundo e até o momento último livro, *Mes étoiles noires: de Lucy à Barack Obama* (Minhas estrelas negras: de Lucy a Barack Obama, 2012).

Thuram, um homem culto, que lida com desenvoltura com referências da história das lutas raciais, aproveita sua condição de lenda do futebol francês (é o jogador que mais vezes vestiu a camisa da sua seleção em toda a história) para ter acesso às maiores autoridades do país e tentar exercer sua influência. Sempre com o exemplo da seleção de 1998 como bandeira, isto é, daquele grupo de rapazes franceses de diversas origens étnicas que conquistaram a glória para o país (naquela Copa do Mundo, Thuram fez algo extraordinário: marcou os dois únicos gols em toda a sua carreira na seleção na semifinal contra a Croácia), o ex-jogador nunca ocultou sua intenção de ir longe para conseguir seus propósitos, embora ainda não tenha aceitado um cargo e continue sem militar em nenhum partido.

Mas o fato de não ter carteirinha não quer dizer que não tenha clareza quanto a quem apoiar: em 2007, jantou e assistiu a vários atos de apoio à candidata socialista Ségolène Royal – que terminaria perdendo as eleições para Nicolas Sarkozy –, e em 2012 chegou a subir ao palco de uma convenção de François Hollande, para quem pediu votos contra Sarko: "Em 6 de maio [dia das eleições] temos que escolher entre continuar com estes abusos – xenofobia, islamofobia, assédio a imigrantes – e a integração. Eu sempre vou votar pela integração", disse. Não foi à toa que suas críticas a Sarkozy foram duríssimas desde as primeiras vezes em que se encontraram. Quando Sarko ainda era ministro do Interior, consultou o jogador sobre o que fazer durante os distúrbios nos bairros da periferia de Paris em outubro de 2005 – Thuram crescera em Fontainebleau, um desses núcleos da periferia parisiense onde grassa a desesperança –, e ele não ficou com uma impressão muito boa daquele que logo mais seria presidente. "É perigoso. Mas não me surpreende. Conheço-o bem. Agora está dizendo que a imigração é um perigo para a identidade francesa", declarou a seu respeito na época. Mesmo assim, Sarkozy, sabendo que

Thuram é uma referência para um eleitorado que não o apoia, ofereceu-lhe o cargo de ministro da Diversidade em 2009. Thuram não aceitou. Desde 2002, faz parte do Alto Conselho para a Integração.

Há insistentes rumores que o colocam como futuro ministro do Esporte na França em um governo socialista. Até o momento, não se concretizaram. Porque Thuram, animal político, capaz de apoiar o fracassado imposto que Hollande quis impor, de 75% para quem ganhasse mais de 1 milhão de euros, também sabe ser duro e contundente quando a situação exige. Durante a Copa de 1998, recusou-se a cantar *A Marselhesa*, assim como vários de seus companheiros, depois de ouvir as declarações do ultradireitista Jean-Marie Le Pen de que havia "negros demais" na seleção. No verão de 2001, o Parma precisava vendê-lo e veio uma oferta da Lazio, equipe tristemente famosa por seus torcedores de extrema direita, que poucos anos antes havia chegado a romper um acordo com o jogador israelense Ronny Rosenthal por pressão de seus ultras. Thuram declinou a oferta com uma frase simples: "Não jogo para fascistas".

Thuram não é um cara de memória fraca, pelo menos para lembrar suas origens. "O dinheiro não me transformou. Vim do outro lado e não me esqueço disso."

Aranburu, Labaka: os *abertzales* da Real e a bandeira de Gerardo

Uma porcentagem considerável de jogadores bascos tem sido favorável, na última década, de forma relativamente aberta (mais com assinatura de manifestos ou apoio a determinadas ações do que com declarações) à esquerda *abertzale*. Se deixarmos de lado a causa da oficialização da seleção basca ou a exigência de chamá-la de *Euskal Herria*, assunto este em que a aquiescência dos jogadores é quase unânime, muitos atletas têm aderido sem restrições a várias causas. Para citar apenas um exemplo, sete jogadores do Athletic (Aritz Aduriz, Fernando Amorebieta, Luis Prieto, Joseba Garmendia, Iosu Sarriegi, Igor Gabilondo e Roberto Martínez Tiko) assinaram em favor da legalização das listas da esquerda *abertzale* em 2007. Se bem que, das pessoas que vestiram a camisa do Athletic, quem se manifestou mais claramente a favor da causa nacionalista de esquerda foi a lendária jogadora alvirrubra Eba Ferreira. No entanto, e com toda a simplificação que isso implica, tradicionalmente tem-se considerado o Athletic mais próximo do Partido Nacionalista Vasco, isto é, mais inclinado ao ideário conservador.

Na Real Sociedad, como reflexo da sociedade de Guipúzcoa, à qual pertence a maioria de seus jogadores, a presença de atletas de futebol próximos da esquerda *abertzale* tem sido maior. Foram muitos os manifestos e ações aos quais os jogadores *donostiarras* aderiram, sempre em termos individuais. O que mais chamou a atenção foi o manifesto que convocava para uma passeata em Bilbao pedindo que os presos do ETA fossem transferidos para as prisões do País Basco em 2011. Imanol Agirretxe, Jon Ansotegi, Mikel González, Mikel Labaka, Eñaut Zubikarai, Markel Bergara, David Zurutuza e o capitão Mikel Aranburu assinaram. Falou-se muito da situação que havia sido provocada no seio do clube por esse pronunciamento: a torcida expressou opiniões a favor e contra, mas, por mais que alguns veículos da mídia comentassem o mal-estar do presidente Jokin Aperribay em relação a esses nomes, o certo é que em público ele se limitou a afirmar que a Real Sociedad não se imiscuía em política, que era a favor dos direitos humanos e do direito à vida e que os jogadores haviam se expressado como indivíduos. O pai de Aperribay fora obrigado a sair do País Basco em 1989, quando o ETA tentou assassiná-lo (ainda assim, seu motorista foi morto) e depois chegou a receber outro pacote-bomba.

Excetuando o caso de Eñaut Zubikarai, que por sua situação familiar é um caso à parte, os jogadores que prestaram maior e mais continuado apoio à causa *abertzale* têm sido Mikel Labaka, que foi para o Rayo Vallecano depois de chegar a um acordo para sair da Real em 2011 (apesar de ter mais um ano de contrato), e Mikel Aranburu, capitão, referência e símbolo do clube na última década, que se aposentou em 2012 com apenas 33 anos, apesar de o clube oferecer (na verdade, implorar) que continuasse pelo menos por mais uma temporada. Ambos nasceram, com um ano de diferença, em um feudo *abert-*

zale histórico, o povoado guipuzcoano de Azpeitia. Nas últimas eleições, nessa localidade o Bildu obteve onze das dezessete cadeiras em disputa, e outras cinco foram para o PNV e uma para o Hamaikabat (Muitos com um objetivo único), uma dissidência majoritariamente guipuzcoana da *Eusko Alkartasuna* (Sociedade Basca), que se dissolveu logo após aquelas eleições. PSOE e PP juntos tiveram menos de quatrocentos votos, apenas 5% dos eleitores.

Os dois jogadores, criados no seio de famílias da classe trabalhadora, têm posturas políticas similares. Vêm apoiando manifestos e ações diversas, desde as relacionadas a presos (Labaka participou da mesa em uma coletiva de imprensa que denunciava a situação do preso azpeitarra Xabier Etxeberria *Txapi*, em greve de fome) às da esquerda *abertzale*, como quando foi solicitada a liberdade de Arnaldo Otegi.

Seja como for, e como em qualquer outro ambiente de trabalho, o pronunciamento político de alguns trabalhadores não costuma ter influência no rendimento do grupo, porque tampouco é realmente importante no dia a dia. Além disso, essas situações são muito menos relevantes dentro de um vestiário do que querem fazer crer a mídia e os políticos. Estamos na campanha de 2008-09 (na Espanha). É a segunda temporada da Real Sociedad na Segunda Divisão depois de ter sido rebaixada em 2007, o que pôs fim a um ciclo de quarenta anos seguidos na Primeira. O clube está mergulhado numa crise institucional brutal e, em dezembro de 2008, Jokin Aperribay consegue desbancar Mikel Badiola da presidência, o que irá consumar o início da volta a tempos melhores para o clube. Justamente naqueles dias, a equipe promove a festa de amigo secreto. Cada membro do elenco recebe um presente de um companheiro que, em tese, ele não sabe quem é (embora seja praxe que essas coisas acabem sempre vazando), e então um deles, dos mais próximos da esquerda *abertzale*, ganha um presente curioso: uma bandeira da Espanha.

Não foi preciso muito para descobrir que o autor da ideia era um cara peculiar dentro da equipe: Gerardo García León. Nascido em Sevilha, mas formado, como seus irmãos Eduardo e Moisés, também jogadores de futebol, nas divisões de base do A. D. Loyola, de Rioja. Gerardo fez sucesso na seleção espanhola em todas as categorias de base (campeão da Europa sub-16, vice-campeão do mundo sub-17) e foi um andarilho do futebol que, depois de passar pelo Real Madrid B, jogou no Leganés, Lleida, Badajoz, Villarreal, Valencia, Osasuna e ficou cinco temporadas no Málaga antes de ir para a Real da temporada 2006-07, na qual a equipe acabou sendo rebaixada. Gerardo mantinha e mantém uma relação cordial com muitos jogadores da Real, especialmente com o goleiro Eñaut Zubikarai, apesar de ser de uma origem (e possivelmente de ter um pensamento) muito diferente do deles.

Gerardo, para esticar um pouco mais a brincadeira, fez fotos de todos os jogadores *abertzales* com a bandeira espanhola. As imagens, nas quais aparecem morrendo de rir, serviram até para o sevilhano montar um DVD, a que o elenco todo assistiu no ônibus, quando viajavam para mais uma partida.

As irmãs Döller e Irene Müller: pontapés contra a extrema direita

O clube F. C. Hellas Kagran da Áustria não passará para a história do futebol, mas para a das lutas políticas com chuteiras de travas. De um lado desta história, há três jogadoras: as irmãs Lucia e Margarita Döller e Irene Müller; do outro, um poderoso político de extrema direita, Martin Graf.

Na primavera de 2007, Graf, membro do Partido da Liberdade (um desses nomes de partidos paradoxais da nova extrema direita europeia), chegava à presidência do F. C. Hellas Kagran, uma modesta equipe da qual havia sido jogador e sócio dedicado, durante décadas. Substituía no cargo Paul Rapp, um social-democrata declarado, que deixava o clube em graves dificuldades econômicas. A entrada de Graf representou uma injeção de dinheiro privado, mas também a politização do clube: a diretoria foi ocupada por alguns militantes de extrema direita e as instalações do clube chegaram até a abrigar um ato de confraternização do Partido da Liberdade. Em 2008, Martin Graf conseguia ocupar um altíssimo cargo na estrutura do Estado austríaco (vice-presidente do Parlamento), o que provocou protestos da esquerda de todo o país. Num deles, três moças iriam protagonizar uma história que daria a volta ao mundo.

Graf, membro da fraternidade Olympia, muito próxima do nazismo, colocou quatro de seus membros na diretoria do Hellas Kagran. As irmãs Döller e Irene Müller, jogadoras da equipe, se manifestaram contra a escolha de seu chefe. Achavam-no um personagem racista e sexista, que estava utilizando a camisa que elas vestiam aos domingos para fazer proselitismo de suas ideias de extrema direita.

No dia seguinte, foram demitidas da equipe, sem que lhes fosse dada nenhuma satisfação, nem mesmo a Margarita Döller, uma das capitás. Joseff Bitterman, treinador das categorias de base do clube, também foi mandado embora por apoiar o discurso das três jogadoras. A equipe sub-18 do F. C. Mauer, que durante o aquecimento contra o Hellas Kagran usou camisas com frases de apoio às jogadoras, foi penalizada, paradoxalmente em razão da aplicação de um artigo do regulamento da Associação Vienense de Futebol que trata de "racismo e outros preconceitos". Poucos dias depois de sua demissão, as três jogadoras organizaram um torneio de futebol contra o racismo em Viena que foi um sucesso de público e contou com o apoio do Partido Socialista.

Irene Müller e Lucia e Margarita Döller foram imediatamente contratadas pelo F. C. Stadlau, um dos rivais locais do Hellas Kagran. Martin Graf continuou como seu presidente. O clube não tem mais equipe feminina.

Riccardo Zampagna: *Il Che*

É raro um jogador se dirigir à torcida adversária com um gesto que não seja de provocação ou represensão. No gramado, a camisa é uma bandeira e, na guerra, os soldados não se confraternizam com o inimigo. Mas Riccardo Zampagna nunca se sentiu à vontade com o belicismo do futebol profissional, porque não compreendia isso, não gostava; e um dia, com um gesto, mostrou que seu credo político estava muito acima do baixo nível da batalha futebolística.

Era janeiro de 2005 e a Itália andava convulsionada porque Paolo Di Canio, o expoente máximo de jogador fascista, havia se dirigido aos ultras do seu time do coração, a Lazio, com a saudação romana, após ganhar o dérbi contra a Roma por 3 a 1. Não seria a última vez que faria gestos parecidos, mas naquele dia, talvez pela importância do momento, a imagem de Di Canio deu a volta ao mundo. Na semana seguinte, o modesto Messina recebia o Livorno, que na época estava em plena efervescência em termos de sucesso futebolístico e de identificação política, levado pela mão de Cristiano Lucarelli. Jogando pelo Messina, Zampagna, filho de um trabalhador metalúrgico da cidade de Terni, torcedor do Ternana (equipe com uma das torcidas esquerdistas mais radicais do país) e que com 22 anos atuava como amador e também trabalhava montando barracas de acampar (emprego que arrumou depois de ser tapeceiro, encanador e mecânico), quis deixar claro, então, que o futebol não se resumia a Di Canio e ao exército fascista que o aplaudia: olhou para o local onde se concentrava a torcida visitante e solidarizou-se com ela levantando o punho cerrado. O assunto não teve a mesma repercussão mundial do gesto do jogador da Lazio, mas a sanção foi a mesma para ambos: 10 mil euros de multa por realizarem gestos de teor político que poderiam ter incitado a violência.

Um ano antes, Zampagna havia feito uma declaração imprópria para um atleta da Série A: "Não me sinto jogador de futebol". Realmente, esse atacante talentoso e apático podia afirmar aquilo com bastante coerência, pois alcançara o nível máximo pelo caminho difícil, aquele percorrido pelos operários do futebol. Com 25 anos, jogava ainda na Triestina da Série C2, o equivalente à Terceira Divisão italiana, chegou à Série B no ano seguinte (Cosenza) e com 30 anos conseguiu estrear na Série A pelo Messina. Jogaria nessa divisão três temporadas e meia, defendendo essa equipe (dois anos) e a Atalanta (um ano e meio). Ali, o treinador Gigi Del Neri mandou-o embora por sua atitude inconveniente e depois de uma forte discussão em pleno vestiário. "Talvez hoje eu continuasse na Série A se Del Neri não tivesse me mandado embora", reflete, já aposentado, no *Corriere della Sera*, "mas eu mereci. Falei muito mal com ele. Estava passando por um mau momento e me excedi." Sua heterodoxia e sua aversão pela disciplina têm a ver, talvez, com sua estranha carreira. Tendo virado profissional somente aos 23, até então nunca vivera realmente a disciplina do futebol considerado sério. "Eu venho do nada. Os outros jogadores saíram das divisões de base, nas quais desde cedo havia gente que lhes dizia o que fazer. Não é o meu caso. Eu gosto de treinar do meu jeito", declarou numa entrevista quando já jogava na Série A.

Ou seja, nunca gostou da vida do futebol profissional, da disciplina física e intelectual. Comia o que queria (sempre foi um jogador com evidente sobrepeso: apelidado de *Dumbo* por suas orelhas e por sua propensão a engordar) e, além disso, também fumava. Apesar de ser um atacante ainda com possibilidades de jogar em bom nível na Série B, após dois anos no Sassuolo assinou contrato com o Carrarese da C2, clube do qual acabava de comprar 50% da sociedade, da qual faziam parte Cristiano Lucarelli, o pai deste e o goleiro Gianluigi Buffon. Parecia um lugar confortável para ele, onde poderia curtir uma espécie de aposentadoria ativa sem complicações. Mesmo assim, durou apenas dez partidas, até novembro: "Não gosto do futebol profissional. Mesmo nesse nível, tudo me parecia sério demais", declarou.

Praticamente nunca teve estabilidade em toda a carreira. Em seu currículo de jogador, constam curtos períodos em equipes de segunda linha, como Arezzo, Catania, Brescello, Siena, Ternana ou Vicenza. Mas depois que parou de jogar, assinou contrato com a equipe que, sem dúvida, combinava melhor com sua trajetória esportiva e política: a Associazione Comunista Sportiva Dilletantistica Primidellastrada (Associação Comunista Desportiva Amadora Primeiros da Rua). A Primidellastrada, grupo comunista de Terni, cidade natal de Zampagna, é uma associação que entre outras coisas tem uma equipe de futebol. Depois que ele anunciou sua aposentadoria, uma representação dessa associação apresentou-lhe o projeto político da equipe, comunista (evidentemente), e que luta contra o futebol negócio. Alguns eram conhecidos da sua cidade, e o convenceram: Zampagna voltava aos campos, embora numa liga local. Ali, sim, seria feliz. "Gosto da filosofia deles, e eles entendem a minha. Política? Concordo com eles em tudo. Meu ídolo sempre foi Che Guevara e nunca escondi isso", declarava. A tatuagem do rosto do *Comandante* que ostenta em uma das pernas não é um adorno pop. "Não me arrependo de nada. Tive várias propostas para voltar, mas nem levei em consideração. Não vou cuspir no prato em que comi, porque o futebol profissional me deu muito financeiramente, mas o profissionalismo não me mudou em nada: continuo sendo alguém atípico", acrescentava.

Riccardo Zampagna continuou vivendo em Terni. Continua tomando cerveja com os amigos do futebol e compartilhando a vida com Fabiana, sua mulher desde sempre, bem conhecida na cidade, apesar de seu temperamento reservado e tímido, mesmo sendo a vice-presidente da Associação Alba; dedicada a cuidar de crianças com síndrome de Down. Seu marido, embora nunca tenha sido um bom estudante, é um leitor ávido. Que vive o futebol à sua maneira. "Quando jogo com os amigos, sempre visto a camisa de Antonio Cassano. Ele é o futebol. O resto é chatice." Para ele, a bola foi divertimento e política. Em julho de 2011, jogou sua partida de despedida definitiva do futebol. No campo da Ternana, seu time do coração, enfrentaram-se muitos de seus amigos, vestindo as camisas da equipe local e da Atalanta. Foram os dois times com os quais Zampagna mais se identificou na carreira: os dois com as torcidas mais esquerdistas de todos os clubes que defendeu. Seu próximo projeto é escrever um livro sobre sua vida, com um título que define bem quem ele é: *O futebol sendo do contra*.

POSFÁCIO

São Paulo, fevereiro de 2024

Essa história começa com o Fluminense quase pronto para entrar em campo pela semifinal do Mundial de Clubes da Fifa em dezembro de 2023, na Arábia Saudita. Campeão da Libertadores no mesmo ano, o clube carioca era o representante brasileiro no torneio. Se passasse pelo Al Ahli, do Egito, iria enfrentar, muito possivelmente, o poderoso e endinheirado Manchester City na final.

Time reunido no vestiário, Fernando Diniz, treinador tricolor, pegou a palavra.

"Vocês estão prontos para encantar o mundo?", disse aos berros. "Não tenham medo, não tenham vergonha dessa porra. É abraçar essa chance. É pro mundo inteiro. É a libertação da favela do Brasil. Da pobreza do Brasil. [É contra] O racismo que tem no Brasil. [É contra] A exclusão social. Não tenham receio. Vocês treinaram a vida inteira para isso".

Ao final de seu depoimento apaixonado, o time se abraçou e subiu as escadas para o gramado.

É raro, para não escrever inexistente, que um treinador de futebol profissional no Brasil puxe a preleção para questões sociais. Raro, raríssimo, que treinadores, comissões técnicas, dirigentes, presidentes gastem seu precioso tempo falando voluntariamente sobre desigualdade, sobre racismo, machismo, misoginia, LGBTfobia.

O comum é que esses assuntos entrem em pauta depois de algum episódio criminoso e que os clubes se manifestem protocolarmente através das notas de repúdio redigidas em conjunto pelos departamentos jurídico e de marketing.

Mas Fernando Diniz não quer brincar de parecer são dentro de uma indústria infectada. "Não é sinal de saúde estar bem adaptado a uma sociedade adoentada", escreveu o guru indiano Jiddu Krishnamurti há algumas décadas. Diniz, definitivamente, não parece estar adaptado a esse estado de coisas.

Seu Fluminense, desde a forma de jogo, existe para desafiar o conservadorismo de esquemas colonizados, encaretados, adestrados. O mundo se reflete no jogo – e por isso o futebol existe na dimensão do sagrado ainda que, todos os dias, aqueles que o organizam façam de tudo para arrastá-lo para a ordem das coisas banais.

Falemos um pouco do Fluminense que Fernando Diniz começou a formar quando voltou ao clube em 2022 e de sua proposta contra-hegemônica de jogo.

Em campo, uma formação tática que desafia o futebol posicional tão praticado na Europa e imensamente copiado no Brasil. Uma prática que prevê posições rígidas para cada um dos jogadores de linha limitando, assim, a capacidade de inventar, de criar, de pensar. Quanto menos chances à rebeldia, mais controle sobre o jogo.

O Fluminense de Diniz rasga essa cartilha e traz a liberdade da rua para o centro do tablado: jogadores guiados por um intenso senso de solidariedade que correm juntos, trocando a bola rapidamente como quem brinca sabendo da seriedade do que está em jogo. Arriscar, inovar e criar são as bases. É permitido. É incentivado. Com uma contrapartida: se errar, cabe a quem errou consertar o erro sabendo que o time inteiro está no apoio solidário. Goleiro joga, volante aparece na pequena área para tentar marcar, atacante dá carrinho na defesa para impedir o gol adversário.

"Quem joga futebol são sempre as crianças que estão dentro da gente", disse Fernando Diniz durante uma aula que deu na Universidade do Futebol em fevereiro de 2024. "Os adultos mais atrapalham. Quando a gente fala de criatividade, se a gente mata a criatividade a gente mata a criança que tem dentro da gente".

Tentar desenhar para fins de análises táticas as famosas formas geométricas – os populares quadrados e losangos no meio de campo – é perda de tempo. Se fazem questão de enxergar algum contorno que os faça compreender o que veem teriam que dizer que o time de Diniz se movimenta em modelos de gengibre: tudo pode, tudo cabe, as pontas são muitas desde que os atletas estejam juntos, concentrados, solidários.

Diniz inventou, como disse o professor João Paulo Medina, o drible coletivo. Um modo de jogar que só poderia surgir no Brasil, terra que fez nascer o drible nos espaços em que a capoeira foi proibida durante o final do século 19 e começo do século 20.

O futebol de Diniz fala sobre liberdade, mas não sobre qualquer liberdade. Não sobre liberdade individual dado que liberdade individual é uma contradição de termos.

Não é possível que se pense em liberdade na dimensão do indivíduo. Eu poderia dar centenas de exemplos mas fiquemos com um bastante atual e dramático: a pandemia.

Se um rapaz do outro lado do mundo comeu uma carne crua de um animal que não deveria estar entre nós mas sim no seu habitat e a minha e a sua saúde foram afetadas como é possível falarmos em liberdade individual ou mesmo em saúde privada? Toda liberdade é coletiva e toda saúde é pública. Mesmo Garrincha driblando maniacamente para frente e para trás fazia isso dentro de um corpo coletivo.

Futebol é comunidade e o Fluminense de Fernando Diniz faz uma ruptura no regime liberal hegemônico que acredita em falácias como liberdade individual e saúde privada ao colocar em campo o drible coletivo, a solidariedade que se fortalece frente a dificuldades, a estética que se impõe à eficiência.

Na pandemia perdemos a chance, enquanto espécie, de quebrar patentes de vacinas e distribuir a imunidade gratuitamente para o mundo inteiro, a começar pelas regiões mais empobrecidas. Perdemos a chance de interromper políticas liberais que colocam o indivíduo como base da sociedade em detrimento do corpo coletivo e favorecem a indústria farmacêutica e seus lucros. Fracassamos. Deixamos morrer milhões dos nossos para enriquecer a meia dúzia de sempre.

Em seguida, vem o futebol proposto por Diniz e ameniza um pouco a dor que chega inevitavelmente com a individualidade, o egoísmo, o resultadismo, o capitalismo. Diniz nos resgata e, por algum tempo, nos eleva a um lugar de mais significado. Essa forma de jogar é coisa muito nossa. É decolonial. Opera nas frestas. É o samba, o candomblé, a umbanda, as rezadeiras do nordeste, os quilombos e os quilombolas, o bumba meu boi, Canudos, Contestado, a Revolta dos Alfaiates, o 2 de julho na Bahia.

É a forra. É nóis contra a rapa.

Os esquemas mais posicionais e disciplinadores só poderiam brotar em sociedades liberais que vivem sob regime de austeridade. Controle máximo, mínimo espaço para criatividade, obediência a uma liderança autoritária. No limite, um estado tático totalitário que surge a partir do momento em que a derrota é entendida como vergonha, como covardia, como fraqueza.

"A gente tem asco ao fracasso", explicou Fernando Diniz para os alunos da Universidade do Futebol em fevereiro de 2024. "Um trabalho bem feito não garante vitória. [Vivemos] a doença do resultado. O que a gente pode fazer é trabalhar direito. As chances de título aumentam. Mas o trabalho não pode ser baseado em ganhar".

Diniz tem razão. Esse estilo de vida capitalista nos diz que fracassar é proibido. Só os fracos fracassam. Uma mentira perversa dado que a derrota e o fracasso fazem parte da formação subjetiva de todas e de todos nós. Quantos fracassos existem dentro de uma conquista?

Tudo feito em nome da eficiência e do resultado – como reza a cartilha liberal, essa colocada em prática pelo capitalismo financeiro.

Vem dessa mesma matriz a análise do jogo feita por estatísticas, dados, matemática, VAR. Tira-se o futebol do universo das coisas subjetivas, ao qual ele pertence, e coloca-se dentro da caixa da objetividade. Mas não se pode atribuir um número ao que tem valor estético. A beleza verdadeira não comporta métrica. Como li uma vez: todo número carrega a sua própria conspiração.

Encaixar o futebol dentro desses limites é matá-lo. Matar o drible, a inovação, a rebeldia, a intuição, a leitura visceral de uma partida em andamento, a liberdade dos corpos em ação. Muito poder ao treinador, pouco ou nenhum ao corpo coletivo de jogadores.

É sobre entregar o poder ao treinador que, de terno e gravata, observa do banco a disciplina e o adestramento esperados de cada atleta.

Trata-se de um jogo de ilusões, obviamente. O futebol não pode ser controlado. Por mais rígido que o esquema tático seja, haverá imprevistos. O futebol, assim como a vida, fala de como lidamos com eles e não existe para evita-los a todo custo porque isso é pouco inteligente.

"Futebol a gente não vê; futebol a gente sente", disse uma vez o poeta das periferias Sérgio Vaz.

É sobre deixar que o corpo dance, pulse, vibre, se contraia, se expanda, goze. É sobre experimentar o que a arte faz com cada um de nós. O que você sente quando escuta uma certa música, sente um certo cheiro, vê uma certa pessoa?

Não é sobre resultado, é sobre poesia. Não é sobre eficiência, é sobre estética.

"Ao contrário da música, do cinema, do teatro, da literatura, etc., a direção de uma partida de futebol não está escrita antecipadamente", escreve Juanma Lillo, que trabalhava como assistente técnico de Pep Guardiola no Manchester City quando escrevemos esse posfácio. "Pelo contrário, a ação se desenrola diante de nós em tempo real. Não é incomum ouvir comentaristas proclamando 'você simplesmente não poderia escrever esse roteiro!'".

Lillo tem razão, ainda que seu City não dance essa música e fuja da imprevisibilidade e do caos como um toureiro que perdeu o controle sobre o touro foge do bicho.

City, aliás, que representa, enquanto organização, um dos pilares do mundo capitalista que vem destruindo a possibilidade de vida decente no planeta.

Uma pesquisa no Google sobre a quem pertence o City Football Group, CFG, nos leva à corporação Newton, um conglomerado de dezenas de gigantes do mundo de investimentos. Mas a quem pertence o Newton, você pode indagar. Bem, a Newton pertence à BNY Mellon, um conglomerado ainda maior e mais rico que trabalha com soluções financeiras.

Tentar entender o que fazem o grupo Newton e o BNY Mellon é perda de tempo. Nos sites tudo o que existe são generalidades como "nós oferecemos gerenciamento de investimentos que auxiliam indivíduos e instituições a investir, conduzir seus negócios e transacionar em mercados pelo mundo inteiro".

São parte do sistema financeiro que trabalha para acumular cada vez mais riqueza nas mãos dos mesmos e submeter bilhões de pessoas à miséria, à fome, à morte.

Outro proprietário do City é o Development LLC, empresa com sede em Abu Dhabi, nos Emirados Árabes e que pertence ao Sheikh Mansour bin Zayed Al Nahyan, que tem duas mulheres, seis filhos e fortuna estimada em 18 bilhões de dólares – cerca de 90 bilhões de reais pela cotação de janeiro de 2024.

É dentro desse universo que mistura ditadura, totalitarismo, falta de direitos humanos e concentração imoral de renda que o time mais badalado do século 21 orbita.

O futebol deveria tratar desses assuntos, não é mesmo? Se gostamos de dizer que o futebol é tão grande, ou até maior, do que a vida, como podemos limitá-lo às quatro linhas? Como podemos ignorar o que representa o Manchester City?

Porque é apenas natural que essa concentração de renda e de poder acabem por dominar por completo o jogo que passará a ser cada vez mais disciplinado, protocolizado, adestrado e movido por interesses que são os mesmos que estão destruindo a vida nesse planeta – exploração de reservas fósseis, desmatamento, desflorestamento, agronegócio.

O City Group, aliás, entrou no Brasil pela mesma latitude das caravelas de Cabral: chegou na Bahia e levou o Bahia. O que isso quer dizer? Quer dizer dinheiro, claro, mas também a assimilação de todos os processos do CGF: um modo de treinar, de gerir, de liderar, de administrar, de se comunicar. Tem quem chame de progresso, mas talvez seja mais parecido com barbárie. "Nunca houve um monumento de cultura que não fosse também um monumento de barbárie", escreveu o pensador alemão Walter Benjamin.

Houve uma época em que se acreditou que eram os regimes comunistas que provocavam a homogeneização da sociedade. A propaganda capitalista vendia a ideia de que no socialismo não havia liberdade individual, apenas o derretimento do indivíduo dentro de uma sociedade cinza, entristecida, reprimida. A obra de George Orwell foi distribuída como alerta para os riscos ainda que o próprio autor tivesse, num prefácio esquecido e destruído para *1984*, que as sociedades consideradas mais livres, como a inglesa, poderiam perfeitamente agir de forma totalitária.

Pois.

Aqui estamos nós, guinados totalmente à direita, achando bacana que o futebol brasileiro imite o europeu em todas as suas instâncias. Pior: que seja devidamente vendido a grupos estrangeiros. É a lógica empresarial fagocitando nossas vidas. Para ela, esse mantra liberal, tudo é empresa: a escola, o hospital, a creche, o estado, a igreja, seu clube do coração.

Por que essa guinada à direita é perigosa? Porque a lógica orientada pelo lucro a qualquer custo é violenta: destruir a concorrência, ganhar tanto quanto possível, espremer o trabalhador, acumular, derrotar.

Ficam de fora dessa ordem valores como solidariedade, comunidade, distribuição igualitária, justiça, liberdade.

Tratamos dessa questão como se ela fosse uma imposição divina: não existe nada além do capitalismo, sistema que é apenas a evolução natural do ser humano. "Mais fácil imaginar o fim do mundo do que o fim do capitalismo" é uma frase atribuída a Mark Fisher, autor e professor inglês que morreu em 2017.

Encolher o espaço público dos direitos e alargar o espaço privado do privilégio é a base dessa fase do capitalismo. Nela, torcedor só vale se for sócio, se puder gastar, se virar cliente. Estádio é arena. Presidente é gestor. Não pode pagar, não pode reclamar. Ingresso custa caro, geral e geraldinos são coisas do passado. Quer ver seu time jogar pela TV? Tem que pagar - e pagar caro.

Queremos melhorar o nível do frequentador da arena, dizem. Arena tem nome. Naming Rights chama esse negócio. Falem o nome correto. Allianz. Neo Química. MorumBis. Nada dessa bobagem romântica de chamar estádio de Teatro dos Sonhos, como quis um dia o Manchester United. Agora digam o nome da corporação que está gastando muito para se apropriar do estádio.

É a ideia liberal de que, se você se esforçar, vai chegar lá. Basta acordar cedo, trabalhar duro e sem trégua que você também poderá ser sócio-torcedor um dia. Uma ideia perversa e fictícia. As pessoas mais esforçadas que conheço são bastante pobres e não deixarão de ser. As mais preguiçosas são bastante ricas e, a despeito de passarem a vida sem produzir coisa alguma, jamais deixarão de ser.

Não se trata de evitar misturar futebol e política como pedem muitos puritanos. Futebol e política não podem ser separados: são parte integrante de uma mesma substância, estão articulados de forma irremediável, nasceram em simbiose e assim seguirão.

Em 1982 o Corinthians implementou sua Democracia. Liderada por Sócrates, Casagrande e Vladimir, a Democracia previa que todos ali decidiriam sobre as coisas do clube: do roupeiro ao capitão do time. Concentração, esquema tático, treinos, viagens. Foi uma pequena revolução que, em campo, se refletiu de forma inovadora: o time foi campeão estadual em 1982 jogando livremente.

O momento político pedia que celebridades se manifestassem: o país tentava acabar com duas décadas de ditadura e voltar a poder ser chamado de democrático. Os jogadores do Corinthians, famosos e populares, não se acanharam e foram para os palanques pedir democracia.

A história é contada mundo afora e o time, antes de ganhar a Libertadores e seus mundiais, já era internacionalmente conhecido por causa de seu período revolucionário.

Corta para a pandemia.

Corta para os casos de machismo, de estupro, de misoginia, de racismo de LGBTfobia.

Corta para o silêncio da classe futebolística.

Neymar, que apoiou Jair Bolsonaro na reeleição, ofereceu dinheiro para que Daniel Alves se defendesse da acusação de violência sexual. Robinho, condenado em três instâncias na Itália por estupro, fugiu para o Brasil e continuou sendo paparicado por seus parceiros do meio. A Democracia Corintiana ficou no passado e hoje o futebol é feito de protocolos e media training.

O que faz a classe futebolística? Cala.

Do lado de fora, Walter Casagrande segue honrando a Democracia Corintiana que ajudou a fundar e da qual fez parte e mantém sua voz vibrando em nome de uma sociedade menos violenta e desigual, agora como comentarista e cronista.

"Eu não divido a sociedade por segmentos", Casão nos disse. "Não tem o cinema, a arte, o teatro, o futebol; tudo está ligado pelo fio da política. Assim eu vejo a sociedade: uma coisa só. Quando estou olhando uma partida de futebol minha cabeça está pensando além da bola rolando. Minha cabeça viaja no comportamento, na psicologia, nos relacionamentos... e tudo isso é politica. Qualquer conversa é uma conversa politica".

Casão tem razão: qualquer bate papo é um bate papo político porque somos animais políticos. Aqui seria preciso entender a política para além de sua forma partidária. A política contida na linguagem que usamos, nas roupas que vestimos, nas pessoas com quem nos relacionamos. Mesmo lá onde parece não haver interesse político sempre há.

Vejamos a platitude de repetir que o futebol é meio de inclusão social. Esse é apenas mais um desses processos corriqueiros de fabricação de consenso. Nada poderia estar mais distante da verdade.

Segundo dados da Confederação Brasileira de Futebol (CBF), 82% dos atletas assalariados recebem até R$ 1 mil e apenas 0,12% recebem entre R$ 200 mil e R$ 500 mil mensais.

A cada Casemiro que surge em uma Copinha, quase dois mil jovens que tentam sua sorte no torneio deixam o futebol ou ganham salários miseráveis.

Nas ideias de Diniz, manifestadas durante a aula que deu na Universidade do Futebol em fevereiro de 2014, o jogo não se dissocia das relações humanas e o principal é conectar um jogador a outro em nome da fluência. "A gente cria o coletivo para favorecer o indivíduo", ele diz.

Para o treinador, é preciso de muito coletivo para em determinado momento alguém brilhe individualmente:

"A gente tem que acolher o ser humano antes do jogador. Essa prática mais humana não pode visar levantar taça. Levantar taça vai ser resultado. Precisa olhar para a família que circunda essa criança na base. Os clubes têm que receber as crianças forma diferente. Avisar que nem todos vão virar jogador, mas terão a chance de virar o que quiserem. Estão ali para serem formados como pessoas. Assim o futebol entrega para a sociedade pessoas melhores".

Um brinde a Fernando Diniz.

O futebol talvez não seja maior do que a vida, mas certamente é um dos melhores intérpretes da vida. O jogo nos faz sentir, ensina a cair, encoraja a seguir. Enquanto ganhar lambuza o ego, perder forma caráter. Está no futebol a melhor análise possível para essa experiência que é existir. Que os rebeldes sigam destruindo a ordem injusta. Que esquemas táticos contra-hegemônicos sigam esmigalhando a disciplina colonial imposta em campo. Que a classe futebolística se compreenda enquanto classe e possa, com essa compreensão, encarar a luta por todos que não passaram pelas peneiras. Que o futebol feminino continue derrubando muros e conquistando corações e mentes.

Futebol, vire à esquerda e acelere. Muita coisa boa virá dessa mudança de direção.

MILLY LACOMBE
jornalista e escritora